财青学者文丛 Series of works by Caiqing scholars

SWCS

本著作的出版得到了国家自然科学基金面上项目：基于公众认知视角的邻避项目环境风险评估与治理研究（NO:71671080）、基于强情境化分析的项目适应性环境管理研究（NO:71971107）、互联网环境下考虑内生信息的邻避集群行为演化机理研究(NO:71571099)、京津冀协同发展战略的绿色效应检验及其实施路径优化（NO:71973062）、江苏省高校青蓝工程资助出版。

基于公众认知的项目邻避风险管理研究

◎刘小峰　吴孝灵　著

南京大学出版社

内容简介

近年频发的群体性邻避事件表面上看是公众与企业或政府的冲突,实际则是公众认知视角下的工程项目邻避风险管理缺失。本书探索公众对工程项目邻避风险的认知,评估项目邻避风险对周边资产经济价值的损失,挖掘公众认知视角下工程项目邻避风险演变规律,从环境影响评价模式、经济可行性评估、项目选址、公众参与、运营模式选择、服务定价、政府经济承诺与经济补偿等方面探索工程项目邻避风险管理方法。本研究有助于理解公众对工程项目邻避风险的认知情况,掌握公众视角下工程项目邻避风险的演变规律,优化工程项目邻避风险管理策略,提高工程项目环境风险治理水平。

图书在版编目(CIP)数据

基于公众认知的项目邻避风险管理研究 / 刘小峰,
吴孝灵著. — 南京 : 南京大学出版社,2020.11
　　(财青学者文丛)
　　ISBN 978 - 7 - 305 - 23537 - 5

　　Ⅰ.①基… Ⅱ.①刘… ②吴… Ⅲ.①社会管理－风
险管理－研究－中国 Ⅳ.①D63

中国版本图书馆 CIP 数据核字(2020)第 120347 号

出版发行　南京大学出版社
社　　址　南京市汉口路 22 号　　　邮　编　210093
出 版 人　金鑫荣

丛 书 名　财青学者文丛
书　　名　基于公众认知的项目邻避风险管理研究
著　　者　刘小峰　吴孝灵
责任编辑　苗庆松　　　　　　　编辑热线　025 - 83592655

照　　排　南京开卷文化传媒有限公司
印　　刷　江苏凤凰数码印务有限公司
开　　本　718×1000　1/16　印张 16.25　字数 312 千
版　　次　2020 年 11 月第 1 版　2020 年 11 月第 1 次印刷
ISBN　978 - 7 - 305 - 23537 - 5
定　　价　58.80 元

网　　址:http://www.njupco.com
官方微博:http://weibo.com/njupco
官方微信服务:njupress
销售咨询热线:(025)83594756

《财青学者文丛》总序

　　时代呼唤担当，民族振兴是当代中国人的责任。"为人民立言、为时代做论"是当代中国学者勇担民族振兴责任的核心要义。我国正在进行着人类历史上最为宏大而独特的实践创新，中国特色社会主义已经步入新时代。当代中国学者要树立为人民做学问的理念，去研究、总结、发扬这些宏大而独特的中国实践创新，特别是改革开放以来的伟大实践和骄人成绩，在学术界发出响亮的中国声音。当代中国学者要艰苦奋斗，从高校研究所的象牙塔中走出来，深入群众，深入一线，深入中国伟大实践，练就一把巧手、一双慧眼、一副智脑，知民众所需，想民众所想，解民众所急，自主独创地凝练出中国伟大实践创新的理论内核，以反映时代的精品，为中华民族振兴中国梦做贡献。

　　国家的兴盛在人才，人才是国家的财富，人财方可经世济民。坚持"国家振兴为己任，科学为国为民"文化理念的学者都是财青学者，财青文化永葆青春。财青学者文丛（Series of Works by Caiqing Scholar）由南京大学、南京财经大学、南京审计大学、江苏大学等高校及南京大学出版社的部分教师与编辑联合发起。该丛书勇挑民族振兴的时代重任，大力弘扬"国以才兴，财以济民"的财青文化，汇集了一批认同并践行财青文化学者的代表性研究成果，立足于中国现实国情,为祖国的进步发展积极进言献策,充分展现了我国学者自信的精神风貌和高度的社会责任感。丛书译名坚持文化自信采用音译,Caiqing 为"财青文化""财青学者"的共同表示,既是丛书的文化向导,也是丛书的作者主力。

丛书编委会

2020 年 6 月

前　言

　　随着环境保护制度的施行越来越严格，我国项目环评执行率逐年上升，不少地区甚至达到 100%。依据全国环境统计公报数据，2010—2015 年间"三同时"执行合格率平均高达 96%，之后一直维持较高的水平，其中不少新建项目的排污设施和能力甚至达到国际先进水平。然而，居高的环评执行率以及严格的环境标准却未换来较高的公众环境满意度。人们对按照高标准设计建造的绿色建筑或绿色工程在建设与运营过程中是否达到最基本的环境合规甚至也存有质疑。近些年，在项目建设与运营过程中，由于建筑工地扬尘、项目排污等原因引发的大气、水体和固废污染等，往往是群众投诉的焦点，不少民众丧失了对环评结果与项目环境管理效果的信任。其中，不少工程项目都因环境管理问题陷入了"一建就闹"与"一闹就停"的尴尬境地，典型案例有 2012 年的四川什邡钼铜项目事件、2014 年广东化州火葬场项目事件、2016 年的江苏连云港核废料项目事件和 2018 年江西九江赤湖垃圾焚烧项目事件等。

　　这一系列复杂现象的不断呈现，反映了现有工程项目环境管理在解决某些环境问题上的不适，也表明了现有环境管理理论在解释这类复杂现象以及提出相应解决方案上的不足。为此，本书重点研究以下三类问题：

　　(1) 为什么很多工程项目得到了专家(环境专家、经济专家、安全专家和建设施工专家)的认可，得不到公众的认可？公众的认知与专家的认知鸿沟有多大？工程和专家可接受的邻避风险有何差异?

（2）邻避是公众对于工程项目风险的一种行为反应。公众是一个笼统的概念，具体到每一个体，也可能存在差异，可能仅仅是在某些行为或者特征上表现出一致，但事实上，支撑他们行为或特征的逻辑可能大相径庭。因此，本书进一步探究公众为什么邻避，是因为有确凿证据的客观环境污染，还是公众的主观心理认知活动?

（3）更核心的是，需要我们思考：是我们的政府和工程项目人员管理不够努力吗? 事实上，从选址决策到建设过程管理再到运营管理，已有的工程环境管理还是很系统、完备的，那为何依然愈演愈烈? 我们该如何应对邻避风险? 邻避冲突何时终结?

本书的贡献与创新主要有：

（1）工程环境风险管理存在两种主流模式，一种为技术导向的环境控制管理模式，由技术、财务经济专家主导给出技术经济范式，已形成系统成熟的理论、方法和操作指南，如《建设项目环境影响评价技术导则》《投资项目可行性研究指南》《建设项目经济评价方法与参数》等。另一种为社会稳定导向的政府管理模式，是由社会学家、人类学家主导的社会学评估模式，也形成了具体的管理方案和技术指南，如《重大固定资产投资项目社会稳定风险分析篇章编制大纲及说明》和《重大固定资产投资项目社会稳定风险评估报告编制大纲及说明》。两种模式各具优势，同时运行但却无法解决工程项目的邻避风险难题。本书融合两种模式，创新性地提出适应性评价模式，构建多学科交叉的工程项目邻避风险管理的基本理论、方法与应用的知识体系。这在一定程度上拓展了项目环境管理研究的范畴，深化了项目复杂性研究，为项目环境管理研究提供一种新的视角。这是管理科学与工程领域研究的前沿科学问题，也是环境管理学科、项目管理、公共行政学科等领域的研究创新，对于丰富相关学科交叉与融合、项目环境管理跨学科研究方法及可持续发展管理理论等具有积极的理论意义和现实价值。

（2）目前对工程项目邻避风险的研究，多从环境科学的角度来分析其风险分布和发生可能性，对公众认知关注不够，在公众更为关注的环境状况、身心健康和财产损失等维度层面探讨不够充分。社会科学以"人"为本，工程项目邻避风险管理最终还是在于"人"，充分体现工程项目邻避风险"人"的角色（认知与行为）。坚持以"人"为本，是本书研究的基本原则。无论是在研究视角（基于公众认知），还是内容设计（重点探讨公众关注的邻避风险），抑或是治理之道（从人的行为与复杂性角度探讨应对之道），均面向"人"。本书的学术贡献与研究创新之二在于：根据邻避项目的特殊性和复杂性，基于公众认知视角研究邻避项目环境风险评估与治理问题，拓展了环境风险的范畴，为工程项目邻避风险研究提供了一种新的视角。

（3）目前对工程项目邻避风险研究方法多为传统的风险评估方法，本书根据工程项目邻避风险的特点，在系统演变和主体行为方面采取计算实验方法，在财产损失方面采用资产评估和环境经济评价方法，在身心健康方面采取心理测量范式和实证调研方法，在综合评估方面采取系统综合评价方法，具有一定的新意，且增强了研究的解释力度，丰富了工程项目风险评估方法体系，为系统、全面认识工程项目邻避风险提供了新的思路。

（4）以往关于邻避问题的研究，多集中在情绪层面、信息层面、行为规则层面，多为单一因素的涌现建模与计算，或定性的要素集成管理框架等方面的研究，缺少系统性的定量综合研究，更缺乏从微观个体行为到宏观涌现的系统研究手段。本书研究从群体性邻避行为到工程项目邻避风险再到工程项目风险管理，形成完整的研究链条，从风险入手揭示邻避行为的根本原因，从情景出发探讨邻避行为的外在条件，基于行为与复杂性视角探寻参与主体之间的交互作用机理,构建"风险—情景—行为—涌现"的邻避问题研究范式。这在一定程度上拓展了邻避集群行为及其风险管理问题的研究手段和途径,符合系统科学范式,具有鲜明的创新性和特色。

本书的部分研究内容已经在《中国行政管理》《中国管理科学》《中国人口资源与环境》《中国环境管理》和《城市问题》等期刊陆续发表,并被多次转载和引用。在此向相关期刊主编、编辑和匿名审稿人表示感谢,你们专业的意见和建议让本书研究变得严谨和深刻。

本书能够付梓出版,离不开课题组成员的辛勤付出。本书主要内容是由刘小峰和吴孝灵共同完成,部分章节也有指导研究生的大量工作(主要为社会调研和部分文稿撰写),包括陈睿源、周思辰、杨帆等。感谢南京大学出版社苗庆松编辑对本书出版付出的大量时间和精力,他专业细致的工作使本书增色不少。

刘小峰　吴孝灵

2020 年 6 月

目　录

第一章 工程项目的邻避风险

第一节 普遍的邻避现象

邻避是英文 Not-In-My-Back-Yard 的意译,意为不愿意与某些工程项目做邻居,希望某些工程项目不要建在我家后院。如何理解邻避呢? 从哲学层面讲,邻避刻画的是人与周边物之间的一种特殊关系,有人讨厌就有可能有人喜欢,即有邻避就有迎避(Yes-In-My-Back-Yard),也有人表现出既不厌恶也不喜欢的中立态度。例如,地铁工程,有人认为其建设与运营会带来噪声污染,但也有人喜欢其带来的交通便利。

从人的喜好厌恶情绪来看,人不仅对周边的某些工程项目表现出讨厌的情绪,对周边的一些人与事也会表现出类似的情绪。即作为居住在某一固定区域的人来说,不仅不愿意与其讨厌的工程项目做邻居,也不愿意与其讨厌的人与事做邻居。可见,工程项目并不是人独有的讨厌的邻居。邻避作为一种普遍存在的社会现象,并不需要谈邻色变。下面列举几种常见的邻避现象:

(1)人群邻避。相信大家都听过孟母三迁的故事:昔孟子少时,父早丧,母仉氏守节。居住之所近于墓,孟子学为丧葬,躄,踊痛哭之事。母曰此非所以居子也。乃去,舍市,近于屠,孟子学为买卖屠杀之事。母又曰亦非所以居子也。继而迁于学宫之旁。每月朔望,官员入文庙,行礼跪拜,揖让进退,孟子见了,一一习记。孟母曰此真可以居子也,遂居于此。墓地和屠宰场的确是典型的邻避设施,但孟母不是厌恶这些设施导致的环境污染、身体健康或者资产贬值,而是不喜欢周边相关职业的人对孟子成长导致的负面影响。孟母行为背后的原因与当前社会邻避大相径庭,但表现出的行为却是一致的,即不喜欢与其做邻居,采取了搬迁逃离的方法来应对①。时至今日,尽管职业平等的理念已深

---

① 一般情况下,当居民具有邻避情绪时,其行为反应主要包括吐槽与抱怨、与当事人或相关政府部门的反馈与抗议、搬迁逃离等。

入人心,但对某类特定人群偏见导致的邻避现象依然存在。这些特定人群包括殡葬工作者、精神病人、养老院老人、监狱犯人等,而聚集这类人群的殡仪馆、精神病院、养老院和监狱也因此成了典型的邻避设施,相关人员居住过的房子甚至被定义为不吉利的"凶宅"。不少人经过这些场所,都会莫名感觉到害怕,更别说在周边安家,与相关人员成为邻居。

（2）种族邻避。由于信仰、生活习惯以及思维模式等差异,不愿意与自己不同种族的人做邻居也是人类历史上也是常有的事情。在殖民时代,不少政府甚至采取种族隔离制度。在当前社会中,虽大部分国家明文规定种族平等,倡导和平共处,但隐蔽的、实际的种族邻避现象依然存在。不少人在选择居住地时,会主动选择避开与一些自己不喜欢的种族当邻居,甚至演化成一种对特定种族的恐惧与厌恶,如欧洲社会存在的"伊斯兰恐惧症"、中东地区存在的民族与宗教冲突等。

（3）社区邻避。广义上的邻避效应可能体现在居住、工作、交友、婚姻等社会互动与交往的各个方面。在社区中,不少城市居民可能有排外倾向,不愿意与外地人当邻居,不愿意与农民工当邻居,这种现象被一些学者称为社区邻避(李兴华等,2017)。部分城市居民一方面想要享受新生代农民工在城市做出的种种贡献,但另一方面却不愿意承担和新生代农民工居住在同一社区引致的现实或想象中的负外部性。

（4）工程项目邻避。这是本书研究关注的领域,也是最常见的邻避情形。具有邻避特征的工程项目主要包括发电厂、发射塔、变电站、垃圾掩埋场、医院、核辐射项目、高速公路、地铁、磁悬浮、高压线、火葬焚烧场、停车场、光线遮挡物、监狱、戒毒所、高尔夫球场、青年旅社等。需要特别说明的是,具有邻避风险属性的工程项目在本书中也被称为邻避项目或邻避工程。

第二节　可以接受多大的邻避风险?

近几十年,由一些具有邻避性质的建设项目引发的环境事故接连刺激人们的神经。典型案例就是 2015 年 8 月 12 日天津滨海新区瑞海国际物流有限公司化工危险品仓库发生特别重大火灾爆炸事故,导致 165 人遇难、近 800 人受伤,17 000 多户居民和 779 家商户受损;2014 年 4 月 11 日兰州市因威立雅污水处理项目运营问题爆发自来水污染事件,导致兰州市民饮水安全受到严重威胁;2013 年 7 月 30 日和 2015 年 4 月 6 日福建省漳州 PX 项目两年内连续发生爆炸,周遭居民陷入极大恐慌;2015 年 6 月 26 日哈尔滨道外区团结镇污水处理项目发生气体中毒事故,27 人出现不良反应。这些建设项目在立项前期都有科学的环境风险评估,即使在运营期也有不少控制与监管措施,但为什么不能提早预防风险以减少或避免突发事故的发生?

工程项目环境风险是指建设项目对周遭社会及其赖以生存、发展的环境产生破坏、损失乃至毁灭性作用等不利后果的事件的发生概率(Fiorino,1990)。通俗讲,环境风险就是我们周边的环境质量是否安全? 我们的生命健康是否会因环境问题而受到损害? 我们的财产是否会因环境问题而遭受贬值? 2015 年环保部指出全国有 4 000 多家企业面临重大环境风险和潜在的突发环境事件威胁,这表明我国经济社会发展已经进入环境高风险期。尤其在2015 年 11 月召开的中国环境与发展国际合作委员会年会上,联合国副秘书长阿希姆·施泰纳先生(Achim Steiner)更是直言建议我国政府成立"国家环境风险委员会"。

工程项目邻避风险一般始于项目的环境污染风险,但并非建设工程项目环境污染的原生风险,而是一种衍生出来的社会风险,表现为公众对项目可能产生环境污染、经济损失乃至毁灭作用等不利后果事件的担忧(杨雪锋和章天成,2016)。我们生活在一个风险社会,任何"零风险"的选择都是不符合发展规律的。虽都不愿意邻避项目建在自家后院,但"一闹就停"也不符合社会的发展。这让我们思考,对于邻避项目,我们究竟应该需要怎样的环境风险水平? 如何在目标预期内控制和应对环境风险? 当前社会经济环境下,邻避项目环境风险控制在管理协调对象上发生了较大的变化,由传统的企业内部环境风险管理和政府环境管制为主的两元格局,演变成为涉及国家或政府、企业、公众等更为广泛方利益相关者参与的多元格局,治理重点也逐渐向公众关注的环境风险方向偏移。那么,如何在兼顾社会资源、成本和公众的价值取向等复杂情景下探寻治理策略,同时促使公众理性认识并接受邻避项目环境风险? 本书期望从行为与复杂性角度探寻科学和适应性的治理之道。

近年我国频繁爆发的群体性邻避冲突事件,从某种意义上讲就是社会公众对于邻避项目可能会带来身心健康、环境质量和资产价值等负面环境风险影响的一种行为反应(刘小峰和杜建国,2013)。这种邻避行为从表面上看是公众与企业或政府的直接或间接冲突,而在本源上则是公众认知视角下的邻避项目环境风险管理缺失。因为忽略公众认知的环境风险管理很容易会滋生公众对邻避项目风险的狐疑或恐慌,进而导致公众对邻避项目的非理性抵制。

具体而言,当前的工程项目邻避风险管理存在以下几个问题值得我们深思:

(1)目前的工程项目立项前期的很多风险评估都是主要侧重于比较单一的环境指标,而公众较为关注的身心健康和财产影响在前期的风险评估中均较为缺乏,这就导致政府或相关机构对邻避项目环境风险的评估并不被公众认可。由此我们思考,公众认知的邻避项目环境风险是什么,是否合理,是否会随时间和空间的变化而变化?

(2)以往研究认定的环境风险控制目标,大多是由科学家基于科学事实的评估而给出的,而公众是否接受这种目标往往被忽略,这就导致社会经济系统的承受能力以及成本分析常常游离于决策之外(毕军,2015)。所以,从可持续发展理论来看,邻避项目的环境风险管理目标要与社会经济发展目标的动态性相匹配,还必须考虑社会或公众的认知与可接受水平。那么,对于邻避项目环境风险管控问题,由于受到公众认知目标的约束,我们有必要进行新的思考:究竟怎样的环境风险控制目标是合理的,如何在目标预期内控制和应对环境风险,如何进行改进和优化现有的环境风险评估模型?

(3)邻避项目的准公益性决定其环境风险应对不仅是一个企业环境风险管理问题,或者政府环境管制的问题,而更是一个涉及国家或政府、运营商和公众的多方利益主体的环境治理问题。由此我们有必要思考,如何在兼顾社会成本和公众价值取向的复杂情景下探寻治理策略?如何促使公众理性认识并接受邻避项目环境风险?

由此看来,当前邻避项目环境风险问题迫切需要我们突破传统的环境风险评估与治理框架,并基于公众认知视角对邻避项目环境风险管理的上述相关问题进行新的研究。与传统视角下的环境风险管理相比,基于公众认知视角的环境风险评估与治理,主要在邻避项目环境风险的目标、识别范围、评价重点、公众参与、评估过程、治理等方面有一定的拓展和创新,具体如表1-1所示。

表1-1　传统视角与基于公众认知视角的邻避项目环境风险比较

	传统视角	基于公众认知视角
环境风险目标	科学家认为风险应该控制和可以接受的水平	需要综合考虑邻避项目本身安全性、社会和公众的认知与可接受水平、社会经济发展阶段的匹配性
风险识别范围	主要是邻避项目生产设施风险识别和生产过程所涉及的物质风险识别	还需要识别周边环境状况、周边公众身心健康、周边核心资产贬值情况

续　表

	传统视角	基于公众认知视角
公众参与情况	集权式,较少利益相关者参与,可能有部分政府机构和科研所参与	更为广泛的公众、社区及科研力量参与;环境风险评估与治理随系统运行与科学认知不断更新
风险评估过程	主要是基于科学事实的判断与评估	更是政府、专家、企业、居民、媒体等多个利益相关方共同认知和判别风险的过程
风险演变情况	主要与邻避项目的建设与运营相关,指标与风险识别范围对应(时空限定)	还与公众认知、人口、社会经济发展水平等相关,指标与风险识别范围对应(时间空间范围无限定)
环境风险治理	主要依靠邻避项目运营商和政府监管,核心关注技术层面,强调风险控制	强调企业、公众和政府等多主体之间相互协同与约束,关注主体行为与系统复杂性,突出风险治理

从传统视角转向基于公众认知视角的邻避项目环境风险问题研究将主要包括对邻避项目环境风险的系统特征、公众对邻避项目环境风险的认知情况、公众视角下邻避项目环境风险演变规律、邻避项目环境风险评估模型优化、相关主体环境行为特征与邻避项目环境风险治理策略等相关内容的研究。所有这些问题的研究对邻避项目环境风险管理的创新是一种积极的探索,对于揭示邻避项目环境风险复杂性特征、优化邻避项目环境风险评价模型、构建邻避项目环境风险综合治理体系、建立可持续发展社区等具有重要的现实与理论价值。具体说来,主要表现为:

(1)考虑到邻避项目环境风险的特殊性与复杂性,视环境风险评价为一个政府、专家、企业、居民、媒体等多个利益相关方共同认知和判别风险的过程,同时将中国社会发展情景置于研究之中,探讨邻避项目环境风险的公众认知情况,挖掘当前复杂环境下公众认知视角下邻避项目环境风险演变规律,不仅更加符合目前我国邻避项目面临的复杂多变的社会经济环境背景,而且更加吻合邻避项目环境风险的本质特征。这有助于揭示邻避项目环境风险的复杂性,摸清公众对于邻避项目环境风险的认知情况。

(2)基于公众认知视角研究邻避项目环境风险评估与治理,是由我国当前经济社会转型期实际遇到的邻避冲突和环境困境倒逼所致。本课题对公众认知数据、邻避项目环境数据、政府监控数据以及长期慢性潜在风险数据进行定性与定量分析,筛选出高风险邻避项目和区域,描绘邻避项目环境风险地图,确定公众认可的可接受风险水平,探寻可持续发展的治理策略,是一项基础而重要的科学工作。研究结果可为优化邻避项目环境风险评估与治理方法,提高社会协同与公众参与效果等提供一定的理论支持。

（3）以往环境风险评价的研究主要通过源项分析（Sources Analysis）、危害判定（Hazard Identification）、剂量—反应评价（Dose-Response Assessment）、暴露评价（Exposure Assessment）等方法对环境风险进行判定，研究对象主要集中在有毒有害物质扩散起因，主要关注突发性火灾、爆炸和泄漏等（袁业畅等，2013），而对于非突发性、长期慢性累积环境风险评价研究较少，环境风险评估与管理科学与认知科学交叉较少，评价与决策管理衔接不够。事实上，环境风险评估的最终目的是为风险决策管理提供科学依据，但目前对这一环节缺乏系统的研究（Eshragh et al，2015）。本书通过与管理科学、系统科学和认知科学等学科融合，研究我国邻避项目在当前发展情景下凸显的环境风险，在一定程度上拓展了环境风险评估的范畴，丰富了评估方法，增强了评估与治理之间关联，对环境风险评估与治理的理论创新有一定的贡献。

第三节　强情境化的挑战

不仅邻避风险的认识体系需要重构，邻避风险的管理体系也可能需要重新思考。为此，本节先回顾工程环境管理理论与实务，然后讨论强情境化对邻避风险管理的挑战。

一、工程项目环境管理研究

工程项目环境管理包括监管者对项目环境管理的制度安排，以及管理者对项目环境管理体系进行的策划、组织、协调、控制和改进等工作，目的是使项目的规划、建设与运营等能满足环境保护的需要，促进项目的可持续发展。项目环境管理研究成果主要围绕上述定义而展开。

首先，由于环境污染的外部性，理论与实践界普遍认为项目环境管理须由政府或第三方的介入，为此需要严格且丰富的环境制度供给来保护环境。例如，我国现有项目环境管理制度主要包括"三同时"制度、环境影响评价制度以及排污收费制度、环境保护目标责任制度、排污申报登记与排污许可证制度、污染集中控制制度以及污染限期治理制度。项目环境管理作为一种强制性管理活动，由于环境管理的成本性和复杂性，不少研究发现项目环境管理存在主体动机不足、道德风险、激励不足、复杂性认知不足和监管不足等问题。例如，Chen 等（2004）研究发现项目环境管理普遍存在监督不足问题；Shea（2006）研究发现由于市场竞争与行为主体的自利性，使得工程项目中的环境管理行为存在"囚徒困境"，其直接结果是工程项目中的有关主体没有动机在各个环节中均按照与环境相容的要求来约束自身的行为；Keeley（2006）发现在项目环境管理中存在技术革新障碍，认为项目管理主体缺乏提高项目建设与运营材料、工艺、设备等环境技术含量的动力；Naaranoja 等（2007）认为一个体系成熟的企业或一个正常生产的工程，环境管理相对有规律和经验可循，而项目由于设计与施工的不确定性，初期的基础供应与基本排污条件可能不完善，工程的环境保护也可能面临无法预测的困难和挑战；特别是重大工程项目，由于可能需要整合不同的设计或参建单位，其间不同种类的施工交错复杂，参建单位管理水平人员素质参差不齐，于是带来的困难和挑战就会明显不同于普通中小项目，也不尽同于中小项目的简单叠加。为解决相关问题，理论与实践界提出了相应的解决方案并形成了丰富的研究成果，包括强化项目建设与运行过程中社会责任（Zeng et al，2017；Lin et al，2017）、公众参与（Qi et al，2016；Hilmy et al，2015）、环境信息披露（Chang et al，2018）以及环境审计（丁镇棠等，2011）等。我国政府出台的《环境信息公开办法（试行）》（自 2008 年 5 月 1 日起施行）和《环境影响评价公众参与暂行办法》（自 2019 年 1 月 1 日起施行）等政策，均从这些方面试图解决这一管理难题。

其次，理论与实践界也在积极优化已有环境管理理论、方法和技术方案，提出新的主张和见解，典型的有绿色建筑理念、动态环境影响评价等。例如，Chen 等（2004）提出了一种贯穿于建筑工程的各个施工阶段的动态环境影响评价的综合方法；Ding（2008）对不同国家现行环境建筑评估方法进行总结，探讨项目可持续性方面的贡献与不足，进而基于多维方法提出了项目评估可持续性模型的概念；Hwang 等（2017）对 25 家新加坡建筑公司进行了问卷调查研究发现，绿色商业建筑项目的五大关键风险因素分别是"通货膨胀""利率和汇率波动""绿色材料耐久性""人为失误"和"绿色材料短缺"。

再次，现场管理也是项目环境管理研究的重点，尤其是项目建设过程中的污染物管理。例如，Isnin 等（2012）认为除了目前努力转向绿色建筑实践之外，还需要在项目的建设和运营过程中改进建筑材料管理。Udawatta 等（2015）探讨了澳大利亚 26 种废物管理的关键解决方案，认为团队建设和监督、废物管理的策略性指引、适当的设计和文档、废物管理决策创新和生命周期管理是废弃物管理的五大要素。Lai（2016）等认为废弃混凝土砌块、钢筋、木材、玻璃等大部分建筑垃圾属于可再生资源，在线废弃物追踪系统的实施可以减少天然材料的使用，减少建筑垃圾的产生。Robert 等（2017）认为偏远社区项目现场废物管理在资金、时间、资源等方面缺乏优先级和应有的财务激励。Jose 等(2018)认为欧盟提出的项目建筑和拆卸废物的最佳做法是有效方案,但鉴于各成员国的废物管理做法各不相同,还需要基于价值链分析创新建筑部门实施办法。

最后,项目环境管理绩效也是理论与实践界关注的重点,也形成了较为丰富的研究成果。例如,Tam(2006)开发一系列的投入和产出指标,并基于项目经理的感知来衡量它们之间的关系,结果表明环境投入与环境绩效有很强的相关性;王歌等(2018)以重大工程为研究对象,选取环境公民行为作为中介变量,构建制度压力对环境管理绩效影响的实证模型,研究认为模仿性和规范性压力对环境管理策略和实践均产生显著正向影响。

二、强情境化的挑战

随着环境保护制度的施行越来越严格,我国项目环评执行率逐年上升,不少地区甚至达到 100%。依据全国环境统计公报数据,2010—2015 年间"三同时"执行合格率平均高达 96%,其中,不少新建项目的排污设施和能力甚至达到国际先进水平。然而,居高的环评执行率以及严格的环境标准却未换来较高的公众环境满意度。人们对按照高标准设计建造的绿色建筑或绿色工程在建设与运营过程中是否达到最基本的环境合规甚至也存有质疑(Yang,2017)。近些年,在项目建设与运营过程中,由于建筑工地扬尘、项目排污等原因引发的大气、水体和固废污染等,往往是群众投诉的焦点,不少民众丧失了对环评结果与项目环境管理效果的信任。根据全国环境统计公报数据,2000 年至 2015 年期间,因环境污染和环境纠纷而引发的环境信访投诉总数增长了 6.5 倍,2007 年至 2015 年期间,突发性环境群体性事件高达 4 306 次。其中,不少项目都因环境管理问题陷入了"一建就闹"与"一闹就停"的尴尬境地。

这一系列复杂现象的不断呈现,反映了现有项目环境管理在解决某些环境问题上的不适,也表明了现有环境管理理论在解释这类复杂现象以及提出相应解决方案上的不足。透过这些复杂现象可以发现,这些难以解决的问题有一些共同之处,包括:① 对象多为重大工程项目、邻避项目、能源项目以及生态恢复项目等,项目建设与运营对周边生态环境影响大。相比一般性项目,人们对这类项目的环境影响评价与认识更难,项目环境保护与管理难度更大。② 尽管政府和项目管理者按照既定程序和要求积极推进项目环境保护,但"科学家—项目管理者—政府—其他利益相关者"等群体对这类项目的环境管理的目标、流程、组织、方法等可能未达成一致的意见,群体价值诉求更加多元,甚至可能存在较为明显的认知偏差。③ 公众对这类项目关注度更高,参与意愿更强,参与方式更多。公民环境意识提升、环境数据公开等因素促使公众等利益相关者想参与到这些项目环境管理决策过程中;如若不能,则会通过其他渠道表达诉求。基于 Nowotny 等(2001)研究,本书把上述基本特征归纳为强情境化。

为刻画人们的复杂认知过程及其差异化现象,有学者在复杂性科学、教育学、管理学和心理学等领域构建了"情境化"的概念(Hodges,2008;Tsui,2010;Maylor et al,2010;Asli,2018)。尽管研究者对情境化概念的定义和理解不尽相同,但普遍认为:如果人们认为某一认知是可靠的,值得信任的,无争议且无偏差的,无须过程交互即可实现结论清晰的,则认为是无情境的。相反,如果人们认为某一认知是存疑的、不确定性的或具有复杂性的,对其认知是存在偏差的或有争议的,需要结合具体情况在过程交互中增强认知的,则认为是情境化的。情境化可划分为弱情境化和强情境化,强情境化是复杂性的一种具体形式,它刻画的是人们对系统的认知存在高度不确定性或者较大偏差,参与主体利益和价值观存在广泛多元性,以及人们对系统认知与决策的反复交互性(Gibbons,1994;Nowotny,2003)。

具体到项目环境管理问题上,对其网络热议、现实投诉与街头抗争等社会行为便是人们在复杂环境问题上的认知不一致以及寻求(利益/价值观/政治过程/抗争行为等)交互的极端表现,即是强情境化的现实反映。不仅在中国,全球不少项目因强情境化困扰而被迫中止、搁置或调整。例如,美国波士顿海港中央动脉/隧道项目,因环境污染、交通拥堵以及利益等公共问题激起了民众强烈反对,导致了反公路联盟的形成(Sagaris,2014);再如,因担心漏油导致生态环境污染,加拿大至美国的 Keystone XL 管道项目引发了两国相关企业、民众、社会团体以及媒体的广泛关注,争议持续了数十年终于在 2017 年获得全部审批通过(Ceccoli,2017)。从复杂性管理角度来看,强情境化对项目环境管理带来了巨大的挑战,主要表现在以下几个方面:

(1)传统的知识分工变得无效。明确划定系统与子系统之间的界限变得越来越困难,环境科学家较难独立对项目环境结论做出判断,或者说做出的判断将受到质疑,甚至使得系统朝决策者最不愿意看到的结果方向演化(如引发群体性抵抗事件)。或者可以说,面临强情境化时,项目环境风险认知不是单纯的科学行为,而更多的是一种社会建构行为(王明远和金峰,2017)。

(2)根据大规模技术累积的项目环境管理经验,或者弱情境化时所遵循的有效规则,当遭遇强情境化时显得混乱,无所适从。面临强情境化挑战时,管理者不仅要解决项目建设与运营带来的环境破坏问题,还要解决由项目潜在环境污染导致的社会问题,而且这两项任务不能割裂开来单独解决。这种错综复杂的项目环境管理是现有管理方案无法提供的,也就是说,强情境化对项目环境管理理论、方法、流程和规则等方面提出了新的要求。

（3）主体更具异质性,利益与价值观更多元且富有争议,边界更加模糊。"科学家—项目管理者—政府—其他利益相关者"等群体对环境管理的目标、流程、组织、方法等可能都未达成一致的意见,这对系统交互以及管理协同提出了新的要求,也使系统演化变得更加复杂。

（4）结果是由管理者、专家和社会共同评判。决策者在处理许多与项目立项、建设与运营相关的环境问题(如生态破坏、大气污染、固废污染、疾病传播等)时,不能单纯考虑项目自身因素,必须考虑社会的高度不确定性(如群众恐慌、群体性邻避行为、社会结构变化)与利益相关者的相互影响,即需要重构传统项目环境管理的评价模式。

总的来说,项目环境管理研究在基础理论、技术、方法及其应用等方面取得了丰硕的成果,但由项目强情境化引发的"一建就闹"和"一闹就停"的管理困境,以及大型复杂工程项目所需要的环境管理等,仍处于研究的起步阶段,对于工程管理邻避风险还需要深入系统的研究。

第四节 本书讨论的问题

一、本书研究问题

进一步思考公众可接受的环境风险水平和强情境化挑战,有一些具体的科学问题需要去研究解决。

（1）为什么很多工程项目得到了专家(环境专家、经济专家、安全专家和建设施工专家)的认可,得不到公众的认可? 公众的认知与专家的认知鸿沟有多大? 工程和专家可接受的邻避风险有何差异?

（2）邻避是公众对于工程项目风险的一种行为反应。公众是一个笼统的概念,具体到每一个个体,也可能存在差异,可能仅仅是在某些行为或者特征上表现出一致,但事实上,支撑他们行为或特征的逻辑可能大相径庭。因此,本书进一步探究公众为什么邻避,是因为有确凿证据的客观环境污染,还是公众的主观心理认知活动?

（3）更核心的是,需要我们思考:是我们的政府和工程项目人员管理不够努力吗? 事实上,从选址决策到建设过程管理再到运营管理,已有的工程环境管理还是系统、完备的,那为何依然愈演愈烈? 我们该如何应对邻避风险? 邻避冲突何时终结?

为了回答这些研究问题,探索走出困境的良方,我们认为:有必要回到工程项目管理的整个生命周期(见图 1-1),看看每个环节存在的问题,看看谁应该为此负责,应该采取怎么样的解决方案?

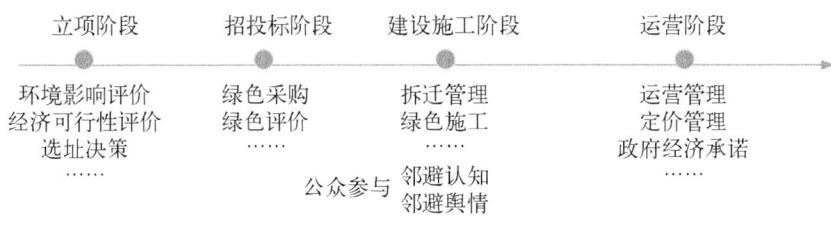

立项阶段	招投标阶段	建设施工阶段	运营阶段
环境影响评价 经济可行性评价 选址决策 ……	绿色采购 绿色评价 ……	拆迁管理 绿色施工	运营管理 定价管理 政府经济承诺 ……
		公众参与	邻避认知 邻避舆情 ……

图 1-1 工程项目全生命周期管理中的邻避风险

这是一种还原论的做法,或许找不到答案,或者找到仅仅是"头疼医头,脚疼医脚"的答案。尽管采用还原论的哲学思辨方法存在局限,但在系统方案尚未清晰之时,仍需这样去做。可能不同的是,我们不是简单地重复走一遍还原论分析的道路,不是简单地再次梳理工程项目生命周期每个阶段与邻避相关的问题与解决方案,而是需要我们针对每个工作阶段存在的症结,融入系统论的思维,找到揭示邻避复杂性之谜的钥匙,进而获得走出邻避困境的系统性解决方案。

二、本书主要章节安排

第一章 工程项目的邻避风险。重点阐述邻避风险,讨论我们可以接受多大的邻避风险,同时分析强情景化带来的管理挑战。

第二章 邻避风险与环境影响评价。重点分析我国现行工程项目环境影响评价体系,分析这套体系在具有邻避风险的项目上的不适应性,进而构建工程项目适应性环境影响评价模式。

第三章 邻避风险与经济可行性评价。在邻避风险管理要求下,构建需要考虑环境补偿的邻避项目价值评估模型,并以昆明市呈贡区生活垃圾焚烧发电项目为例分析了在不同情景下项目的经济可行性。

第四章　邻避风险与经济损失评估。构建邻避设施导致的资产损失评估模型,并以南京市为例,评估各类邻避设施导致的居民经济损失状况,进而构建基于资产评估损失的邻避指数。

第五章　邻避风险与工程项目选址决策。分析邻避风险如何影响工程选址决策,基于计算实验方法构建选址模型,分析不同选址方案的演化结果。

第六章　邻避风险与公众参与(Ⅰ):邻避风险认知。通过社会调查方法揭示公众对工程项目邻避风险的认知状况,从认知偏差角度分析公众对工程项目邻避风险的认知困境。

第七章　邻避风险与公众参与(Ⅱ):邻避舆情扩散。从舆情扩散的角度探讨邻避风险演化规律以及政府引导策略。

第八章　邻避风险与公众参与(Ⅲ):邻避风险演化。从演化的视角回答邻避危机是否会愈演愈烈。

第九章　邻避风险与工程项目运营模式。分析邻避风险对工程项目运营的影响,探讨何种收益分配模式和服务价格机制更有利于邻避风险管理。

第十章　邻避风险与工程服务定价。进一步探讨工程服务定价对于邻避风险管理的影响,探讨何种定价模式有利于邻避风险管理。

第十一章　邻避风险与政府经济承诺。从政府经济承诺角度探索工程项目邻避风险的管理手段,针对邻避型PPP项目呈现的"政策热、实践冷"等现实难题,为理解、识别与估算邻避型PPP项目的内在价值等提供技术手段。

第十二章　邻避风险与政府补偿契约设计。进一步从经济角度探索应对工程项目邻避风险的手段,探讨政府在考虑私人偏好情况下如何进行补偿契约设计,以应对邻避型PPP项目自身的经济外部性风险。

第十三章　工程项目邻避风险管理研究展望。

本章参考文献

[1] Asli S. Utilizing Professional Vision in Supporting Preservice Teachers' Learning About Contextualized Scientific Practices[J]. Science & Education, 2018(1):1-24.

[2] Ceccoli S. Explaining Attitudes Toward U. S. Energy Extraction: Offshore Drilling, the Keystone XL Pipeline, and Hydraulic Fracturing[J]. Social Science Quarterly, 2017, 99(2):644-664.

[3] Chang I, Wang W, Wu J, et al. Environmental impact assessment follow-up for projects in China: Institution and practice[J]. Environmental Impact Assessment Review, 2018, 73:7-19.

[4] Chen Z, Li H, Hong J. An integrative methodology for environmental management in construction[J]. Automation in Construction, 2004, 13(5):621 – 628.

[5] Ding G. Sustainable construction—The role of environmental assessment tools[J]. Journal of Environmental Management, 2008, 86(3):451 – 464.

[6] Eshragh F, Pooyandeh M, Marceau D J. Automated negotiation in environmental resource management:Review and assessment[J]. Journal of Environmental Management, 2015, 162:148 – 157.

[7] Fiorino D J. Citizen participation and environmental risk:A survey of institutional Mechanisms[J]. Science, technology & human values, 1990, 15(2):226 – 243.

[8] Gibbons M. Transfer sciences:management of distributed knowledge production [J]. Empirica, 1994, 21(3):259 – 270.

[9] Hilmy M, Darsono W, Wawan K. The Policy Environment in Urban Area:Public Participation in Waste Management in Probolinggo[J]. international journal of technical research & applications, 2015, 33:2320 – 8163.

[10] Hodges, A. The politics of recontextualization:discursive competition over claims of Iranian involvement in Iraq[J]. Discourse & Society, 2008, 19(4):483 – 505.

[11] Hwang B, Shan M, Binte N. Green commercial building projects in Singapore: Critical risk factors and mitigation measures[J]. Sustainable Cities and Society, 2017, 30: 237 – 247.

[12] Isnin Z, Ahmad S, Yahya Z. Challenges of the Unknown Building Material Substances for Greener Adaptation Projects[J]. Procedia - Social and Behavioral Sciences, 2012, 68:53 – 62.

[13] Jose L, David S, Schoenberger H, et al. Construction and demolition waste best management practice in Europe[J]. Resources, Conservation and Recycling, 2018, 136: 166 – 178.

[14] Keeley J. Balancing technological innovation and environmental regulation: an analysis of Chinese agricultural biotechnology governance [J]. Environmental Politics, 2006, 15(2):293 – 309.

[15] Lai Y, Ye L, Chen P, et al. Management and Recycling of Construction Waste in Taiwan[J]. Procedia Environmental Sciences, 2016, 35:723 – 730.

[16] Lin H, Zeng S, Wang L, et al. An indicator system for evaluating megaproject social responsibility [J]. International Journal of Project Management, 2017, 35 (7): 1415 – 1426.

[17] Maylor H, Vidgen R, Carver S. Managerial complexity in project-based operations:A grounded model and its implications for practice[J]. Project Management Journal, 2010, 39(1):15 – 26.

[18] Naaranoja M, Haapalainen P, Lonka H. Strategic management tools in projects case construction project[J]. International Journal of Project Management, 2007, 25(7): 659 - 665.

[19] Nowotny H, Scott P, Gibbons M. Re-Thinking Science: Knowledge and the Public in an Age of Uncertainty[M]. UK:Polity Press, 2001.

[20] Nowotny H. Democratizing Expertise and Socially Robust Knowledge[J]. Science & Public Policy, 2003, 30(3):151 - 156.

[21] Qi G, Jia Y, Zeng S, et al. Public participation in China's project plans[J]. Science, 2016, 352(6289):1065.

[22] Robert H, Deepika M, Rolf G. Barriers to improving the environmental performance of construction waste management in remote communities[J]. Procedia Engineering, 2017(196):830 - 837.

[23] Sagaris L. Citizens' Anti-highway Revolt in Post-Pinochet Chile: Catalyzing Innovation in Transport Planning[J]. Planning Practice & Research, 2014, 29(3): 268 - 286.

[24] Shea D. The project bioshield prisoner's dilemma: an impetus for the modernization of programmatic environmental impact statements[J]. Ssrn Electronic Journal, 2006, 33(206):695 - 737.

[25] Tam V, Tam C, Shen L, et al. Environmental performance assessment: perceptions of project managers on the relationship between operational and environmental performance indicators[J]. Construction Management and Economics, 2006, 24(3): 287 - 299.

[26] Tsui A. Contextualization in Chinese Management Research[J]. Management & Organization Review, 2010, 2(1):1 - 13.

[27] Udawatta N, Zuo J, Chiveralls K, et al. Improving waste management in construction projects: An Australian study[J]. Resources, Conservation and Recycling, 2015, 101:73 - 83.

[28] Zeng S, Ma H, Lin H, et al. The societal governance of megaproject social responsibility[J]. International Journal of Project Management, 2017, 35(7):1365 - 1377.

[29] 毕军.全国四千重大环境风险点,如何管?[N].南方周末,2015 - 11 - 27.

[30] 丁镇棠,程书萍,刘小峰.大型公共工程环境审计研究[J].审计研究,2011(6): 51 - 58.

[31] 侯光辉,王元地."邻避风险链":邻避危机演化的一个风险解释框架[J].公共行政评论,2015(01):11 - 35+205.

[32] 李兴华,蔡万焕,陈明.社会经济地位与社区邻避效应:基于城市市民对新生代农民工的观察视角[J].当代财经,2017(05):3 - 13.

[33] 刘小峰,杜建国.环境行为与环境管理[M].南京:南京大学出版社,2013.

[34] 刘小峰.邻避设施的选址与环境补偿研究[J].中国人口·资源与环境,2013, 23(12):70-75.

[35] 王歌,何清华,杨德磊,燕雪,于涛.制度压力、环境公民行为与环境管理绩效:基于中国重大工程的实证研究[J].系统管理学报,2018(1):118-128.

[36] 吴翠丽.邻避风险的治理困境与协商化解[J].城市问题,2014(02):94-100.

[37] 袁业畅,何飞,李燕,等.环境风险评价综述及案例讨论[J].环境科学与技术, 2013,36(6):455-463.

[38] 杨雪锋,章天成.环境邻避风险:理论内涵、动力机制与治理路径[J].社会科学文摘,2016(10):81-92.

第二章　邻避风险与环境影响评价

　　自 2003 年实施《环境影响评价法》以来,根据对环境的影响程度,我国从法律角度对建筑项目施行分类环境影响评价管理办法,在项目环境风险控制中取得了良好效果。然而,近年来,随着公共环境问题的持续恶化导致矛盾不断累积甚至升级激化,现行的项目环境影响评价制度已引起了人们多重质疑,尤其是在邻避项目领域。邻避项目终究需要建在一些人的"后院",环境影响评价较难对其环境风险进行动态追踪,一旦演变成环境事故,就不仅仅是建设或运营中的事故,势必会造成重大社会事件,如天津 8・12 事件、4・11 兰州自来水苯超标事件等都莫不如此。而且,随着邻避事件频发,大多邻避项目都陷入了"一闹就停"的尴尬境地。所以,如何破解当前我国面临的邻避难题,有必要重新思考邻避项目环境影响评价问题。

　　现行项目环境影响评价方法忽略了公众对环境风险的知情权和认知偏差,很难满足公众对于环境的正当诉求。特别对于邻避项目,群体性邻避事件更是制约了项目环境影响评价工作的开展,其环境风险更多地潜含了较大的社会风险,所以邻避项目环境影响评价更具复杂性。然而,目前有关这方面的研究仍处于探索阶段。本章将首先从评价目标与评价内容、评价流程与评价方法、社会参与与问责制度等方面对我国现行项目环境影响评价制度进行综合分析,然后探讨当前形势下邻避项目环境影响评价面临的复杂性困境,最后基于复杂适应性管理对邻避项目环境影响评价模式进行构建和研究。

第一节　工程项目环境影响评价体系分析

一、我国现行项目环境影响评价体系特点

　　根据《环境影响评价法》,对环境有影响的项目,建设前需要编制环境影响评价报告并公示,建设过程中施行"三同时"现场核查制度,竣工时需要进行竣

工环境检查验收,对于重大项目可能还需要进行社会稳定风险评估。根据环境要素的差异,项目环境影响包括大气环境评价、水环境评价、土壤环境评价、生物环境评价、环境风险评价、人体健康评价等。项目评价技术层面主要参考《环境影响评价技术导则》和《建设项目环境风险评价技术导则》等。

（一）评价内容与评价目标

项目环境影响目前主要评价相关设施的环境风险以及生产过程中从原材料到成品过程的物质风险,重点分析项目运营期间污染物的排放浓度是否达到相应标准,计算火灾、爆炸和泄漏等重要风险发生的概率,预测技术方案对周围环境影响处在何种等级,从环境保护的角度论证项目的可行性。论证的重点在于项目环境影响方面的合规性和合法性,目标大多是科学家认为风险应该控制和可以接受的水平。

在实践中,项目环境影响评价的目标和内容均有具体的目录和指南,这种确定性的处理方法在方便评价工作的同时也带来了一些质疑,主要表现在:① 可接受的环境风险目标是确定的,但从可持续发展角度和环境影响评价的本质要求来看,我们需要一个与社会经济发展目标相匹配的环境风险管理目标,而且这个目标应该是动态的、不断提升的(毕军等,2015)。② 在实践中,环境确定的评价内容受限于评价目录,主要集中在有毒有害物质扩散,主要关注突发性火灾、爆炸和泄漏等(袁业畅等,2013),但对于在社会经济环境系统发展过程中涌现出来的新风险以及公众担忧的身心健康风险和资产损失风险基本不予考虑,对一些具有新技术和工艺的设备环境风险也拒绝审核评价。③ 为评价而评价的现象较为突出,被不少专家和民众质疑为流于形式(Xu et al,2013)。项目环境问题的复杂性与当前项目环境影响评价内容和评价目标的确定性之间的矛盾是一直无法解决的,制约着项目环境影响评价工作的效果。

（二）评价流程与评价方法

当确定评价目标和内容之后,一般采用自上而下、逐步分解的思路开展项目环境影响评价工作。评价一般会分解为项目对大气、噪声、地面水、人群健康等关键要素的影响评价,然后进一步细分为项目对各个更为细致指标的影响,如有毒物质影响评价,会细化到具体的硫化氢、一氧化碳、三氧化硫等具体物质的含量预测,然后按照具体的标准对事故影响进行定量预测,说明影响范围和程度。从风险识别到风险计算,一般采取最大可信事故风险评价体系,遵循固定的范式,大多采纳技术导则中推荐的方法,以定量分析为主,较多应用技术导则中确定性的数学模型。

虽然评价流程和评价方法比较完善,但在实践中也出现了一些需要反思的情况,主要包括:① 环境影响评价机构常常把这项工作变成一项确定性的工作来开展,报告书的内容和形式基本都在按照审查专家的思路来编制;② 基于预测的计算结果常常与实际情况有很大的偏差,而后期又没有设置矫正制度,容易造成项目环评与现实建设与运营脱节;③ 鉴于科学研究的阶段性,不少可确认的风险也无法评价,如急性死亡、非急性死亡的致伤、致残、致畸、致癌等慢性损害后果等。

（三）公众参与与问责制度

项目环境影响评价中明确要求需要有公众参与,目前主要方式有张贴告示、听证会和网络公告等,但对于公众参与要达到的效果和开展形式并没有明确规定。《环境影响评价法》等规范化文件对编制部门、审批机关、主管部门、技术服务机构等均做出了违法行为和法律责任的界定,建立了相应的问责制度,也起到了积极的惩罚功能,如 2012 年环保部通报了 88 家环境机构出现质量和管理问题。

虽然中国公民参与公共事务的渠道越来越丰富,但对于项目环境影响评价问题,公众参与与问责制度却仍是人们诟病最多之处,至今仍存在以下几个突出的问题:① 公众参与与问责制度之间尚未建立有效的桥梁,导致公众在参与项目环境问题上,要么演变为公众的无奈与冷漠,要么演变为群体性抵触抗议,有悖于促进社会经济环境的协调发展的环评初衷;② 项目在竣工之后一般很少被继续研究、追踪和评估,除非发生环境事故或群体性环境事件,导致不少项目环境影响评价的结果没有得到应有的重视,如北京六里屯垃圾焚烧发电厂、深港西部通道等居民抗议事件都是当地政府未采纳项目环境评价报告中的管理建议的后果。③ 虽有较为完善的行政与法律惩罚办法,但存在处罚约束不到位和政企合谋等问题,在一些实践中,环评不仅没有起到控制和预防环境风险功能,反而成了一些不正当利益输送的渠道（包存宽,2015）。

二、邻避项目环境影响评价的复杂困境

随着居民对环境的持续关注以及群体性环境行为可能表现出来的非理性,邻避项目不仅面临普通项目的环境生态压力,还承受社会、科技、政治等方面的挑战,这使现行的邻避项目环境影响评价面临诸多复杂性困境。

（一）居高的环评执行率却难以缓解环境矛盾

随着环境保护制度的施行越来越严格,我国项目环评执行率逐年上升,不

少地区甚至达到 100%,2013 年审批建设项目环境影响评价文件 47.6 万个,2014 年审批建设项目环境影响评价文件 44.2 万个。然而,居高的环评执行率却未换来较高的公众环境满意度。近些年,不少民众丧失了对环评结果的信任度,居民信访和投诉量逐年上涨,2012 年至 2014 年环境来访分别为 96 145、107 165、109 426 人次,电话网络投诉数分别为 892 348、1 112 172、1 511 872 件①。同时,群体性邻避事件在中国各地频发,一些邻避项目,居民一经获得立项信息,便组织抗议活动,环境影响评价工作无法开展,项目被迫中止。所以说,目前我国项目的环境影响评价工作尚未到位,虽然按要求进行了相关的评价工作,但对于邻避项目而言,机械的环境生态指标评价已无法消除公众对环境的忧虑,社会发展过程中涌现出来的新风险、公众更为关注的身心健康和财产影响在前期的可行性研究、建设和运营期的环境影响评价中均较为缺乏,政府与评价机构认为可以接受的环境风险并不被公众认可(李小敏和胡象明,2015)。本文认为,对于邻避项目的环境影响评价,其风险可接受程度不仅需要考虑项目本身安全性,还需要考虑社会和公众的认知与可接受水平,以及社会经济发展阶段的匹配性。邻避项目环境影响评价的过程不应仅仅包括基于科学事实的评估,更应是政府、专家、企业、居民、媒体等多个利益相关方共同认知和判别风险的过程。

（二）协调对象和协调方式的重要变化

目前项目环境影响评价分类管理名录划分与周边居民数量无关,这对非邻避项目来说影响不大。然而,邻避项目周边居民较多,环境风险暴露引发的风险影响较大,风险沟通与管理协调方式将会发生重要变化,主要表现在:① 更为广泛的利益相关者参与。当前社会经济环境下,邻避项目环境风险控制在管理协调对象方面主要由传统的企业内部环境风险管理和政府环境管制为主的两元格局,演变成为涉及国家或政府、企业、专家、公众等更为广泛的利益相关者参与的多元格局,治理重点也逐渐向公众关注的环境风险方向偏移。② 科技力量的参与。虽然环境影响评价技术导则自 2003 年颁布以来,历经几次补充与拓展,但其理论和实践仍不够充分,规则较为僵化,很多环评单位并不十分满意(包存宽,2015)。更为严重的是,为保证评价报告的合规性,技术导则成了诸多机构的理性选择,致使技术准则体系无法与"科学研究""技术更

---

① 本部分数据根据环境保护部发布的近五年《中国环境状况公报》(2012 年至 2016 年)整理:中华人民共和国环境保护部网站[EB/OL].http://www.mep.gov.cn/gkml/.

新"和"最佳实践"形成系统正反馈。例如,2015年环保部在执法查检时就发现一些评审机构仅对目录规定的设施和技术进行判断,导致新技术和设备很难进入到生产和环保领域,阻碍了社会的进步。同时,固化的技术体系也制约了相关科学研究,目前对于技术导则中关注的环境风险的研究较多,而对于社会经济发展中凸显的新风险和公众担忧的环境风险的研究较少。此外,评价与决策管理衔接不够,环境影响评价的最终目的是为了更好的环境风险管理,但目前对这一环节缺乏系统的认识与研究(Eshragh et al,2015)。③ 协调方式的变化。邻避项目容易受到居民和社会的关注,评价后期简单的告知已较难满足利益相关者的需求。公众期待民主而深入的沟通与交流方式,获得完整的环境影响信息和丰富的参与渠道,甚至参与到环境影响评价工作中;NGO等专业团体希望通过环境诉讼等方式捍卫环境正义;环境科研力量也不满足于制定冰冷的规则,更希望介入项目的立项到运营的全过程,关注值得研究的问题,并把科研成果反馈给社会。

第二节　适应性环境影响评价模式的构建

我们生活在一个风险社会,任何"零风险"的选择都是不符合发展规律的,虽都不愿意邻避项目建在自家后院,但"一闹就停"也不符合社会的发展。对于邻避项目,我们究竟应该需要怎样的环境风险水平? 如何在目标预期内控制和应对环境风险? 由于公众对环境风险的认知以及项目环境影响的范畴的差异性,目前项目环境影响评价体系已经较难适应社会经济的动态变化和公众对于公共环境服务的诉求。对于邻避项目,管理部门应该正视公众关切,通过改变项目环境影响评价体系,变共输的"零和博弈"为多赢的"正和博弈"。复杂适应性管理正是在这种社会需求和环境治理困局的背景下提出来的,并很好地应用于区域环境治理等领域(刘小峰等,2011)。

复杂适应性管理首先认为环境问题是复杂的,存在不确定性、动态性和时滞性,人们无法完全认识环境难题中的影响因素和系统行为,也不存在一劳永逸的解决方案,需要通过迭代式的适应性学习与实验,逐次形成更系统的认识、更好的实践、更高的标准以及更优化的解决方案。复杂适应性管理在理论与实践方面已经得到了积极发展。

适应性管理研究中,成果最为丰富的要数阐述适应性管理的理念、价值、内涵和框架的论著。例如,Lessard(1998)认为适应性管理是一个连续的过程,包括基础规划、监测、研究和调控等,以此获得较理想的目标和成果;其重要作用在于促进知识获取率(Increasing Knowledge Acquisition Rates),政策参与者之间的信息交流(Enhancing Information Flow)以及共识的达成(Creating Shared Understandings)(Mclain & Lee,1996);Gregory 等(2010)认为传统环境管理更关注于引导系统功能长期变化的能力,而适应性管理强调迭代学习和利益相关者的积极参与,可应对外部环境变化并维护系统功能;Williams(2011)认为适应性管理是在生态环境系统功能和社会需要两方面建立可测定的目标,包括协商和迭代两个阶段,通过控制性的科学管理、监测和调控管理活动来提高当前数据收集和处理水平,以满足系统的多元动态需求。同时,关于适应性管理也引发了争议和讨论,如 Allen(2011)认为适应性管理已趋于成熟,实践者和科学家开发了适应性管理的结构化决策技术以及不确定性的方法,但适应性管理也到了一个"十字路口",人们对该方法存在误用和对其目的的误解,甚至有人把方法灵活性误认为是适应性管理,强调适应性管理并不是解决"棘手问题"的"灵丹妙药",因为它不能提供简单的答案,只适用于不确定性和可控性都很高的环境管理问题;在北美西部大平原牧场的适应性管理案例中,Hailey(2018)分析了其中的利益相关者群体决策相关的会议记录、访谈和焦点小组数据,研究发现适应性管理并不能协调各方之间的差异,但可以为利益相关者提供一种学习与了解复杂生态环境系统的平台,促进群体之间形成新的共识。

其次,越来越多的理论与实践研究者希望适应性管理从理念走向操作,提出了一系列具有实践价值的方法、技术和管理方案或管理实践。例如,Uychiaoco 等(2005)建立了包括"计划—执行—数据搜集—适应性评价—系统埋解"循环以及利益相关者参与和过程监控的适应性管理操作方法;Linkov 等(2006)提出了一个可将利益相关者的价值统一协调的适应性决策分析框架,为将项目涉及的公众意见纳入备选方案的排序提供了结构化方法;李永奎(2017)构建了"政府—市场"二元手段的适应性重大工程项目组织模式,并形成了面向政府部门、项目法人和市场交易主体等不同工程项目主体进行跨组织协同行为适应性分析方法(Li et al,2018);麦强等(2018)从重大工程项目适应性组织概念出发,提出重大工程适应性组织的构建路径,包括组织需求设计和匹配、工程主体创新和构建、组织系统形成和集成、组织职能实现和协同四个步骤。管理实践方面,也有很多学者进行了积极的跟踪与总结,如美国俄勒冈州海岸生态系统管理(Gray,2000)、澳大利亚 Myponga 农业环境风险管理(Bryan et al,2009)、西班牙 Nexes 综合服务项目(Cano et al,2015)、埃塞俄比亚 Borana 牧民社区环境治理(Chuan et al,2016)等。

最后,适应性管理绩效以及适应性评价也是人们普遍关注的重点,通过跟踪适应性管理计划或计算模拟等手段验证适应性管理的有效性。例如,Pulakos 等(2000)运用关键事件分析技术对来源于 21 个不同工作岗位的关键事件进行分析,并通过因素分析对采用"工作适应性量变"获取的来自 24 个不同工作岗位的数据进行处理,结果均显示适应性绩效包含创造性地解决问题、处理不确定性工作情境、学习新技术和方法、人际适应性、文化适应性、应对工作压力、危情处理、身体适应性等八个维度。When(2018)检验了挪威干草草甸行动计划(APHM)的适应性管理方法的有效性。Harris 等(2018)描述了密歇根湖物种保护适应性管理计划(2013—2017)的检测和监测的结果。祁俊雄等(2018)基于计算实验方法对工程项目中的盾构施工现场施进行了安全适应性评价与分析。

关于适应性管理理论、方法和应用研究为基于强情境化分析的项目环境适应性管理研究提供了重要基础。但是已有研究多在湖泊流域系统、生态保护工程以及物种保护计划等领域,在项目环境管理领域仍处于探索阶段,强情境化挑战与困扰下的项目环境管理模式、参与主体多元价值与利益冲突的协同、适应性评价等重要问题,仍未得到系统的解决,亟须学者开展相应深入研究。当前邻避项目环境风险问题凸显出的社会交互性和复杂性,客观上需要我们突破传统的环境影响评价思路。本文鉴于邻避项目的特殊性与复杂性,考虑到由邻避项目引发的群体性冲突、环境状况恶化、健康威胁和资产损失等已成为我国面临的主要社会环境风险,基于复杂适应性管理构建邻避项目环境影响评价模式(见图 2-1)。

由图 2-1 可知:在该模式下,邻避项目的环境影响评价目标与评价标准等在科学研究、技术进步和最佳实践以及公众参与下适应性提升,项目初始评价出现的偏差与遗漏等将在后续评价中得以矫正;管理机构协调与沟通公众、专家和项目管理者,以达成邻避项目环境影响评价目标并增强公信力;公众关切通过交互实现价值观、认知、目标的动态更新并参与到项目环境治理中,其关切的环境风险点将得到重视。复杂适应性管理框架下的评价模式中,有以下几个主要特点:

(1)评价目标与内容回归初衷。环境影响控制目标和评价内容并不是通过确定性的标准来确定的,而是回归到环境影响评价的初衷,在社会经济环境分析基础上,考虑环境容量和系统的承载力、公众的认知和价值观等因素确定邻避项目的环境控制目标。评价内容也不只来源目录,还可能包括周边公众身心健康、周边核心资产贬值情况等。

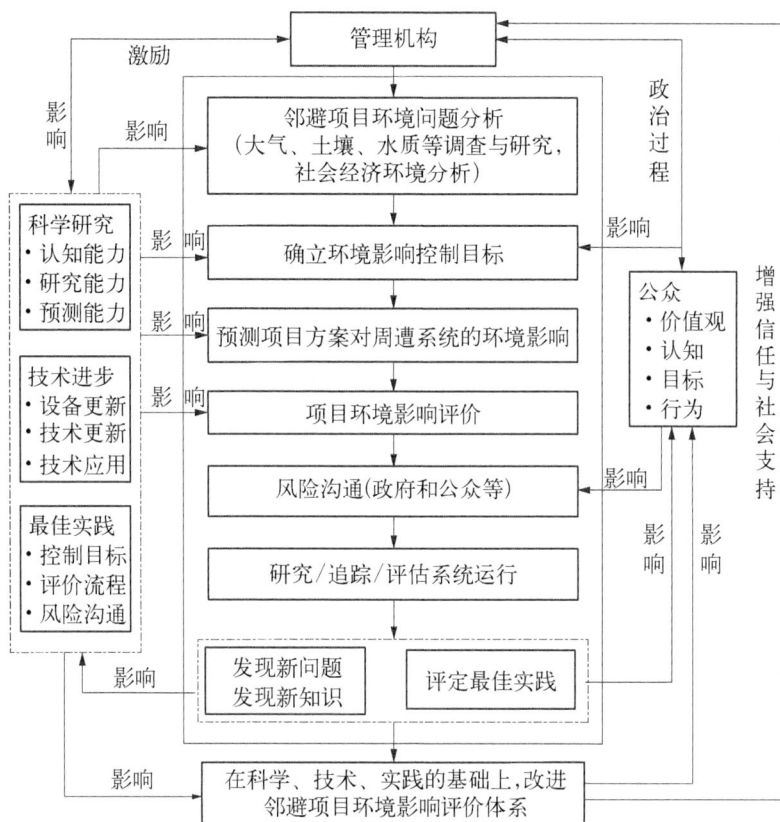

图 2-1 基于适应性管理的邻避项目环境影响评价模式

（2）轻项目环境影响报告审核，重风险沟通。契合 2016 年环境影响评价法修订条款[①]和简政放权改革精神，并不特别注重项目影响评价报告的审核，而是强调政府、专家、居民等多个利益相关方共同认知和判别风险，通过沟通改变利益相关者的风险认知和接受水平。

（3）注重追踪系统运行。适应性管理模式认为系统的环境状况并非处在一个确定的可控范围之中，对于敏感性的项目需要动态研究、追踪和评估系统的运行状态，建议采取跟踪环境审计等方法对项目环境进行管理。

（4）强调科学研究、技术进步、最佳实践在评价系统中的正反馈作用。适

---

① 涉及修改条款主要包括：原《环境影响评价法》（2002 年）的第十四条修订（增加根据规划环评结论和审查意见对规划草案进行修改完善等规定）、第二十五条修订（环评审批不再作为核准的前置条件）和第二十二条修订（将环评登记由审批改为备案）等。

应性管理模式充分发挥管理机构的协同功能,激励专家学者对邻避项目环境影响评价中出现的问题进行研究,提升对相关问题的认知能力、研究能力、预测能力;关注设备和技术更新带来行业的变化;评定出最佳实践,供评价机构和公众参考学习,提升利益相关者对环境问题的理解力,通过不断的迭代学习,螺旋式优化系统的环境水平。

总结来看,与传统视角下的项目环境影响评价思路相比,基于适应性管理的邻避项目环境影响评价主要在环境影响评价的目标、识别范围、风险类型、公众参与、评价过程、环境管理等方面有一定的差异(见表2-1)。

表2-1 邻避项目环境影响评价的传统模式与适应性管理模式比较

	传统模式	适应性管理模式
环境目标	科学家认为风险应该控制和可以接受的水平	需要综合考虑邻避项目本身安全性、社会和公众的认知与可接受水平、社会经济发展阶段的匹配性
识别范围	主要识别邻避项目生产设施风险和生产过程中从原材料到成品的物质风险	还需要识别周边环境状况、周边公众身心健康、周边核心资产贬值情况
风险类型	根据有毒有害物质扩散起因,重点关注火灾、爆炸和泄漏等	除安全与危险事故风险之外,还关注邻避冲突风险、舆论风险、健康风险、资产损失风险等
公众参与	集权式,较少利益相关者参与,利益相关者"被动接受"	更为广泛的公众、社区及科研力量参与,利益相关者"主动协商"
评价过程	主要是基于科学事实的判断与评价	更是政府、专家、企业、居民、媒体等多个利益相关方共同认知和判别风险的过程
环境管理	主要依靠邻避项目运营商和政府监管,核心关注技术层面,强调风险控制	强调企业、公众和政府等多主体之间相互协同与约束,关注主体行为与系统复杂性,突出风险治理
优点	评价周期较短,效率高,容易执行,企业容易获得较为成熟的控制方案	公众参与度高,科研贡献大,可以处理新型污染,较少群体性事故
缺点	环境风险沟通少,可能会"一闹就停",科研贡献少,较难应对新问题和新情况	评价方案周期长,效率低,沟通协调成本高,项目可能会半途而废,投资不容易控制

目前邻避项目面临的群体性事件频发以及"一闹就停"的尴尬现状,反映了现行环境影响评价在邻避项目上某些功能的缺失。从理论体系和实践案例看,适应性管理模式下的环境影响评价将是一个积极有效的应对途径。以下

将从评价职能、最佳实践与动态标准、科学研究、环境风险沟通与公众参与等几个方面做一个初步的应用分析。

一、丰富项目环境影响评价职能

项目环境影响评价的失效根本原因在于未发挥应有职能，环评的最终目的为促进经济、社会和环境的协调发展。邻避项目环评是一项复杂系统工程，需要关注适应性对系统造成的影响，而目前环境影响评价体系略显僵硬，导致不少项目环评流于形式，约束力不足，适应性较弱。适应性管理模式下，首先要让环评回归本质，从环评职能思考评价目标、评价流程、评价方法以及反馈协调机制的改革，将环境质量改善和环境风险可接受水平作为环评的基本准则（张永亮等，2015），从以行政审批为主逐渐过渡到对环境正义的履行，由开始的准入监管进入后期的后环评和环境治理咨询，增强环评在项目环境管理中的重要作用，同时凸显环境风险沟通对社会公众的价值和企业与政府环境行为的约束。

二、构建最佳实践与动态标准

技术手册和标准是进行环评工作的重要前提条件，与传统固化体系不同，适应性环境影响评价提倡通过"最佳实践"来构建动态的技术标准和操作要求。适应性管理认为利益相关者适应性的学习是处理不确定的重要手段，通过对"最佳实践"、新研究和新技术的学习，反复实践、评价与调整，以适应复杂多变的社会经济环境变化和不断提升的公众环境需求。为寻找"最佳实践"和动态标准，适应性环境影响评价提倡对项目环境进行全生命周期管理，对邻避项目从建设到运营全过程的环境状况进行动态监测、追踪与研究，建立邻避项目社会经济环境数据库，为管理机构提供大数据支持。

三、加强科学研究的作用

在适应性环境影响评价体系中，科学研究起着至关重要的作用，是认识与解决评价过程中各种问题的重要渠道。科学研究在邻避项目环境影响评价中，应发挥更加积极主动的职能，主要包括：① 研究人员通过研究，在环境影响评价过程中及时发现新问题，丰富项目环境风险的认知范畴，尽可能及时客观地向决策者和公众提供科学信息；② 针对不同控制方案及不同变化情况，建立多种情景探寻理想状态与现实状态之间的差距，预测不同情景的结果，为决策者提供理论支持；③ 针对邻避项目面临的社会环境变化情况同步研究对策,系统分析邻避项目对周边社区的影响程度,增强环境治理方案的适应性;④ 揭示邻避项目环境风险的复杂性,摸清公众对于邻避项目环境风险的认知情况,提升公众的环境认知水平,科学理性引导公众环境行为。

四、环境风险沟通与公众参与

基于适应性管理的邻避项目环境影响评价体系中,公众参与是非常重要的组成部分。邻避项目适应性环境影响评价把利益相关者引入决策制定过程中,把风险沟通从单向评价流程转为多向网络化流程,通过沟通、协商与谈判达,促使利益相关者普遍认识邻避项目的环境影响情况,并在环境风险沟通过程中构建彼此的信任,达成共同的治理目标。环评不仅为了评定项目在环境问题上的等级,更是通过持续的学习与沟通,提出适应性环境应对策略。在这种理念下,需要管理机构和评价机构转变观念和行为方式,主动学习利益相关者参与环境事务的研究成果,除了张贴告示等方式外,还需要给相关家庭、政府部门、非政府机构和社会团体邮寄项目资料和发放项目手册,环境风险需要被利益相关者普遍认识并接受(Lefdal & Eide,2014)。同时,适应性管理倡导多中心治理,认为风险沟通可以提高公众的环境认知水平,促使公众产生良好的环境行为,帮助解决邻避项目周边生活污染和面源污染难题,降低项目周边的环境容量压力。

第三节　本章小结

现行项目环境影响评价方法由于忽略了公众对环境风险的知情权和认知偏差,还很难满足公众对于环境的正当诉求。特别对于邻避项目,群体性邻避事件更是制约了项目环境影响评价工作的开展,其环境风险更多地潜含了较大的社会风险,所以邻避项目环境影响评价更具复杂性。然而,目前有关这方面研究仍处于探索阶段。本章首先从评价目标与评价内容、评价流程与评价方法、社会参与与问责制度等方面对我国现行项目环境影响评价制度进行综合分析,然后探讨当前形势下邻避项目环境影响评价面临的复杂性困境,最后基于复杂适应性管理对邻避项目环境影响评价模式进行构建和研究。

本章参考文献

[1] Allen C, Fontaine J, Pope K, et al. Adaptive management for a turbulent future

[J]. Journal of Environmental Management, 2011, 92(5):1339 - 1345.

[2] Bryan B A, Kandulu J, Deere D A, et al. Adaptive management for mitigating Cryptosporidium, risk in source water:A case study in an agricultural catchment in South Australia[J]. Journal of Environmental Management, 2009, 90(10):3122 - 3134.

[3] Cano I, Alonso A, Hernandez C, et al. An adaptive case management system to support integrated care services:Lessons learned from the NEXES project[J]. Journal of Biomedical Informatics, 2015(55):11 - 22.

[4] Chuan L, Morgan L, Karim-Aly S. Indigenous ecological knowledge as the basis for adaptive environmental management:Evidence from pastoralist communities in the Horn of Africa Original Research Article[J]. Journal of Environmental Management, 2016, 182(1):70 - 79.

[5] Eshragh F, Pooyandeh M, Marceau D J. Automated negotiation in environmental resource management:Review and assessment[J]. Journal of Environmental Management, 2015(162):148 - 157.

[6] Gray A N. Adaptive ecosystem management in the Pacific Northwest:a case study from Coastal Oregon[J]. Ecology & Society, 2000, 4(2):1 - 20.

[7] Gregory R, Failing L, Higgins P. Adaptive management and environmental decision making:A case study application to water use planning[J]. Ecological Economics, 2006, 58(2):p.434 - 447.

[8] Harris B, Smith B, Cari-Ann H. Development and implementation of an adaptive management approach for monitoring non-indigenous fishes in lower Green Bay, Lake Michigan[J]. Journal of Great Lakes Research, 2018, 44(5):960 - 969.

[9] Lefdal S M, Eide I. Communication of risk in oil and gas megaprojects:A case study of the Ivar Aasen development project[J]. Department of Industrial Economics & Technology Management, 2014(9):1 - 18.

[10] Lessard G. An adaptive approach to planning and decision-making[J]. Landscape & Urban Planning, 1998, 40:81 - 87.

[11] Li Y, Lu Y, Ma L, et al. Evolutionary governance for mage-event projects (MEPs):A case study of the world Expo 2010 in China[J]. Project Management Journal, 2018, 49(1):57 - 78.

[12] Linkov I, Satterstrom F, Kiker G, et al. From comparative risk assessment to multi-criteria decision analysis and adaptive management: Recent developments and applications[J]. Environment International, 2006, 32(8):1072 - 1093.

[13] Mclain R, Lee R. Adaptive management: Promises and pitfalls [J]. Environmental Management, 1996, 20(4):437 - 448.

[14] Pulakos E D, Arad S, Donovan M A, et al. Adaptability in the Workplace:

Development of a Taxonomy of Adaptive Performance[J]. Journal of Applied Psychology, 2000, 85(4):612－624.

[15] Uychiaoco A, Arceo H, Green S, et al. Monitoring and Evaluation of Reef Protected Areas by Local Fishers in the Philippines: Tightening the Adaptive Management Cycle[J]. Biodiversity & Conservation, 2005, 14(11):2775－2794.

[16] Wehn S, Burton R, Riley M, et al. Adaptive biodiversity management of semi-natural hay meadows: The case of West-Norway[J]. Land Use Policy, 2018, 72:259－269.

[17] Williams B. Adaptive management of natural resources—framework and issues [J]. Journal of Environmental Management, 2011, 92(5):1346－1353.

[18] Xu X, Tan Y, Yang G. Environmental impact assessments of the Three Gorges Project in China: Issues and interventions[J]. Earth-Science Reviews, 2013, 124(9):115－125.

[19] 包存宽.环境影响评价制度改革应着力回归环评本质[J].中国环境管理,2015,(3):37－43.

[20] 毕军,马宗伟,曲常胜.我国环境风险管理目标体系的思考[J].环境保护科学,2015(4):1－5.

[21] 李小敏,胡象明.邻避现象原因新析:风险认知与公众信任的视角[J].中国行政管理,2015(3):131－135.

[22] 李永奎.重大工程PPP模式适应性提升路径:基于制度理论和复杂性视角[J].南京社会科学,2017(11):68－75.

[23] 刘小峰,盛昭瀚,金帅.基于适应性管理的水污染控制体系构建——以太湖流域为例[J].中国人口·资源与环境,2011,21(2):73－78.

[24] 麦强,安实,林翰,高星林.重大工程复杂性与适应性组织——港珠澳大桥的案例[J].管理科学,2018,31(3):86－99.

[25] 祁俊雄,李珏,王红卫.基于计算实验的施工现场安全适应性分析及其应用[J].系统管理学报,2018,27(01):157－167.

[26] 袁业畅,何飞,李燕,等.环境风险评价综述及案例讨论[J].环境科学与技术,2013(6):455－463.

[27] 张永亮,俞海,夏光,等.最严格环境保护制度:现状、经验与政策建议[J].中国人口·资源与环境,2015(2):90－95.

第三章 邻避风险与经济可行性评价

近几十年来,中国的工程项目建设得到了快速的发展,基础设施建设取得了举世瞩目的成就,尤其是以电厂为代表的能源项目、以高速公路和地铁为代表的基础交通设施项目、以自来水和天然气为代表的城市居民日常需求项目。这些项目虽然具有公共性,但均可产生较为稳定的现金流。随着社会经济环境的发展,工程项目的建设与运营进入"深水区",具有邻避风险的基础设施建设是目前需要补的短板,诸如污水处理、垃圾处理、环境治理、生态保护、地下管网等项目,不仅收益性较弱,项目营业收入的财务现金流一般无法支撑项目的投资回报,还对技术要求较高,还有难以管理的邻避,这也导致了潜在投资人难以准确估算项目的价值。本章以垃圾焚烧项目为例,通过补偿模型的构建结合垃圾焚烧项目价值估算的理论与方法,分析邻避项目在考虑环境补偿下的项目投资价值。

第一节 邻避项目价值评估模型

项目评估的理论和方法体系是在可行性研究体系的基础上演变而成的,根据国家有关部门颁布的政策、法律法规、方法和参数等,从项目、国民经济和社会角度出发,由银行、中介咨询机构等相关部门对拟建项目的必要性、生产条件、市场需求、建设条件、工程技术、经济效益、财务效益和社会效益等方面进行全面的论证和分析,并做出项目是否可行的判断的一项工作。项目投资衡量标准最早是由法国工程师杜比特提出,公共项目的净产量乘以相应的市场价格是该项目所产生的社会效益的下限,在该下限以上,某些消费者还享受到了消费者剩余的增量,社会所得到的总效益的大小可作为公共投资项目判别的标准。

具体到垃圾焚烧项目,因其邻避风险等具有特殊性,Petts(1992)提出应当对垃圾焚烧发电项目的选址问题、风险接受程度和决策重要性进行深入研究,同时考虑到民众普遍对垃圾焚烧项目存在担忧,应当加强对民众的风险评测教育。Lundin 等(2014)研究了公众对于垃圾焚烧的公益性质的认知差异,认为垃圾焚烧项目评估结果应公开于大众,并且加强垃圾焚烧项目的教育,让公众更易于接受垃圾焚烧项目。近些年,随着公众参与到社会建设中,对环保行业的关注度越来越高,国家也在加大对垃圾焚烧发电行业的支持力度。宋金波(2015)等运用了系统力学模型对垃圾焚烧发电 BOT 项目收益进行评估,运用到具体的案例模拟分析中。余群舟(2012)通过问卷调查法和案例分析,总结分析了垃圾焚烧 BOT 项目的一些典型风险因素,如民意风险、政府决策风险、市场变化风险以及金融风险等,并对政府以及项目投资方和建设方应负担的风险运用合作博弈理论建立了风险分担比例模型。针对 CDM 项目的期权价值研究,Matsuhashi(2002)等假设 CDM 的 CERs 价格波动率保持固定,并由此计算波动率与 CDM 项目的期权价值,提出了 CERs 的行权价格为 CERs 当前交易价格的观点。张盈(2015)基于蒙特卡洛仿真结果,使用概率统计方法评价每一类项目的风险,运用 CDM 项目投资组合模型从有效前沿上的组合中甄选出最优秀的投资组合。

总而言之,项目评估的理论和方法体系是在可行性研究体系的基础上演变而成的,根据国家有关部门颁布的政策、法律法规、方法和参数等,从项目、国民经济和社会的角度出发,由银行、中介咨询机构等相关部门对拟建项目的必要性、生产条件、市场需求、建设条件、工程技术、经济效益、财务效益和社会效益等方面进行全面的论证和分析,并做出项目是否可行的判断的一项工作。项目评估是投资决策的依据、项目实施的前提,是建设程序和决策程序的必要组成部分。本节通过从财务绩效的角度来估算研究考虑环境补偿对项目运行的影响,并且结合垃圾焚烧行业特征,考虑 CCER 交易中的期权价值,构建考虑环境补偿的邻避项目价值评估模型。

一、评估基础模型

对拟建投资项目进行价值评估,始于 20 世纪 80 年代初,世界银行对我国发放项目贷款(一般是更新改造项目贷款),当时主要是通过中国建设银行所属的中国投资银行转贷。根据世界银行要求,所有的贷款项目都要进行价值评估,中国投资银行在世界银行专家的指导下,开始对转贷的项目进行评估,并组织评估界以及相关行业的有关专家、学者编写了中国投资银行内部用书——《工业贷款项目评估手册》。中国投资银行项目评估的成功经验充分证明,项目评估是投资决策的重要手段。国家政府职能部门和金融机构也开始在审批项目、提供贷款之前对拟建项目进行评估(见图3-1)。

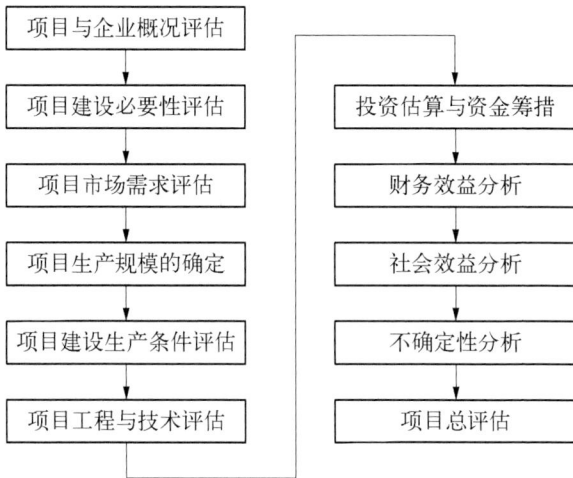

```
┌─────────────────┐
│  项目与企业概况评估  │
└─────────────────┘
         ↓
┌─────────────────┐      ┌─────────────────┐
│  项目建设必要性评估  │      │  投资估算与资金筹措  │
└─────────────────┘      └─────────────────┘
         ↓                        ↓
┌─────────────────┐      ┌─────────────────┐
│  项目市场需求评估   │      │   财务效益分析    │
└─────────────────┘      └─────────────────┘
         ↓                        ↓
┌─────────────────┐      ┌─────────────────┐
│  项目生产规模的确定  │      │   社会效益分析    │
└─────────────────┘      └─────────────────┘
         ↓                        ↓
┌─────────────────┐      ┌─────────────────┐
│ 项目建设生产条件评估 │      │   不确定性分析    │
└─────────────────┘      └─────────────────┘
         ↓                        ↓
┌─────────────────┐      ┌─────────────────┐
│  项目工程与技术评估  │      │   项目总评估     │
└─────────────────┘      └─────────────────┘
```

图3-1 项目评估流程图

项目价值评估国内外研究中有很多方法,针对垃圾焚烧该类大型项目主要还是基于现金流折现(Discounted Cashflow Model,DCF)法,本文在此基础上,分析其净现值、内含报酬率以及敏感性,对垃圾焚烧项目经济价值进行研究分析。

其中,垃圾焚烧类项目净现值是指该类项目未来售电收入,垃圾处理费等现金流入的现值与项目现金流出的现值之间的差额,它是评价垃圾焚烧项目是否可行的最重要的指标,按照这种方法,所有未来垃圾焚烧项目现金流入和现金流出都要用资本成本折算现值,然后用流入的现值减流出的现值得出垃圾焚烧项目的净现值。如果净现值为正数,表明项目投资报酬率大于该项目的资本成本,也就是说运行该项目可以给企业带来财富,应予采纳。如果净现值为零,表明投资报酬率等于资本成本,不改变企业财富,可以选择其他投资项目。如果净现值为负数,表明投资报酬率小于资本成本,继续运行该垃圾焚烧项目给企业带来亏损。

计算净现值的公式:

$$净现值 = \sum_{k=0}^{n} \frac{Y - I - F - C - X - T - E}{(1+i)^k} \qquad (3-1)$$

式中,Y——销售收入;

I——建设投资;

F——流动资金;

C——经营成本；

X——销售税金及附加；

T——所得税；

E——环境补偿；

i——资金成本（内涵报酬率）。

其中，销售收入主要包括垃圾焚烧后的售电收入，垃圾回收的处理费用等；建设投资包括垃圾焚烧发电项目建设中的房屋建筑物，机械设备和垃圾处理技术等；流动资金是流动资产和流动负债的差值，流动资产主要包括项目运营中的应收账款，存货例如垃圾焚烧产生的飞灰，原材料和燃料动力等，项目运营中的现金；经营成本是指垃圾焚烧项目中维持日常运营的原材料，燃料，人员工资，修理和其他费用等；销售税金及附加包括营业税，城市维护建设税，教育费附加，增值税。

二、环境补偿成本估算

邻避设施给附近居民造成的负面影响包括房地产的贬值、搬迁造成的损失以及相关的潜在损失，这些均可以用经济手段来予以补偿，包括实物补偿和货币补偿。环境补偿有助于减轻甚至消除居民的邻避情绪，改善居民的风险认知状况，并降低居民的邻避行为倾向。Jenkins-Smith 等（2011）发现，在没有补偿的情况下，居民对垃圾填埋场的支持率仅为 25%，而补偿后居民的支持率达到 50%，可见环境补偿可以提高居民对邻避设施的支持率。Frey 等（1996）对瑞士带有放射性的废料处理站进行了研究，认为环境补偿在一定机制下可以解决邻避设施的选址问题，但建成之后仍然面临道德和市场的冲突。Claro（2007）对两种常见的环境补偿方式进行了研究，认为货币补偿需建立在自由的市场关系基础之上，而实物补偿可以在一定程度上保证公平公正，且更有效率，两者的不足之处在于均无法给予居民充分的人文关怀。Zaal 等（2014）认为货币补偿的支持率更高。可见，补偿对居民风险认知和邻避行为倾向的转变具有重要影响（陈佛保和郝前进，2013）。

在实务操作中，实物补偿多以环境保护工程以及项目配套工程形式实现，越来越多的项目规划已经纳入其中，而货币补偿一般通过支付拆迁款等形式进行，但对于未纳入拆迁范围的居民，其货币补偿就很难实现。本研究核心关注这一问题，考虑两种具体的方案。

方案一：如果垃圾焚烧项目周边面对一些没有成熟房产交易市场的农村不动产，选择采用农村人均消费性支出中对居住消费的份额作为该邻避设施建设对农民的环境补偿。该理论中农村居民生活消费支出具体是指农村住户用于物质生活和精神生活方面的支出,其中包括食品、衣着、居住、家庭设备用品及服务、医疗保健、交通和通信、文化教育娱乐用品及服务、其他商品和服务等八大类消费的支出。农村居民家庭人均生活消费支出是一个平均指标,是农村居民家庭成员平均分摊的数值。对于农村居民来说生活消费支出既有现金支出,又有实物支出,如自己种植吃掉的粮食、蔬菜等也是生活消费的一部分,同样应作价计入农村居民生活消费支出。具体而言,居住消费支出是指房屋建筑、购买、房租、水、电、燃料等。居住消费对于一国居民生活质量意义重大。邵书峰(2010)通过对南阳市 600 户农户住宅投资行为的调查发现农户有投资的强烈续期,并且投资规模不断扩大,投资区位向交通便利、经济价值较高的地理位置扩张,提出要加快新农村建设过程中居民点的规划进程,有效地引导和规范农民。吴炜峰(2009)指出转型时期我国城乡居民居住消费较好地适用持久性收入理论,城乡之间居住消费模式具有一定差异,农村居民居住消费较多地受当期收入变动的影响,而城镇居民更多地受持久性收入的影响。由于邻避设施的建设对于农村中居民生活质量产生的影响部分农民会选择付出更多的居住支出来更快搬出此地,这样无疑不利于农村本地的可持续发展,也势必会带来村民的反对,所以,如果可以给予村民一定的居住消费补偿在保证项目运行安全的情况下缓解村民的抵触情绪。

　　方案二:如果垃圾焚烧项目周边有成熟的房地产交易市场,则根据影响范围确定邻避设施导致的资产损失额来确定环境补偿成本。本研究构建双重差分模型检验邻避设施是否能对周边小区住宅价格产生影响,因为如果该地区有产生邻避效用,那么相比于其他条件相似但没有邻避效应的地区房价的变化是不一致的。本文将有邻避效应地区房产价格作为实验组,没有邻避效用并且其他条件相似或者修正后相似地区房产价格作为参照组。当参照组相邻时间房价上涨时,同时段实验组的房价上涨没有参照组的幅度大;反之,当参照组相邻时间房价下跌时,同时段实验组的房价下跌,会比参照组的幅度大。最后将同一时段的参照组房价变化与实验组房价变化作差,最终利用年金现值法,以及平均年金法估算出项目期需要的环境补偿。具体评估模型为:

$$P = (P_{t1} - P_{t0}) - (P'_{t1} - P'_{t0}) \tag{3-2}$$

式中,P——处在邻避设施周围小区房价与处在商圈周围房价变动情况下的差量;

　　P_{t1}——处在邻避设施周围小区房价在后一时期的供给价;

P_{t0}——处在邻避设施周围小区房价在前一时期的供给价；

P'_{t1}——处在商圈周围小区房价在后一时期的供给价；

P'_{t0}——处在商圈周围小区房价在前一时期的供给价。

三、实物期权价值估算

考虑到垃圾焚烧发电项目作为一种可再生能源发电，项目本身具有投资数额大、投资回收期长、投入资本不可逆、投资回报不确定等特点，该类项目一般存在期权价值。2012 年，在《温室气体自愿减排交易管理暂行办法》规定经国家主管部门在国家自愿减排交易登记簿进行备案的减排量"中国核证自愿减排量"(China Certified Emission Reduction，CCER)可以在经备案的交易机构内交易，并且只要是 2005 年 2 月后开工建设符合 CCER 项目要求的都可以进行交易，获得相应的收入。本研究的是项目建成后申请 CCER 项目，其收益值是根据碳交易市场的交易价格进行波动，也就是说该期权可以看成看涨期权(Uddin et al，2015)。因此，垃圾焚烧发电项目价值为在考虑环境补偿下的传统净现值，垃圾焚烧发电 CCER 项目碳减排交易收益和由于碳交易申请的不确定性产生的期权溢价的和，其中实物期权构建的主要估算对象就是期权溢价，及 OP 为项目的期权价值。

$$OP = SN(d_1) - Xe^{-rT}N(d_2) \tag{3-3}$$

$$d_1 = \frac{\ln(S/X) + (r + \sigma^2/2)T}{\sigma\sqrt{T}}$$

$$d_2 = \frac{\ln(S/X) + (r - \sigma^2/2)T}{\sigma\sqrt{T}} = d_1 - \sigma\sqrt{T} \tag{3-4}$$

式中，OP——项目减排量计入期内单位减排量的期权价值；

S——标的资产的现价，即减排量交易价格的现值；

X——标的资产的执行价格，即项目每期减排量的预期交易价格 P_n；

T——期权到期时间，即每期减排量交易距离决策点的时间；

σ——标的资产的波动率，即项目未来 CCER 的交易价格的波动率；

r——无风险报酬率；

n——项目运行年份；

$N()$——标准正态分布函数。

第二节　案例分析

一、案例项目概述

(一)案例概况

选取的案例项目为昆明市呈贡区生活垃圾焚烧发电项目,其建设地点云南省昆明市呈贡新区吴家营乡段家营村东侧 1.1 公里处的老荒山。呈贡区生活垃圾焚烧发电项目二期工程不涉及土地征收、厂房建设和办公场所建设,仅在已建设的主厂房内扩建 500 吨/日垃圾焚烧生产线,安装 1×500 t/d 焚烧锅炉、配 1×12 MW 凝汽式汽轮发电机组及建设相应环保设施。二期扩建工程后,昆明呈贡区生活垃圾焚烧发电厂总规模为 $2 \times 350 + 1 \times 500$ t/d 焚烧炉,配 2×12 MW 凝汽式汽轮发电机组,符合呈贡区"十三五"规划发展要求,使垃圾无害化处理达到 100%。

(二)项目背景

1. 政策背景

垃圾焚烧发电技术在我国"十一五"期间得到了大力扶持,并根据垃圾焚烧行业需求出台了一系列有关发电配套费用、上网电价以及税收方面的优惠政策,目前正处于建设垃圾焚烧发电厂较理想的时期,也是解决当地环境问题的最好时机。

根据《联合国气候变化国际公约京都议定书》中相关内容规定,现阶段我国拟建或在建的生活垃圾焚烧厂通过国家的碳排放核证可以申请 CDM 项目。项目实施后能够获得数以百万元收入,也就是垃圾焚烧厂的运营还能获得额外的收入,这不只是简单的国际补助资金,而是未来可持续发展的趋势所在。

2. 经济背景

该项目开始建设时期正值世界经济金融危机日趋严峻,为抵御国际经济环境对我国产生的不利影响,中央采取灵活审慎的宏观经济政策,以应对复杂多变的形势。其中包括出台一些有力扩大国内需求的措施,首先要加快民生工程、基础设施、生态环境建设和灾后重建,然后提高城乡居民特别是低收入群体的收入水平,促进经济平稳较快增长。在经济平稳增长的同时要加强生态环境建设,加快大中型城镇污水、垃圾处理设施建设和重点流域水污染防治,加强重点防护林和天然林资源保护工程建设,支持重点节能减排工程建设。类似于本文中的项目建设,既是环保工程,也是节能减排的工程,符合国家促进内需的政策方针。并且,该市人民生活水平随着城市发展和经济水平的提高也逐渐提高,并且又存在大量的外省旅行人员,城市生活垃圾热值逐渐升高。入炉垃圾热值已经达到 5 000 kJ/kg,完全具备焚烧处理的条件。通过对比国内其他城市的运行经验表明该市采用焚烧处理生活垃圾是可行的,并且具有可观的经济效益。

3. 城市发展背景

昆明城市垃圾处理能力在该项目建设前是严重滞后和不足的,甚至已不能满足垃圾处理需要,主要的垃圾处理是通过填埋。该种方法一方面容量较小(日处理能力仅为 150 吨),处理能力有限,难以满足现有城市人口垃圾产量的有效处理;另一方面由于处理工艺较为简单粗放,简单的填埋处理方法不仅占用大量的土地,而且对周边的土壤、水体和大气已造成严重的污染,不符合环境保护要求。所以,及时实施呈贡新城垃圾无害化处理成为该城市进一步发展的关键因素,对健全相关城市基础配套设施、推进现代新新城建设具有重要的现实意义。

（三）项目运营

项目运营初期政府负责本工程的进场道路、征地拆迁、给水线路、输电线路、场地平整、施工临时用水用电建设等,项目主要是采用了 BOT 模式,政府通过招标等形式,将需要其投资建设的市政基础设施项目授予给国内外的投资者进行投资建设。在特许期内投资方有权获得项目的运营利润,特许期满后,投资方将该基础设施无常归还给政府。根据招标文件,项目拟通过招标选择中德环保集团进行建设,项目期从 2010 年下半年开始,建设期 2 年,项目运营采用 BOT 模式,运营期 25 年满后经营权移交政府。项目实施计划:第一年完成项目全部投资的 32%,第二年完成项目全部投资的 72%,第三年完成项目全部投资的 82%,第四年完成项目全部投资的 92%,第五年项目的运营负荷达到设计生产能力的 100%。后续在 2016 年项目展开二期工程,预计项目的运营负荷是原先的 1.5 倍,项目运营期总计 25 年。

（四）项目服务范围和内容

该项目结合《呈贡县城总体规划修编》(2004—2020)城市人口预计增长年限和新城垃圾逐年产量及累计产量,通过对垃圾处理场处理能力的计算,确定新城垃圾处理工程的近远期建设年限:近期(2010—2016 年)垃圾处理能力为700 吨/日;2016 年之后垃圾处理能力为 1 000 吨/日。该生活垃圾焚烧项目主要是为了适应新城建设,迅速扩大社会经济实力,促进的城市人口增长,为最终实现现代新城市规划迈出第一步,对呈贡新城的发展具有重大战略意义。预计未来,新城将建设成为云南文化教育中心、次服务中心国际物流中心、会展中心、云南新兴产业中心,全面推进昆明呈贡新城高速发展。该生活垃圾焚烧厂服务人口与《昆明呈贡县城总体规划修编》(2004—2020)中人口规模保持一致。

二、案例选择的理由

(一)典型性

首先,地理位置相对于垃圾焚烧发电建设较敏感,因为云南省是旅游大省,面对大量的城市人口以及每日涌现的大批游客,垃圾焚烧厂的建设重要性尤为突出,但环境维护又是一个较关键的问题,投资者在选择建设时会考虑更多的投资风险,本研究可以更具实际参考价值;其次,云南省呈贡县垃圾焚烧厂建设时间也是较中国普遍垃圾焚烧厂较早的,根据理论与实际研究分析可以对未来垃圾焚烧项目的建设提供更科学的技术支撑;最后,该项目建设于2010年,虽未爆发大规模邻避冲突,但随着人们生活质量的提高,后期的垃圾焚烧发电项目建设却遇到了相应的邻避情绪,在网络上关于呈贡县垃圾焚烧厂的争议也越来越多。该案例研究可为同类项目邻避风险管理提供决策参考。

(二)数据的可获得性

完整的项目可行性报告和丰富的项目披露信息是选择该案例的一个较关键的原因。本文研究通过网络查询,电话调查以及地理信息系统,进行了数据收集,多样化的数据来源可以保证数据之间的相互补充和交叉检验,其中电话询问主要通过对亲戚朋友的询问,以及呈贡县各大房产中介的历史交易价格进行调查,大体上符合网络上的房产交易价格(见表3-1)。

表 3-1　数据来源

数据来源	数据内容
网络	项目建设方官网搜集项目可行性报告,昆明市呈贡县官网得知农村人口房地产支出,链家网、安居客、房天下等互联网中介机构收集该县城临近垃圾焚烧厂二手房交易价格,以及国家垃圾焚烧相关政策和对该垃圾焚烧厂的民意情况
调查	电话询问得知呈贡县普遍的家庭人口结构,以及呈贡各房产价格
地理信息系统	通过卫星定位系统查询到距该垃圾焚烧厂附件居民区的距离

三、项目评估过程

(一) 项目投资估算

初始投资时该项目工程费与工程建设其他费用等总投资估算额为25 106.45万元,其中建设总投资来自政府投资3 344万元,企业投资21 762.45万元,其中企业资金来源为自有资金和贷款。项目一期工程银行中长期贷款18 920万元,二期工程项目中长期贷款为7 706万,贷款年利率6.12%,还款期限10年,从第三年起逐年偿还本金,利息照付,贷款偿还本金来源为项目折旧费。项目达到设计生产能力以后,全厂定员68人,工资和福利费按照每人每年36 000元估算,年外购原材料,燃料及动力费估算为577.83万元/年,年经营成本为2 344.61万元/年,年修理费按固定资产原值的3%计算,平均为760.67万元/年,每年的其他费用按不包含其他费用的经营成本的10%估算为158.33万元/年(其中:其他制造费用为120万元/年)。项目总投资估算表如表3-2所示。

表3-2 项目总投资估算表　　　　　　　　单位:万元

工程或费用名称	建筑工程	安装购置费	其他费用	总　值	备　注
第一部分　工程费用					
主要生产项目	8 685.12	6 079.58	2 605.54	17 370.24	企业投资
辅助生产项目	728.60	510.02	218.58	1457.21	企业投资
公用工程	1 569.00	70.00	10.00	1649.00	政府投资
环保费用等		10.00		10.00	政府投资
第二部分　其他费用					
土地费用	1 685.00			1 685.00	政府投资
预备费用					
基本预备费			1 882.74	1 882.74	企业投资
铺底流动资金			222.86	222.86	企业投资
其他流动资金			41.14	41.14	企业投资
建设期利息				788.26	企业投资
合　计	25 106.45				

(二) 项目融资与资金使用估算

项目融资与资金使用估算中主要包括项目资金筹措以及项目资金投资总

额,其中项目资金投资总额主要指项目建设投资,建设期利息支出以及流动资金;项目资金筹措主要指项目自有资金筹措,政府资金支持以及项目向银行的长期借款,最终结果是项目资金总额与项目资金筹措相一致。

项目资金总额为 34 874 万元,资金来源分别是自有资金 4 940 万元,政府扶持资金为 3 344 万元以及向银行借款 26 626 万元。其中,银行贷款利率为 6.12%,所以建设期利息支出第一年为 134.1 万元,第二年为 654.2 万元,第八年二期工程中的利息支出为 235.8 万元,贷款偿还本金来源为项目折旧摊销费用。根据该项目可行性研究报告可知,该项目固定资产主要项目分为房屋建筑物和机械设备,其中房屋建筑物由以下部分构成:垃圾焚烧发电主厂房建筑面积约 12 300 平方米,综合楼建筑面积 4 000 平方米,地磅房、门房建筑面积约 60 平方米,循环水泵房 450 平方米及其他辅助建筑,总资金为 9 474 万元;机械设备主要包括 2 台 350 t/d 焚烧炉,以及 1×12 MW 汽轮发电机和配套处理设施,总计 22 018.3 万元。其中房屋及建筑物平均折旧年限为 25 年,不留残值。机械设备平均折旧年限为 20 年,不留残值。所以,房屋及建筑物的年折旧额为 264 万,机械设备的折旧额为 909 万,无形资产及递延资产总额为 2 605.54 万元,按 10 年摊销,年摊销额为 174 万元。项目流动资金主要指项目建设期的铺地流动资金以及项目后期项目流动资产与流动负债的差值,各项流动资产的最低周转天数分别为:应收账款 30 天,现金 40 天,应付账款 30 天,存货 40 天。

(三)项目财务效益与费用估算

垃圾焚烧项目中垃圾处理费补贴和上网电价收入是垃圾焚烧发电厂成本补偿和利润的主要来源。在项目达产期后,正常运行年可发电 $58×10^6$ kW·h,单位上网电价按照 0.65 元/kW·h 计算,正常年可获得售电收入 3 770 万元;二期工程建成预期可达到年正常售电收入 5 655 万元。所谓垃圾处理费补贴,是指每处理一吨垃圾,政府就给予一定金额的补贴。目前,我国垃圾焚烧发电执行当地火电标杆电价 0.25 元/度补贴的标准,各地垃圾处理费从 80 元到 150 元不等。在二期工程建设完毕可达到垃圾处理补贴 3 005.7 万元。

该垃圾焚烧项目运营中的总成本主要包括外购原辅材料,燃料动力费,工资福利费,大型设备的日常维修费以及其他费用。其中,大型设备的维修费为 760.67 万元/年,人工费为人均工资和福利按 36 000 元/人,以 68 人为定员,共计 244.8 万元/人,其他费用按经营成本的 10% 计取其中经营成本不包含其他费用。年外购原辅料为 374 万元/年,燃料及动力费为 217.8 万元/年。根据在项目投资估算部分的分析可知,项目销售收入随着项目运营负荷不断提高上网发电的量也越来越多,产生的售电收入也在不断增加,相应的税费也跟着变动,所以,得出项目销售收入和销售税金及附加。

（四）项目补偿额估算

根据百度地图、安居客、房天下等相关网站的查询了解到,呈贡县生活垃圾焚烧厂地处呈贡县吴家营乡段家营东侧 1.1 公里,以该垃圾焚烧厂为中心方圆 5 公里内有成熟的房产交易数据。本文主要收集了 5 个楼盘最近三年每个季度的二手房平均交易价格作为研究房地产经济性贬值的实验组,并构建双重差分模型,以呈贡县位于中心位置的春融街为中心方圆 1 公里内房产交易价格作为研究房地产经济性贬值的对照组,该 1 公里范围主要是根据呈贡县实地房产分布情况以及附近交通便利情况和切实拥有的数据综合确定,并且在百度地图中分别测绘出各小区与呈贡区人民医院,呈贡区综合商城,汽车站,该地区小学,中学以及春融街地铁站的距离,最终得出该小区附近生活变易程度的综合平均值。根据对该平均值适当放大来减小参照组与实验组在地域选择上的差异,其中因为呈贡中心与各小区的距离较近,为了方便,以统一的中心位置作为房价修正的前提,所以通过小区与生活便易区的位置转置将春融街作为生活便易区的集合,而参照组的小区作为综合平均距离上的点从而可以做统一的数据修正。从修正结果中可以看到,修正前对照组的整体均价为 5 819 元/平方米,修正后对照组的整体均价为 5 062 元/平方米,而实验组的整体均价为 5 057 元/平方米,通过距离上的修正提高了对照组与实验组的可比性从而可以运用双重差分模型估算由于邻避设施环境影响造成的经济性贬值。

然而,通过具体的数据分析来看,实验组相比于对照组并没有产生明显的经济性贬值。因为,产生邻避效应的结果是对照组的房价波动会比实验组的房价波动大,也就是说 2014 年至 2016 年双重差分下的总和应该为正数,而最终结果显示距离生活垃圾焚烧厂最近的五个小区只有实力锦城大于零。究其原因是该小区 2014 年三季度实验组房价超出正常水平的大幅下跌导致,所以,总的来说,从结果可以看出,在距离生活垃圾焚烧厂 3～5 公里内对城镇房屋的影响基本不存在,有影响的应该是距离生活垃圾焚烧厂 2 公里内的段家营村,无论是垃圾运输还是生活垃圾焚烧厂产生的二噁英沉淀物,都对该村村民带来了不良的居住影响。因此,基于无法获得准确的农村房屋交易数据,本文采用农村人均消费性居住支出来作为环境补偿估算的基础。

结合谷歌卫星地图以及百度地图的定位分析,距离该生活垃圾焚烧厂 2

公里内的呈贡县吴家营乡段家营村现居住户数大约 150 户。为了估算环境补偿额合理,本文做了以下假设:① 项目运营期从 2008 年开始至今,假设段家营村村民伊始就得到了环境补偿,对于后续搬进村的村民已经充分考虑了环境影响所以无须考虑对他们的补偿。② 根据电话调查以及政府部门官网查询,呈贡县基本家庭结构为一家三口,本文研究基于一户三人计算该村人口数。③ 通过计算 2008 年至 2016 年呈贡县农村人均可支配收入的年对数增长率得到平均增长率为 12.55%,假设 2016 年至 2032 年年平均增长率也为 12.55%,而农村人均居住支出占农村人均可支配收入的 3%。

　　基于上述分析,本文得到了计量环境补偿额的计量基础,然后考虑该生活垃圾焚烧厂的运行负荷算出最终的环境补偿额,计算结果如表 3-3 所示。

表 3-3　环境补偿额　　　　　　　　　单位:万元

年　份	环境补偿	年　份	环境补偿
2008	2.69	2021	45.24
2009	6.61	2022	51.24
2010	8.47	2023	55.53
2011	11.20	2024	62.50
2012	17.77	2025	70.34
2013	16.57	2026	79.17
2014	18.58	2027	89.11
2015	20.47	2028	100.29
2016	25.65	2029	112.88
2017	27.49	2030	127.05
2018	31.14	2031	142.99
2019	35.27	2032	160.94
2020	39.94		

(五)项目期权价值

　　项目于 2008 年签订汽轮机购买合同,项目有 2 年的建设期,2010 年年初投产。项目采用了国家发展和改革委员会颁布的温室气体自愿减排方法学 CM-072-V01,申报中国核证减排量。焚烧所产生的电能在满足电厂自身电力需求后,全部输送至电网,从而可以替代与电网联网的化石燃料电厂产生的电能。项目活动运行为 25 年,采用 11 年的减排量固定计入期,计入期开始时间是 2017 年年初。从 2009 年公示的中国垃圾焚烧发电清洁发展机制（Clean Development Mechanism, CDM）项目中选出了四个采用同样焚烧装置的垃圾焚烧发电项目，通过市场比较法将四个垃圾焚烧项目分别从投资额，处理量，装机容量三个因素比较得出呈贡县垃圾焚烧发电项目的年 CO_2 减排量的值（见表 3-4）。

表 3-4 碳减排量估算表

项目名称	投资额/万元	处理量	装机容量/MW	焚烧炉	年 CO_2 减排量/t
天逸垃圾焚烧项目	42 900	900	20	炉排炉	136 774
常熟垃圾焚烧项目	27 700	600	12	炉排炉	50 361
成都洛带垃圾焚烧厂	50 275	1 200	24	炉排炉	142 495
保定垃圾发电项目	42 573	1 200	24	炉排炉	151 482
呈贡县垃圾焚烧项目	25 106	700	12	炉排炉	52 224

本案例中 CCER 交易价格根据从 2016 年开始交易的价格预期增长率为 8%，以 2016 年的交易价格为 18 元/t CO_2 为预测起点，项目减排量计入期内每期减排交易价格以及年平均 CCER 碳交易收入预测值如表 3-5 所示。参照代春艳和周艳玲（2016）研究，垃圾焚烧发电 CCER 项目收益波动率 σ 为 7.83%。期权的执行时间为项目申请 CCER 通过的时间，据国家发改委项目开发审批流程，正常情况下，一个 CCER 项目从着手开发到最终实现减排量签发的最短时间周期要有 8 个月，综合考虑项目的规模以及项目所在地 CCER 项目申请案例较少，本文研究假设该项目申请 CCER 审核最终结果颁发时长为 1 年。

表 3-5 计入期内项目年减排量估算

年 份	年 CO2 减排量/t	p 元/t	CCER 收益/万元
2016	60 580	18	109.04
2017	71 025	19.5	138.49
2018	73 636	21.12	155.54
2019	76 247	22.88	174.47
2020	78 336	24.79	194.18
2021	78 336	26.85	210.35
2022	78 336	29.09	227.87

续 表

年 份	年 CO_2 减排量/t	p 元/t	CCER 收益/万元
2023	78 336	31.51	246.85
2024	78 336	34.14	267.41
2025	78 336	36.98	289.68
2026	78 336	40.06	313.81
2027	78 336	43.4	339.95

由上述分析与计算,可以得到如下参数:标的资产的现值,即减排量交易的现值 $S = 1\ 396.8$ 万元;标的资产的执行价格,即项目申请通过后减排量的预期交易价格 $X = 1\ 358.4$ 万元;期权到期时间,即申请 CCER 项目通过的时间 $T = 1$ 年,标的资产的波动率,即 CCER 的交易价格的波动率 $\sigma = 7.83\%$,无风险报酬率 $r = 3.85\%$。根据前文构建的实物期权模型,对模型中的重要参数进行计算,计算结果如下:$d_1 = 0.886\ 9$;$d_2 = 0.808\ 6$;$N(d_1) = 0.813\ 3$;$N(d_2) = 0.791$;$OP = SN(d_1) - Xe^{-rT}N(d_2) = 102.1$ 万元,即该期权在 2016 年的现值为 102.1 万元。

第三节 结果分析

一、项目投资经济性结果分析

本研究主要采用加权平均资金成本法,从投资金额的来源综合考虑投资者,债权人以及政府的资金成本,从而最终确定合理的项目财务基准投资收益率。

主要结果为:该项垃圾焚烧发电项目的资金筹措总额为 34 874 万元。其中,银行中长期借款额占资金总额的 76.35%,银行中长期借款利率为 6.12%,政府出资占资金总额的 9.59%,政府的投资收益以 2010 年度截至当年年末国家发行的最长期限的国债利率 4.4% 计算,投资者也就是债权人资产占资金总额的 14.06%,该部分收益率按投资者最低期望投资收益 6% 计算。综合上述计算,该项目的综合收益率为 5.94%。

(一)不考虑环境补偿的项目净现值

通过现金流量表可知在不考虑环境补偿的项目现金流量折现净值为

6 740.20万元,由于CCER项目申请成功率的不确定性,本文假设CCER项目收入为原预测值的60%,项目现金流量见表3-6。从计算结果可以看出,项目净现值为7 466.76万元,净现值大于零,内含报酬率8.13%大于项目资本成本5.94%,该垃圾焚烧项目财务收益上可行,研究结果与项目可行性报告结果一致。看似项目可以吸引投资者投资,但因为在不考虑环境补偿的情况下近几年项目被叫停的风险不断增加,投资者面临无法准确预测项目风险的问题,考虑到该部分风险的存在以及一旦发生的不可逆性,假设在不考虑环境补偿情况下项目被叫停风险占项目运营风险的50%,在项目停运后投资者所能回收的资金就是通过处理房屋建筑物和一些大型机械设备,若按净值的60%来计算,项目停运后项目的损失达到项目总投资的41.5%,该垃圾焚烧项目的项目净现值为-2 951.26万元,加权项目面临叫停风险下的净现值为1 894.47万元。

(二)考虑环境补偿的项目净现值

在考虑环境补偿的项目价值分析中,虽然项目被叫停的风险无法完全消除,但只要让公民参与到整个项目的建设中,了解项目的运营以及考虑一些补偿方式的实施,项目被叫停的可能性会大大降低。所以本案例中假设在考虑环境补偿下项目可以顺利运营,并且项目申请CCER成功率为60%的情况下,得到表3-7。

主要结论为:该项目的净现值为7 000万元,项目净现值大于零,项目可行。虽然相对于传统的不考虑环境补偿的项目净现值少了400多万,但是相比较与存在项目被叫停隐患的传统净现值多了5 105.53万元。本文通过比较对垃圾焚烧项目是否采取环境补偿的结果,在一定程度上可以给投资者提供更可靠的项目投资价值分析。从这个结果中可以得到,传统不考虑环境补偿的净现值从财务数据理论上看似可行,但其实隐含了更多不确定因素的风险,这也是为什么邻避项目难以吸引投资者的原因,看似经济可行的项目或许建成后反而面临更多的亏损。

二、项目敏感性分析

通过以上项目运营期的现金流量数据以及该生活垃圾焚烧厂设定投资者最低可接受的资产收益率为6%,将考虑环境补偿的项目年现金流量和CCER收益分别代入净现值公式并且资金成本$r=5.91\%$,最终得到在考虑环境补偿下项目开始预计该项目净现值为7 000万元,该数值大于零,项目可行。其次,该项目在考虑环境补偿情况下的内含报酬率为8.01%,投资回收期为13.01

表 3-6　不考虑环境补偿的现金流量表

单位:万元

项　目	建设期		投产期			达产期	
	1	2	3	4	5	...	27
生产负荷(%)	0.00	0.00	32%	72%	82%	...	150%
现金流入			1 847.62	4 157.14	4 734.52	...	10 626.23
销售收入			1 847.62	4 157.14	4 734.52	...	8 660.70
其中:垃圾处理费			641.22	1 442.74	1 643.12	...	3 005.70
回收流动资金及 CCER 收入						...	1 965.53
现金流出	7 452.73	17 389.71	2 318.22	2 667.22	2 635.89	...	5 068.61
建设投资	7 452.73	17 389.71	0.00	0.00	0.00	...	0.00
流动资金			295.52	192.46	48.11	...	0.00
经营成本			1 755.63	1 755.63	1 755.63	...	2 530.61
销售税金及附加			267.06	719.13	832.15	...	1 557.15
所得税			0.00	0.00	0.00	...	980.85
净现金流量	-7 452.73	-17 389.71	-470.60	1 489.91	2 098.62	...	5 557.62
累计现金流量	-7 452.73	-24 842.45	-25 313.05	-23 823.13	-21 724.51	...	51 813.78
项目净现值	7 466.76						

表 3－7　考虑环境补偿的现金流量表

单位:万元

项　目	建设期		投产期			达产期	27
	1	2	3	4	5	…	
生产负荷(%)	0.00	0.00	32%	72%	82%	…	150%
现金流入			1 847.62	4 157.14	4 734.52	…	10 626.23
销售收入			1 847.62	4 157.14	4 734.52	…	8 660.70
其中:垃圾处理补偿费			641.22	1 442.74	1 643.12	…	3 005.70
回收流动资金及 CCER 收入						…	1 965.53
现金流出	7 452.73	17 389.71	2 320.90	2 673.84	2 644.36	…	5 229.54
建设投资	7 452.73	17 389.71	0.00	0.00	0.00	…	0.00
流动资金			295.52	192.46	48.11	…	0.00
经营成本			1 755.63	1 755.63	1 755.63	…	2 530.61
销售税金及附加			267.06	719.13	832.15	…	1 557.15
所得税	0.00	0.00	0.00	0.00	0.00	…	980.85
环境补偿额			2.69	6.61	8.47	…	160.94
净现金流量	−7 452.73	−17 389.71	−473.29	1 483.30	2 090.16	…	5 396.69
累计现金流量	−7 452.73	−24 842.45	−25 315.74	−23 832.44	−21 742.28	…	48 817.39
项目净现值	7 000.00						

年。通过从现金流量表上可以看出主要的现金流入和现金流出构成因素，所以，本文选用建设投资、营业成本、垃圾处理补偿费和环境补偿作为敏感性分析的不确定因素，分析这些因素的变化对主要财务分析指标的影响程度，不确定因素的变动范围确定为±10％。该项目具体的敏感性分析结果见表 3－8。

表 3－8　敏感性分析

经济影响因素	变化幅度	IRR(％)	敏感性系数	投资回收期(年)	敏感性系数	NPV(万元)	敏感性系数
基本方案		8.01％	0	13.01	0	7 000	0
建设投资	＋10％	7.01％	－12.48％	14.19	9.07％	4 083.16	－41.67％
	－10％	9.09％	13.48％	13.83	6.30％	9 917.24	41.67％
经营成本	＋10％	7.23％	－9.74％	14.32	10.07％	4 289.52	－38.72％
	－10％	8.78％	9.61％	13.61	4.61％	9 710.88	38.73％
垃圾处理费	＋10％	8.54％	6.62％	13.44	3.31％	8 909.03	27.27％
	－10％	7.47％	－6.74％	14.55	11.84％	5 091.37	－27.27％
环境补偿	＋10％	8.00％	－0.12％	13	－0.08％	6 953.54	－0.66％
	－10％	8.03％	0.25％	13.02	0.08％	7 046.85	0.67％

从敏感性分析的结果可以看出，影响项目净现值的最主要因素是建设投资(41.67％)，影响项目投资回收期的主要因素是环境处理补偿(11.84％)，影响项目内含报酬率的主要因素为建设投资(13.48％)，因此项目较敏感因素为建设投资、垃圾处理补偿费并且在 20％幅度中变化也是财务可行的。项目投资建设额对项目各财务指标都较敏感，也可以解释在不考虑环境补偿情况下，项目发生被叫停风险后对项目建设投资额损失最大，项目净现值明显小于零。因为项目建设投资对项目内含报酬率起到的作用，其次是经营成本和垃圾处理费补偿额的变动影响，而环境补偿额的变动对项目内含报酬率的直观影响虽然很小，但是当环境补偿减少或不发生时，项目的潜在邻避风险将加大，项目可能会面临叫停的风险。所以，无论是对于传统现金流量折现还是内含报酬率，在不考虑环境的情况下，都会给投资者带来盲目乐观的倾向，从而加大项目运营风险。

第四节　本章小结

随着中国经济的不断发展以及城镇化进程的加快,近些年很多企业在全国跑马圈地获得城市基础设施的建设用地,但对于具有邻避效应的基础设施建设却一直无法快速开展。究其原因主要是该类项目在建设时面临被群众叫停等不可逆风险,从而导致了潜在投资人难以准确估算项目的价值。本文根据邻避设施建设过程中的风险因素提出了对附近居民提供一定经济性补偿的措施,通过补偿模型的构建结合垃圾焚烧项目价值估算的理论与方法,最终得到该垃圾焚烧项目在考虑环境补偿下的项目投资价值。

本章通过对垃圾焚烧项目进行详细的估算,构建了对项目附近环境补偿额的估算模型,并且对垃圾焚烧行业的 CCER 收入构建了实物期权模型,结果分别对是否进行环境补偿进行对比分析。分析结果表明,在不考虑环境补偿下,项目传统净现值 7 466.76 万元大于考虑环境补偿的项目价值 7 000 万元,但是本文加入实际过程中项目被叫停的风险,得知项目净现值为 1 894.47 万元,明显小于考虑环境补偿的项目净现值。所以,以往的项目价值估算可能造成潜在投资者的盲目乐观,以至于在真正遇到项目不可逆风险时产生巨大损失。

在项目投资建设过程中项目的财务价值评估对最终的投资决策发挥着重要的作用,在我国现阶段,对于项目价值评估无论是理论研究还是实务运用都处于日臻成熟的境地。本文的研究构建了完整的环境补偿模型,突破了传统资产评估方法,借鉴计量经济学中的双重差分模型以及实物期权模型,为该类邻避项目的建设提供了更科学合理的价值估算方法,从根本上解决该类项目难以吸引潜在投资者的问题,从而加快中国城市基础设施建设,为中国城镇化发展奠定牢固的基础,促进社会资源的合理配置。

本章参考文献

[1] Claro E. Exchange relationships and the environment: The acceptability of compensation in the siting of waste disposal facilities[J]. Environmental Values, 2007, 16(2):187-208.

[2] Frey B S, Oberholzer-Gee F, Eichenberger R. The old lady visits your backyard:a tale of morals and markets[J]. Journal of political economy, 1996, 104(6):1297-1313.

［3］Jenkins-Smith H, Kunreuther H. Mitigation and benefits measures as policy tools for siting potentially hazardous facilities：Determinants of effectiveness and appropriateness ［J］. Risk Analysis, 2001, 21(2):371 - 382.

［4］Lundin M, Olofsson M, Pettersson G J, et al. Environmental and economic assessment of sewage sludge handling options.［J］. Resources Conservation and Recycling, 2004, 41(4):255 - 278.

［5］Matsuhashi R, Momobayashi Y, Ishitani H. Feasibility study on a CDM project utilizing photovoltaic systems［J］. Environmental Economics & Policy Studies, 2002, 5(2):105 - 119.

［6］Petts J. Incineration risk perceptions and public concern：Experience in the U. K. improving risk communication［J］. Waste Management and Research, 1992, 10 (2): 169 - 182.

［7］Uddin N, Blommerde M, Taplin R, et al. Sustainable development outcomes of coal mine methane clean development mechanism Projects in China［J］. Renewable & Sustainable Energy Reviews, 2015, 45:1 - 9.

［8］Zaal M P, Terwel B W, ter Mors E, et al. Monetary compensation can increase public support for the siting of hazardous facilities ［J］. Journal of Environmental Psychology, 2014, (37):21 - 30.

［9］陈佛保,郝前进.环境市政设施的邻避效应研究——基于上海垃圾中转站的实证分析[J].城市规划,2013,(8)：72 - 78.

［10］代春艳,周艳玲.基于实物期权的垃圾焚烧发电 CCER 项目投资价值评估研究[J].生态经济,2016,32(4):123 - 127.

［11］邵书峰.新农村建设视角下农户住房投资行为分析——基于河南省南阳市 600 农户的调查[J].调研世界,2010(4):22 - 23.

［12］宋金波,宋丹荣,付亚楠.垃圾焚烧发电 BOT 项目收益的系统动力学模型[J].管理评论,2015,27(3):67 - 74.

［13］吴炜峰.转型时期影响我国城乡居民居住消费的因素分析——中国居住消费函数构造[J].财贸经济,2009,(7):123 - 126＋133.

［14］余群舟,陈海滨.基于动态博弈的垃圾焚烧发电 BOT 项目特许权期决策模型[J].土木工程与管理学报,2012,29(2):63 - 67.

［15］张盈.清洁发展机制下的投资项目风险评价研究[D].成都理工大学,2015.

第四章　邻避风险与经济损失评估

导致群体性邻避事件发生原因有很多,其中,资产贬值是人们反对邻避设施的重要理由,如 2009 年百万居民面对可能导致的楼价下跌,集体反对广州番禺垃圾焚烧项目;2015 年不少居民担心影响房价,反对上海闸北区大型垃圾中转站兴建。相关研究也支持这一结论,如 Boes 等(2015)采用双重差分模型评估了核电站对周边房地产租房价格的影响,发现福岛事件发生后,瑞士核电站附近的房地产租房价格下降了 2.3%;陈佛保和郝前进(2013)以上海市垃圾中转站周边的房地产价格作为媒介研究了环境市政设施的邻避效应;刘小峰(2015)基于金陵石化工业区周边居民调查数据分析认为周遭资产贬值是导致邻避倾向的重要原因。尽管研究者和管理者都认识到资产贬值是导致邻避行为的重要原因,也认为环境补偿是解决邻避冲突的重要方法,然而,理论与实务界仍缺乏科学有效方法度量邻避设施导致周边资产贬值。本章针对邻避设施所产生的经济性贬值进行了研究,构建邻避设施导致的资产损失评估模型,并在此基础上构建邻避指数。

第一节　邻避设施导致的资产损失评估模型

环境损失评估,主要可以分为两类,一类为环境污染事故导致的损失评估,目前中国环境规划院等机构专门出台了一系列的评估方法,如《环境损害鉴定评估推荐方法》《环境污染损害数额计算推荐方法》等,可采取采用恢复费用法、市场价值法等对各类环境污染导致的人身、财产、应急等损失进行经济评估(王鲲鹏等,2017),逐渐形成了可实践操作和理论研究的基本规范,如王浩(2013)等以台州铅蓄电池企业为例研究了铅污染事故生态环境损失评估;另一类为非突发性的环境污染事故,与治疗抢救、应急恢复等不同,较难通过直接计算相关费用来确定损失,目前对这一类问题仍缺乏系统的研究(Eshrag et al,2017)。在这种情况下,由于环境的经济外部性特征,人们较难直接度量环境的经济价值,一般需要在缺乏环境服务(商品)市场数据的情况下发掘新的方法来估算环境的经济价值。其中,条件价值法是当前流行的对环境等具有无形效益的公共物品进行价值评估的方法,主要利用问卷调查方式直接考察受访者在假设性市场中的经济行为,以得到消费者支付意愿来对商品或服务的价值进行计量的一种方法(Mitchell & Carson,2013)。如全世文(2017)基于选择实验方法的北京市空气质量价值评估,但该方法的缺陷便是受访者在调查汇总中给出的回答存在偏差。由于我国公民的环境维权意识薄弱,对环境补偿的具体数额没有形成成熟的概念,在我国采用该方法仍不成熟。另一个主流思路便是选择与环境关系密切且市场化"商品"作为环境价值的重要承载对象。现有的研究成果基本上以住房市场、居民健康状况以及环境相关的娱乐和消费品作为度量的"媒介"(邓国营等,2012),如焦张义(2012)探讨了房价、生态环境质量与最优城市规模,把房价和生态环境的新经济地理模型相联系;Mínguez 等(2013)以马德里的不动产价格为研究对象,通过空间模型研究了污染对相关资产的影响。这种做法的重要依据是人们对"好的"环境要求会随收入增长与社会发展而不断提高,人们会愿意支付更高的价格来购买"更好"的环境,目前已有研究通过实证方法证实了这一结论,但没有给出相应环境损失评估的计算方法,无法像环境污染事故导致的损失一样形成可操作性评估方法。

一、基于 DID 的资产损失评估模型

双重差分模型(Difference in Differences Model,DID)在政策效应评估领域得到广泛采用,该方法主要评估某一政策或者事件带来的净影响。近些年,一些研究者也试图通过寻找经济活动中存在的"自然实验"和"准自然实验"比较作差得到环境的价值(Deschacht & Goeman,2015),如 Chay 和 Greenstone(1998)通过对比"清洁空气法"前后度量了美国政府对大气污染的治理带来的巨额经济价值。同时选用房地产作为评估邻避设施导致的资产损失的"媒介"有较为充分的理由:基于人口迁移理论与实践,在不考虑地区依附的情况下,周遭居民可以通过自由迁徙(在区域的其他地区找一个类似的房产进行置换)来规避邻避设施导致的负面环境影响,如此,就不存在邻避问题。事实上,不少地区因环境污染、土地毒化等问题,居民选择逃离污染源,原本人口密接之地逐渐成为"空心村"。其次,DID 模型可以解决"特征价格模型"等方法无法规避其内生性问题,容易抽取出"邻避"这一单独因素导致的影响。再次,由于房地产市场的重要性,累积了大量的相关成熟理论和研究方法,可以很好度量

各种因素对房地产价格的影响,而且有相对较为完善的现实数据。

基于 DID 的资产损失评估模型,需要对双重差分模型的适应性调整,包括基准点的调整,处理组和对照组的选择,其核心是将有邻避设施的小区视为自然实验或准自然实验,将全部样本分为受到邻避设施影响的处理组以及没有受到邻避设施影响的对照组两类(见图 4-1)。假设处理组(受邻避设施影响小区)和对照组(不受邻避设施影响小区)除周边是否存有邻避设施差异外,其他因素相同。首先,分别计算出处理组和对照组的房地产价格在基准点前后的变化量,分别为 $d_1 = P_{t1} - P_{t0}$,$d_2 = P'_{t1} - P'_{t0}$。 然后,再计算这两个变化量的差值 d_x,也就是邻避设施对处理组影响的净效应。

$$d_x = (P_{t1} - P_{t0}) - (P'_{t1} - P'_{t0}) \qquad (4-1)$$

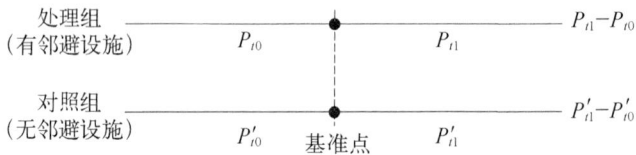

图 4-1 度量邻避设施导致的资产损失的双重差分模型

在度量邻避设施导致的资产损失的双重差分模型中,还需要讨论以下几个问题:

(1)基准点的选取问题。一般而言,基准点为某一政策实施或某一事件发生的时间,邻避设施导致周边房地产经济性贬值估算应该采取邻避设施建设时间点,而且需要满足重要前提——所选择的房地产价格 P_{t0} 和 P_{t1} 并未受到新建邻避设施消息的预期影响,方法应用的关键变成时间节点 t_0 和 t_1 的选取。但更普遍的情形是,大量的邻避设施已经存在,而居民对邻避设施的风险认知则是近几年达到较高水平,现实条件已经无法追溯到邻避设施的新建点进而对比房地产价格的变化,即便是新建的邻避设施,周边的房价往往也在新建时已经受到新建邻避设施消息的重要影响,因此,基准点的选择成为双重差分法应用的关键和难题。本文把度量邻避设施对周边房价的影响转变为处理组的房地产价格变化与对照组的房地产价格变化的差额,即在房地产上涨行情中,居民抱怨其房地产价值涨得少,在房地产下跌行情中,居民抱怨其当地产价值跌得多。这样,基准点的便不是静态,而是随环境动态变化的。

考虑到邻避设施对周边地产价值影响的累积性,假定资产的剩余寿命为 n 年,可先计算出每年(或每月,或每季度)平均影响额 $d_x = (P_{t+1} - P_t) -$

$(P'_{t+1}-P'_t)$，每个时间节点的社区房价可由大量的现实数据统计得到；然后通过年金折现得到邻避设施对处理组影响的净效应，也就是资产的经济性贬值。

$$d=d_x(P/A,r,n)=\frac{\mathrm{d}_x}{r}\left[1-\frac{1}{(1+r)^n}\right] \qquad (4-2)$$

式中，d——资产的累积损失；

　　r——折现率，是投资标的资产（房地产）的期望投资回报率。

（2）处理组的选择问题。邻避设施导致资产损失评估中，处理组和对照组的选择都会面临判断问题。处理组的选择相对比较容易，可以根据邻避设施的影响范围来界定。若处理组不在经验或专家认为的可接受范围，则划分为处理组。影响范围可以根据国家安全评价或者环境影响评价方法来测算。不过需要说明的是，现实困难是国家相关法规对于大多数有潜在环境威胁的邻避设施没有说明其可接受范围，比如垃圾处理站，《生活垃圾焚烧污染控制标准》中没有对垃圾焚烧厂的选址没有明确的距离界定，包括更为敏感的 PX 项目，也都没有具体的法规约束 PX 项目必须建立在距离居民区多远公里以外。

（3）对照组的选择问题。对照组指随机抽取的对象的子集，在这个子集中，每个单位均不受到处理组成员所接受的某种特别的处理。但在现实中，由于房地产价格受到诸多因素的影响，找到满足条件的对照组成为难题。可供选择的方法有：① 选择整个城市房地产作为对照组，取城市房地产均价最为计量标准。优点是计算简单；缺点是城市房地产均价是一个争议数字，而且样本包含处理组。② 选择某一不受邻避设施影响的房地产作为对照组。优点是房地产价格明确，而且完全不受邻避设施影响；缺点是房地产价格受到诸多因素影响，较难剔除其他因素的影响，计算结果波动较大，不稳定。③ 折中方法，选择若干组满足对照条件的房地产作为"虚拟对照组"，即"一揽子"（Basket）房地产最为对照组。优点是可以规避单一房地产带来的不稳定性，又兼备整体性；缺点是计算量较大。

第二节　案例研究

一、研究对象及范围

本文研究的是邻避设施对周边社区房地产价值的影响，其研究对象包括邻避设施和社区房地产。设施性质的不同导致其邻避效应的差异（陶鹏和童星，2010），对周边社区房价的影响也不同，基于此，本文根据邻避类型的差异选择了四类邻避设施作为研究对象，分别为公墓、监狱、污水处理厂、化工厂。其中有环境污染较为明显的化工厂以及有一定污染的污水处理厂，也有基本无环境污染但会使周边居民产生心理不悦以及安全恐慌的公墓和监狱。考虑到邻避设施的影响性和数据的可获得性，如果周边没有成熟的社区，本文剔除相关样本。整理得到其样本情况为：① 公墓，目前南京市合法公墓共计15个，大部分公墓2.5 km内并无成熟住宅社区，本文选择满足研究条件的3处公墓，包括南京金陵华侨永久墓园、江宁和六合地区的两座墓园。② 监狱，本文选择满足条件的3座监狱，包括南京女子监狱、江宁监狱和浦口监狱。③ 化工厂，本文选择满足条件的4家化工公司，包括扬子石化-巴斯夫有限责任公司、江苏钟山化工有限责任公司、南京帝斯曼东方化工有限公司和中国石化扬子石油化工有限公司。④ 污水处理厂，本文选择满足条件的4处污水处理厂，包括南京鹏鹞水务公司、城东污水厂、南京市科学园污水厂和南京城北污水厂。

考虑到商业房地产、办公房地产和工业房地产的在市场中的流动性，本文选择社区居民住宅作为研究对象，同时考虑到限价房和保障性住房价格并不市场化，故剔除限价房和保障性样本。国内学者对邻避设施研究表明，邻避设施的影响范围因各地的城市规划、经济发展和基础设施情况而各有不同，一般认为邻避设施对步行十分钟范围内的房地产价值有较大影响，因此以往学者研究中有采用0.5 km、1 km、4 km作为范围的，且普遍采用2～3 km作为研究范围（牟宇峰等，2014），本文在综合分析国内外研究情况和结合南京市自身特点的基础上，采用较为普遍的2.5 km作为研究范围。而对于社区住宅周遭是否存在相关邻避设施，主要通过公众环境研究中心（http://www.ipe.org.cn）所公布的信息，首先锁定处在南京市邻避设施周围的住宅并通过地图测距功能计算其距离邻避设施的距离，然后再通过一系列的网站询价及实地查询，获得房产信息资料。在进行对照组选取的时候，采用"一揽子"房地产作为对照组，即利用南京市各个商圈周边的住宅价值的均值作为衡量标准。

二、模型计算

（一）双重差分法的适用性检验

为保证对照组和处理组数据可适用于双重差分模型，本文首先对被选社区房地产价格的差分值逐一进行 ADF 检验。基于 MATLAB 软件利用

ADFTEST 函数对待检验序列进行平稳性检验,反馈值均为 1,表明序列平稳。同时,对相关数据进行同质性检验,以被选社区房在基准点的地产价格的差分值作为被解释变量,以是否为处理组作为解释变量,进行回归。研究处理组和控制组在基准点前的变化趋势的异同。回归结果均不显著,说明双重差分模型得到估计结果是无偏的,可适应于双重差分模型。

(二) 变量计算及其描述性统计

1. 处理组数据计算

社区住房价格主要通过两种方法获得,一是通过网络报价收集,包括安居客、365 地产家居网、禧泰数据库等网上报价;二是对在售住宅包括新房及二手房进行实地询价。经过实地调研、官方统计数据和专业中介机构统计数据共采集 92 个住宅小区作为样本,最后筛选出有完整数据的住宅小区样本 55 个,其中,公墓、化工厂、污水处理设施、监狱各处理组周边的社区数分别为 15、21、5 和 14 个。搜集的房地产价格主要是 2012 年至 2015 年三年各季度的网上挂牌的价格,主要变量的描述性统计见表 4-1。

表 4-1　主要变量描述性统计

变　量	小区数	样本数	房　价				分布情况	
			均值	标准差	最小值	最大值	分散/集中	城中/非城中
对照组	25	900	21 361	3 922	14 595	30 848	—	
公墓组	15	540	13 505	4 505	5 939	20 230	分散	均有
化工组	21	756	7 754	1 104	5 275	10 363	集中	非城中
监狱组	5	180	8 867	1 885	6 655	13 448	分散	非城中
污水组	14	504	13 519	3 854	4 722	22 323	分散	均有

2. 对照组数据计算

根据牟宇峰等(2014)研究,本文选择新街口、河西中心区、湖南路、夫子庙和中央门五大商圈作为对照组。由于不同商业中心的经济地位和经济实力是有差别的,需要将根据每一商业中心的影响程度对处在不同商圈周围的小区进行不同权重的赋值,以期能体现这一影响。商圈大都处于城市的中心,地理密集度较大,为了避免样本数据较为集中,在确定商圈周边住宅范围时,本文以距离商圈 0.5 km 之内的小区作为参照标准进行数据采集,而且同一商圈的住宅小区样本数量为 5 个。计算步骤为:首先,按照不同商圈,将商圈中搜集的 5 个商圈的房价按照不同的年限进行平均。

$$\overline{X_{jti}} = (X_{j1ti} + X_{j2ti} + X_{j3ti} + X_{j4ti} + X_{j5ti}) \div 5 \qquad (4-3)$$

其中，j 代表商圈，取值为 1 至 5，其中 1 代表新街口商圈、2 代表为河西商圈、3 代表夫子庙商圈、4 代表为湖南路商圈、5 代表为中央门商圈；各下标的含义为每个小区在不同年份的房价，i 取值为 1 至 12，即以三年为研究时间长度，按照每一年四个季度搜集到的房价数据。

然后，将第一步骤中所得的数据进行系数调整，即按照不同的商圈等级进行系数赋值加权平均得到参照组的数据。

$$P_{ti} = (\alpha_1 \overline{X_{1ti}} + \alpha_2 \overline{X_{2ti}} + \alpha_3 \overline{X_{3ti}} + \alpha_4 \overline{X_{4ti}} + \alpha_5 \overline{X_{5ti}}) \qquad (4-4)$$

其中，α_j（$j=1,2,3,4,5$），满足 $\sum \alpha_j = 1$，为各商圈的调整系数，根据商业繁华程度，本文将处于新街口、河西商圈周围的小区房价各赋予 0.25 的调整系数，湖南路、夫子庙商圈周围的小区房价各赋予 0.2 的调整系数，而中央门商圈周围的小区房价赋予其 0.1 的调整系数，即 $\alpha_1 = \alpha_2 = 0.25$，$\alpha_3 = \alpha_4 = 0.2$，$\alpha_5 = 0.1$。

3. 影响程度计算

公式（4-2）计算出的结果得到邻避设施对某一具体小区地产价值影响的累积性，为更具一般性，需要对邻避设施周边满足条件的所有社区进行处理，本文采取简单算术平均法对每种邻避设施对周边社区房价影响进行度量，影响程度可作为邻避设施对周边社区造成的经济性贬值，可作为环境补偿的重要依据，有：

$$S = \sum_{t=1} d_t / n \qquad (4-5)$$

式中，S——城市邻避设施对周边社区房价的影响程度；

d_t——邻避设施对第 t 个社区的影响值；

n——某一类型邻避设施周边的社区数量，在计算中，房地产住宅年报酬率取值为 7%，即 $r=7\%$。

（三）计算结果及其分析

1. 不同邻避设施对周边社区房价影响不同

将化工类邻避设施、公墓类邻避设施、监狱类邻避设施以及污水处理类邻避设施的双重差分分别计算出各处理组的影响程度。按照影响程度大小依次为：化工组影响程度为 302.10，监狱组影响程度为 284.20，公墓组影响程度为 193.93，污水组影响程度为 179.93（见表 4-2）。化工类邻避设施对周边房价的影响程度最为明显，监狱类设施对房价影响次之，公墓类和污水处理这两类设施对于住宅所产生的经济性贬值基本一致。由于监狱和公墓对居民的影响更多是心理和安全因素,而非环境因素,可见居民邻避的因素不仅仅是环境污染,更多是一种综合复杂的情绪和行为表达。

表 4 - 2　邻避设施影响程度与周边资产经济性贬值

变　　量	全样本		城　　中		非城中	
	影响程度	经济性贬值（元）	影响程度	经济性贬值（元）	影响程度	经济性贬值（元）
公墓组	193.93	760.05	105.00	410.80	271.75	1065.65
化工组	302.10	1171.22	——	——	302.10	1171.22
监狱组	284.20	1116.47	——	——	284.20	1116.47
污水组	179.93	706.30	84.50	331.98	251.50	987.04

2. 区域繁华程度等因素可以消除邻避设施的部分影响

为进一步分析同一类型的邻避设施对周边社区房价的影响是否一致,本文选择了邻避设施分布特点为"分散"和全城"均有"的公墓和污水处理厂作为研究对象,对其样本所处的区域进行细分,计算邻避设施对其影响程度。研究发现,在公墓组样本中,处在"城中"的影响程度为 105.00,处在"非城中"的影响因素为 271.75;在污水组样本中,处在"城中"的影响程度为 84.50,处在"非城中"的影响因素为 251.50。导致这种差异的原因与房地产价格的影响因素有关,根据房地产价格特征模型,影响房屋值的因素可以分为宏观因素和微观因素。宏观影响因素一般括经济发展状况、利率、人均 GDP、城市规模以及国家政策法规等。微观影响因素则主要包括建筑、邻里、区位等。本文的研究样本均在南京市内,面临的宏观条件是同质的,导致这种差异应为该区域内的微观因素。在对相关样本的实地调查和网上数据搜集中发现,处于这两类邻避设施周围的社区其周边配套设施较为成熟,且有着较为丰富教育资源、交通资源以及医疗资源,这在一定程度上消除了邻避设施对其造成的负面影响。

3. 邻避设施对房价影响范围分析

已有研究发现污染性邻避设施,如核电站,对周边房价的影响与距离呈正比(Clark et al,2010),但交通性邻避设施,如地铁,对沿线的房价的影响呈现先大再小的倒"U"型结构(苏亚艺等,2015)。尽管本文对处理组的样本选择进行了距离限制,但也发现了类似但略有差异的结论。在公墓、监狱和污水处理这 3 组中,邻避设施对周边房价的影响与距离呈正比,如在公墓组中,距离较远的曙光里和春光里小区,其影响值仅为 78.82 和 84.19,但距离较近的盘金华府和科嘉花园,其影响值为 213.55 和 229.10。然而在化工组中,并未得到类似的结论,可能原因是选择的研究对象为化工园区,较难刻画出其对距离的影响。

4. 邻避设施对房价影响与市场行情的关系

通过对相关样本数据进行分析,研究发现,与城市繁华商圈相比,在房地产的上涨行情与下跌行情下,邻避设施对周边资产的价值影响存在差异性。上涨行情下,邻避设施较大程度上影响了周边资产的升值,在研究区间(见图 4-2),2012 年 9 月至 2014 年 3 月以及 2014 年 12 月至 2015 年 3 月上涨行情中,参照组平均每季度上涨了 674.87 元,而处理组仅上涨了 313.60,仅为参照组的 46.47%;然而在下跌行情中(2014 年 3 月至 2014 年 12 月),参照组平均每个季度下跌了 -473.39,有意思的是,处理组仅仅下跌了 -167.65,仅为参照组的 35.41%,在下跌行情中,受邻避设施影响的房地产表现出了较强的抗跌性。这表明邻避设施周边的资产价格市场表现仅仅满足"上涨时涨得少",而不满足"下跌时跌得多"。这丰富了已有大部分研究认为的邻避设施的存在对周边资产以负面影响为主的结论(Mínguez et al,2013),刻画了在资产价格不同行情下可能存在不同演变特点。

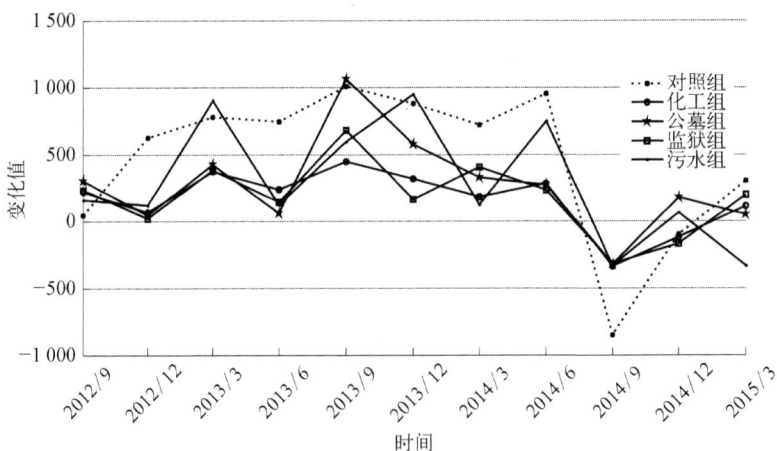

图 4-2 对照组和处理组的价格变化图

(四)稳健性分析

为了检验研究结果的稳健性,本文还对研究设计做了如下调整:① 基准点变化的调整,将动态基准点设置为季度节点,观察结果变化,研究发现影响程度未发生变化,数值上略有差异,化工组影响程度为 310.52,监狱组影响程度为 275.78,公墓组影响程度为 195.86,污水组影响程度为 188.30,但变化幅度均小于 5%,其他结论未发生实质性改变。② 样本选择的调整,将对照组数据中的五大商圈调整为传统的四大商圈,即去掉周边邻避设施最少的近十年形成的河西商圈,发现本文结论没有实质性的改变。

三、结论与政策建议

因邻避设施等问题导致的居民经济损失或者该赋予良好人居环境以多少经济价值是环境经济学的难题,也是可持续发展的关键问题。本研究针对邻避设施所产生的经济性贬值进行了研究,通过对"邻避"这一理论的探讨结合相应的房地产评估理论以及计量手段,为研究邻避设施对周边房地产价值的影响提供了一种新的思维方式,研究可为邻避冲突导致的环境补偿和协调机制构建提供方法支持,可为相关利益相关主体提供一些决策建议。首先,对于房地产投资者或者购买者,从本研究可知,化工厂以及污水厂更多的是带来环境与健康问题,而监狱和公墓对居民的影响更多是心理和安全因素,而非环境因素,居民邻避的因素不仅仅是环境污染,还是一种综合复杂的情绪和行为表达。如果购房者其自身更关注于环境因素而非心理和安全因素,其可以通过购买公墓以及监狱周边的地产,获得房屋价格上的收益。其次,对于政府来说,经济补偿是解决邻避冲突的重要措施,其能在一定程度上减少该区域居民的不平衡感,有利于安抚居民情绪;但非经济补偿同样必不可少,需要了解民众的风俗习惯,有针对性地进行多种形式的环境补偿。再次,对于邻避设施的运营商来说,应在选址问题上慎重考虑,尽量选择远离城区、人口密集度不高的地方,以免对周边居民的健康造成危害。

第三节　基于资产损失评估的邻避指数构建

国内外已经有很多学者对邻避指数(邻避分类)做了相关研究,但是不同的学派代表立足不同的学科领域,针对不同的学科重点研究领域,寻找不同的切入点,依据对邻避设施的分类以及指数构建研究做出了详细的阐释。

一、不同邻避指数构建的比较分析

从邻避指数构建的维度出发进行比较,由表 4-3 可见,已有学者从不同的角度,根据不同的维度对邻避设施进行了分类研究以及指数构建,分类方式各有利弊。

表 4 - 3　邻避设施划分比较

维　　度	划分结果
用途	垃圾处理厂;社会服务设施以及各种收容所;低收入者的房屋
内心反感度	不具有邻避效果的设施;轻度邻避效果的设施;重度邻避效果的设施;中度邻避效果的设施
规模和等级	邻里性邻避设施;市际性邻避设施;全市性邻避设施;区域性邻避设施
危害与风险来源	污染性设施;空间摩擦设施;不宁适设施;嫌恶性设施
环境污染程度	污染性设施;不宁适设施;嫌恶性设施;风险集中设施;邻避性设施
预期损失—不确定性	预期损失低、不确定性低的心理不悦类;预期损失高、不确定性高的风险聚集类;预期损失低、不确定性高的污名化类;预期损失高、不确定性低的污染类

（1）从划分的理论依据来看,按照用途分类是从邻避设施的属性出发进行的分类,用途即使用价值,是物品的基本属性,按照这一维度进行分类,是最基本的划分依据,从上文可见,其划分较为简单和粗略,而且划分出来的种类不够全面,没能详细地将邻避设施进行分类,对其分类处置以及为后期的补偿措施提供的参考价值不大。按照居民内心的反感度的维度对邻避设施进行划分,是从社会学的角度出发,采用问卷调查的方式进行的,主要依据的心理学的原理,同时应用了经济学的原理,以理性经济人的假设为前提,认为人都是自私的,运用这种方式进行研究,划分邻避设施,构建邻避指数,其主观性比较明显,完全依据的是调查问卷统计出来的结果,对邻避设施的分类以及指数构建是完全建立在居民的心理调查之上的,倘若被调查者没有在问卷中真是反应自身的真实意愿和感受,问卷的真实性和科学性就有待考证,因此划分出来的结果就会相对缺乏科学的数据支撑,从而缺乏准确性。按照邻避设施的规模和等级的维度角度,是从公共管理学的视角,根据邻避设施所覆盖与服务的范围来进行划分,有的邻避设施为整个城市服务,有的只为某个街道或者小片区域的居民服务,虽然逻辑性较强,但是邻避效应不仅仅是由规模和等级影响的,而且规模和等级的评定也需要有科学的依据。从危害和风险来源的维度出发,是基于空间地理的角度出发,从地理空间以及危害源本身的特点角度进行的划分,这种划分依据也是从邻避设施本身的属性进行的分类,其划分的依

据主要也是从居民的心理，以及邻避设施本身的属性，其划分也没有明确的数据分析作为支撑，同时相近的还有从环境污染程度的角度出发，立足环境科学的角度，用污染程度对其进行划分。按照预期损失高低与不确定性程度高低的组合维度，将邻避设施进行划分，考虑了预期损失和不确定性程度两个方面，双向结合，对邻避设施进行划分，构建邻避指数，结合了损失程度和发生风险的概率，从逻辑上来看显得更为严谨。本文从应用经济学角度出发，基于资产评估的视角，以调查的房价数据为支撑，通过计算比较，得出邻避指数。

（2）从划分结果补偿程度来看，按照用途划分，针对不同的用途的邻避设施，给予不同的邻避补偿，如垃圾场附近的给予相应的及时处理垃圾以及一定的物质补偿；低收入居民房附近的给予一定的精神补偿，如建造一些高档的娱乐休闲场所等。按照居民内心的反感度的维度对邻避设施进行划分，可以根据划分出来的邻避指数已经邻避设施的分类，对不同程度的邻避指数，对周边居民进行不同程度的补偿。按照邻避设施的规模和等级的维度进行划分，可以根据邻避设施的不同等级以及规模，对周边居民进行补偿，覆盖面小的邻避设施的补偿范围就小，覆盖面广的邻避设施补偿范围就相对会高一些，但是在考虑补偿范围的同时也要考虑到邻避设施对居民的伤害程度。按照危害与风险来源进行划分，或者说按照环境污染程度进行划分的，可以根据邻避设施对环境的污染程度对周边居民进行损失赔偿，可以定期对环境进行维护，给周边居民一定的经济和精神补偿。按照预期损失高低与不确定性程度高低的组合维度划分，对居民进行赔偿时，这就需要对邻避本身的损失程度还有不确定性程度进行综合分析，针对不同的情形来对周边居民进行补偿。本文基于资产损失评估的角度对邻避设施进行划分，有明确的邻避指数作为参考与指导，在进行补偿时，可以根据邻避指数的大小对周边居民进行不同程度的补偿。通常情况下，邻避指数越高的，相应的补偿种类会多一些，补偿程度也会高一点。

二、基于资产损失评估的邻避指数构建

我们应用双重差分模型可以得到某一小区房地产因为邻避设施导致的经济性损失，再通过年金折现模型可以得到邻避设施对处理组影响的净效应，从而得到房地产的经济性贬值。本节在第一节内容基础上，用这两个模型得出来的最终的经济性贬值是具体的房价终值，将不同邻避设施导致的经济性贬值额进行比较，将其转化在一个参照系中进行对比，从而构建指数。假设每种邻避类型的邻避指数为 E_{Ni}，每种邻避设施的样本所计算出来的经济性贬值额为 N_{ij}，其中：$i=1,2,3,4,\cdots,m$，$j=1,2,3,4,\cdots,m$，可以构建模型：

$$E_{Ni} = 100 \times \frac{\left(\sum_{j=1}^{m} N_{ij}\right)/j}{\left(\sum_{j=1}^{m} \max N_{ij}\right)/j} \tag{4-6}$$

本文从资产评估的角度,基于邻避设施引起房地产价值变动的维度,通过大量的数据搜集与计算,将邻避指数进行分类,构建邻避指数。

(1) 从资产损失评估角度构建邻避指数的理论依据来看,邻避指数建立在房地产价格变动的基础上,具有其科学性。房地产作为不动产,同时也作为商品,不仅具有使用价值,也具有价值。环境因素影响房地产价值,良好的环境可以使房地产价值增加,消极的环境导致房地产价值降低,良好的居住环境是保障住房价值的前提,环境污染给居民造成伤害,也使得他们的房屋产生贬值,如邻避设施对房地产价值的负面影响。通过受环境影响的房地产价格参照对象在可比的不同时期的价格变动的差额变动的影响,运用房地产评估的市场法的原理,通过比较市场上具有参照意义的对象,对房地产价值进行评估,可见,从资产评估的角度,基于房地产价值的变动构建出来的邻避指数具有其科学性和理论支撑。

(2) 从其数据资产损失评估角度构建邻避指数的科学性来看,本文通过搜集南京市各区的近三年的目标房地产的价格,运用双重差分模型的方法进行计算。因为以通过具体数据的调查为研究的依据,进行邻避指数的构建,相对之前学者的理论研究进行的分类,有具体的数据作为支撑,这样以事实为依据,使得研究的准确性更高,可信度更强,使得结论更加有说服力。

三、研究对象及范围

在样本数据收集前,首先确定研究的范围,根据文献和以往学者研究,本文以距离邻避设施 2.5 km 直线距离范围内的住宅小区样本作为研究对象。在对双重差分模型实验组样本选择时,为了避免单个数据的影响,选择了以住宅小区作为样本单位,这样可以排除个别影响因素对样本的影响,同时小区的资料较为准确完善,有利于提高样本质量。经过实地调研、官方统计数据和专业中介机构统计数据,共采集 102 个住宅小区作为样本。本文选取了 2013 年至 2016 年三年各季度的网上挂牌的价格,这样短期时间节点的选取可以有效避免不同时期经济、政策、税收等因素对房价造成影响,因这些因素对房地产价格影响较为明显,而这些因素的影响较难量化,通过同一节点选取数据,有效避免了这些因素的影响。

本论文的住房价格主要通过两种方法获得,一是通过网络报价收集,如安居客、365地产家居网、禧泰数据库等网上报价;二是对在售住宅包括新房及二手房进行实地询价:对于在售新房,到相应的售楼处进行询价,对于二手房则通过电话咨询二手房买卖代理中介进行收集。楼盘的其他信息,主要从以下几个方面获得:公众环境研究中心,本文通过公众环境研究中心所公布的信息,首先锁定处在南京市邻避设施周围的住宅,其次再通过一系列的网站询价及实地查询,获得房产信息资料;百度地图及365地产家居网,本文在公众环境研究中心确定的邻避设施地理位置的情况下,利用百度地图及365地产家居网寻找分布在其周围2.5 km左右的小区作为文章的研究对象。同时通过实地考察以及一系列的网络询价,确定参照组。

四、模型计算

本文根据南京市的具体情况,选择折中方法,即选取若干组满足对照条件的房地产作为"虚拟对照组",这样不仅克服了选择整个城市的房地产均价作为计量标准的缺点,也克服了选择某一个不受邻避影响的房地产作为计量标准计算结果波动大的缺点。本文将在南京11个辖区中各选择一个不受邻避影响的小区在2013年9月—2016年6月的房地产均价作为参照组,进而计算出各个小区双重差分均值以及经济性贬值补偿额(见表4-4)。

表4-4　每种邻避设施的双重差分表和损失金额表

类　别	小　区	建筑年代	剩余年限	双重差分均值	损失金额(元)
城东污水处理厂(秦淮)	银龙花园	2006	61	-384	5 397
	银龙雅苑	2000	55	-382	5 325
	万达江南明珠	2008	63	-308	4 338
	紫杨佳园	2013	68	-694	9 815
	金龙花园	2001	56	-505	7 051
	康居园	1996	51	-549	7 594
	银龙鑫苑	2011	66	-730	10 309
	万达紫金明珠	2006	61	-366	5 144
	万达新村	2000	55	-740	10 316

类　别	小　区	建筑年代	剩余年限	双重差分均值	损失金额（元）
江宁水务集团开发区污水处理厂（江宁）	滨湖世纪花园	2004	59	−113	1 584
	水月秦淮	2009	64	−211	2 975
	左邻右里	2010	65	−26	367
	石马新寓	1998	53	−571	7 931
	三钢生活区	1996	51	−491	6 792
	左岸名苑	2005	60	−219	3 075
	碧水湾西园	2002	57	−167	2 335
	南方花园	2003	58	−452	6 330
仙林碧水源污水处理厂（栖霞）	栖化新村	1989	44	−515	6 982
	南炼三村	1986	41	−582	7 795
	五福家园	2006	61	−439	6 170
尧舜燃气安怀村供应站（鼓楼）	汽轮七村	1992	47	−552	7 558
	安怀村	1990	45	−651	8 857
	北崮戎苑	2010	65	−280	3 951
	金宁新村	1990	45	−155	2 109
	尊园小区	2007	62	−298	4 193
	九珑天誉	2013	68	−583	8 245
南京蓝天液化公司宁马燃气供应站（雨花）	七彩星城	2009	64	−355	5 005
	青山竹苑	2002	57	−676	9 453
	明豪花园	2006	61	−774	10 879
	龙凤园	2002	57	−627	8 768
	东升园	2009	64	−745	10 503
南京紫润化工科技有限公司（栖霞）	芝嘉花园	2007	62	−416	5 853
	悦民公寓	2001	56	−478	6 674
	和谐家园	2000	55	−542	7 555
	银河湾紫苑	2007	62	−291	4 094
	上林苑	2010	65	−279	3 937
	麒麟苑	2000	55	−621	8 657

续　表

类　别	小　区	建筑年代	剩余年限	双重差分均值	损失金额（元）
南京钢铁有限公司(六合)	湖滨新寓	2001	56	−628	8 768
	卸甲山庄	2005	60	−537	7 539
	宋家庄	2002	57	−606	8 474
	海棠花园	1980	35	−608	7 872
	草芳新苑	2003	58	−483	6 764
	杨庄西村	1989	44	−671	9 097
金桐精细化学有限公司(栖霞)	珑璟庭	2012	67	−143	2 021
	旭日雅筑	2011	66	−51	720
	青田雅居	2007	62	−186	2 617
	乐居雅花园	2011	66	−408	5 762
	银辰新苑	2013	68	−356	5 035
	东城世家	2010	65	−189	2 667
国家电网国网定山110 kV 变电站(浦口)	恒辉翡翠城	2011	66	−41	579
	丽都雅苑	2005	60	−168	2 359
	红公馆	2008	63	−76	1 070
	泰鼎家园	2009	64	−332	4 680
	山水云房	2009	64	−32	451
武定变电站(秦淮)	枫秦居	2003	58	−371	5 195
	双桥门	1998	53	−501	6 959
	转龙车小区	1996	51	−113	1 563
	蔚蓝星座	2007	62	−140	1 970
	仁厚里小区	1996	51	−453	6 266
	秦淮花园	1992	47	−446	6 106
伍佰村垃圾中转站(鼓楼)	伍佰村路小区	1988	43	−619	8 361
	格林东苑	2001	56	−856	11 952
	黄方村小区	1992	47	−395	5 408
	云谷山庄	2011	66	−71	1 003
	盛世花园	2006	61	−500	7 028

类　别	小　区	建筑年代	剩余年限	双重差分均值	损失金额（元）
烈士园林区（雨花）	养回红村	1996	51	-366	5 063
	开源小区	2001	56	-552	7 707
	晨光巷	1985	40	-477	6 359
	居易时代	2006	61	-491	6 901
	金墙花苑	1998	53	-554	7 695
	普德花园	2000	55	-353	4 921
龙王山公墓（浦口）	盘龙山庄	2009	64	-439	6 189
	盘金华府	2007	62	-259	3 644
	盘锦花园	2006	61	-486	6 831
	南钢六村	1986	41	-582	7 795
隐龙山公墓（江宁）	江南青年城	2005	60	-380	5 335
	香榭岛	2009	64	-430	6 062
南京女子监狱（雨花）	凤翔新城	2006	61	-526	7 393
	凤翔新城2期	2000	55	-554	7 723
	凤翔花园	2000	55	-673	9 382
江宁监狱（江宁）	东郊小镇	2013	68	-599	8 471
南京殡仪馆（雨花）	西善花苑	2009	64	-700	9 868
	兴梅雅苑	2008	63	-829	11 676
江宁殡仪馆（江宁）	康馨公寓	2007	62	-454	6 388
	康居园	1996	51	-589	8 147
南京华茂公司孝陵卫屠宰场（玄武）	晏公庙西村	2009	64	-380	5 357
	双拜巷1号	1988	43	-642	8 671
	佳诚花园	2009	64	-499	7 035
南京空军机关精神病医院（玄武）	演武新村	1995	50	-199	2 746
	百仕园	2005	60	-351	4 928
	红旗新村	1999	54	-413	5 747

注：剩余年限＝70-（2015-建筑年代）。

四、邻避指数确定

若要将不同邻避设施导致的经济性贬值额进行比较,需要将以上计算出来的最终的经济性贬值转化在一个参照系中进行对比,从而构建指数(见表4-5)。

表 4-5　邻避指数表

设施类别	损失赔偿额均值(元)	邻避指数
污水处理厂	6 053	67
煤气供应厂	7 370	82
化工厂	5 784	64
变电站	3 252	36
垃圾处理厂	6 750	75
公墓	6 085	67
监狱	8 318	92
殡仪馆	9 020	100
屠宰场	7 021	78
精神病院	4 474	50

第四节　本章小结

随着居民环境和公众维权意识的提高,邻避冲突会逐步从感性的情绪表达过渡到理性的利益诉求。本文选择房地产作为度量邻避设施导致的资产损失的媒介,基于双重差分模型构建了邻避设施导致的资产损失评估评估方法。以南京市为例,选择55个有效住宅社区1 980个样本作为处理组,选择25个商圈住宅社区900个样本作为对照组,研究了化工厂、污水处理厂、公墓和监狱四种典型邻避设施对周边资产价格的影响。研究发现:不同邻避设施对周边资产影响不同;化工厂、监狱、公墓和污水处理厂的影响程度依次为302、284、194和180;区域繁华因素等可以消除邻避设施的部分影响;邻避设施周边资产的市场表现仅满足"上涨时涨得少"而不满足"下跌时跌得多"的特点。

进一步,通过双重差分模型,测算不同邻避设施引起周边房地产价值损失额,进而通过年金现值模型算出邻避设施导致的房地产的净贬值额,并且通过这个净损失额来构建邻避指数。以南京市为例,选择 91 个住宅小区样本,共 1 092 个数据作为处理组,在南京市 11 个辖区各选择一个不受邻避影响的住宅小区的房价均值作为参照组,同时考虑了邻避设施所在县区的人口和地区生产总值的因素,研究了南京市不同邻避设施对周边社区房价的影响,构建邻避指数。研究发现不同邻避设施对房屋价值影响不同,殡仪馆对房价的影响最为明显,影响最小的是变电站。

本章参考文献

[1] Boes S, Nüesch S, Wüthrich K. Hedonic valuation of the perceived risks of nuclear power plants[J]. Economics Letters, 2015, 133:109 - 111.

[2] 陈佛保,郝前进.环境市政设施的邻避效应研究:基于上海垃圾中转站的实证分析[J].城市规划,2013,37(8):72 - 77.

[3] 刘小峰.城市居民对邻避设施的风险认知与补偿意愿:基于金陵石化工业区周边居民调查数据的分析[J].城市问题,2015,(9):99 - 103.

[4] 王鲲鹏,於方,张衍燊.浅议突发环境事件直接经济损失评估工作方法[J].中国环境管理,2017,9(3):66 - 68.

[5] 王浩,胡庆年,林星.铅污染事故生态环境损失评估——以台州铅蓄电池企业为例[J].中国环境管理,2013,5(2):30 - 35.

[6] Eshragh F, Pooyandeh M, Marceau D J. Automated negotiation in environmental resource management:Review and assessment[J]. Journal of Environmental Management, 2015, 162:148 - 157.

[7] Mitchell R C, Carson R T. Using Surveys to Value Public Goods:the Contingent Valuation Method[M]. Routledge, 2013.

[8] 全世文.基于选择实验方法的北京市空气质量价值评估[J].中国人口·资源与环境,2017,27(9):46 - 55.

[9] 邓国营,徐舒,赵绍阳.环境治理的经济价值:基于 CIC 方法的测度[J].世界经济,2012,(9):143 - 160.

[10] 焦张义.房价,生态环境质量与最优城市规模[J].南方经济,2012,30:63 - 73.

[11] Mínguez R, Montero J M, Fernández-Avilés G. Measuring the Impact of Pollution on Property Prices in Madrid:Objective versus Subjective Pollution Indicators in Spatial Models[J]. Journal of Geographical Systems, 2013, 15(2):169 - 191.

[12] Deschacht N, Goeman K. The Effect of Blended Learning on Course Persistence and Performance of Adult Learners:A Difference-in-Differences Analysis[J]. Computers & Education, 2015, 87:83 - 89.

[13] Chay K Y, Greenstone M. Does Air Quality Matter? Evidence from the Housing

Market[R]. National Bureau of Economic Research, 1998.

[14] 陶鹏,童星.邻避型群体性事件及其治理[J].南京社会科学,2010,(8):63 - 68.

[15] 牟宇峰,孙伟,吴加伟.南京商业中心演化与布局研究[J].世界地理研究,2014, 23(2):112 - 122.

[16] Clark D E, Michelbrink L, Allison T, et al. Nuclear Power Plants and Residential Housing Prices[J]. Growth & Change, 2010, 28(4):496 - 519.

[17] 苏亚艺,朱道林,郑育忠,等.轨道交通对城郊之间房价梯度影响研究——以北京西南部为例[J].资源科学,2015,37(1):125 - 132.

第五章 邻避风险与工程项目选址决策

邻避工程项目的选址,不仅对建设项目本身的成败起着决定性的作用,而且对区域布局结构和发展将产生深远的影响。一个选址合理的建设项目可以对区域长远的发展起到促进作用,同样,一个选址失败的建设项目也会阻碍区域的长远发展。在建设项目可行性研究阶段,通过对建设项目选址的宏观管理,一方面,可将各项建设的安排纳入城乡规划的轨道,使单个建设项目的安排也能从城市的全局和长远的利益出发,经济、合理地使用土地;另一方面,可通过政府宏观管理,调整不合理的用地布局,改善城乡环境质量,为城乡经济运行和社会活动及人民生产、生活提供理想的空间环境。对规划选址做出严格的法律规定,有利于增强政府宏观调控能力,保证各项建设有计划、按规划进行,最终取得良好的经济效益、社会效益和环境效益。

本章核心关注以下几个问题:① 邻避设施应该建在何处较好? 是建在人口密集区还是在人口稀疏区,是建在中心区域还是郊区,邻避设施的选择变化会不会导致社区结构与功能的变化;② 该采取怎样的环境补偿方法? 是按影响区域的人口补偿还是按照资产贬值情况补偿,补偿方案对不同人群的影响是否一样,公平性如何;③ 邻避设施的差异性对不同方案的实施效果有怎样的影响? 邻避设施的类型是否会影响选择与补偿方案。主要思路为:首先根据人口分布情况构建不同的计算实验情景,然后分析社区在两种常见的环境补偿方案(按人口补偿和按资产贬值情况补偿)在不同情景下的演变规则,接着基于多主体建模方法产生系统内的相关参与主体,通过参与主体的交互作用,自下而上地"主动"产生系统的各种行为和现象,实现可控制可复现的可计算实验(盛昭瀚和张维,2011),模拟系统各成员的相互作用及其整体现象,抽取和分析我们感兴趣的参数变化,分析两种补偿方案在不同情景下对邻避设施运营及居民行为的影响,并根据变化规律得到积极的管理启示。

第一节　邻避工程项目的困境分析

一、选址要求

依据《中华人民共和国城乡规划法（2019修正）》第三十六条规定："按照国家规定需要有关部门批准或者核准的建设项目，以划拨方式提供国有土地使用权的，建设单位在报送有关部门批准或者核准前，应当向城乡规划主管部门申请核发选址意见书。"其中，按照国家规定需要有关部门批准或者核准的建设项目是指列入《国务院投资体制改革的决定》之中的项目。另外，《国务院办公厅关于加强和规范新开工项目管理的通知》中强调要依法加强和规范新开工项目管理，严格规范了投资项目新开工条件，表明在建设项目可行性研究阶段，国家对建设项目选址的宏观管理主要是通过计划管理、规划管理、土地管理和环境管理来实现的。其中，规划管理主要体现为建设项目的规划选址审批制度。对未取得规划选址审批文件的项目，发改委等部门不得予以审批或核准。

对于重大建设项目，大多具有区域性影响，属于国家规定需要有关部门批准或者核准的，一般多以划拨方式提供国有土地使用权。省级城乡规划主管部门对建设项目的选址管理，为各省（自治区）有效实施省域城镇体系规划提供了重要的保证手段。各省（自治区）建设厅要按照《城乡规划法》的要求，进一步细化区域重大建设项目和跨城市行政区建设项目的选址程序，规范政府行为，将省级规划选址纳入制度化、法制化轨道。

建设项目选址意见书适用于按国家规定需要有关部门进行批准或核准或者通过划拨方式取得土地使用权的建设项目；其他建设项目则不需要申请选址意见书。选址意见书作为法定审批项目和划拨土地的前置条件，省、市、县人民政府城乡规划主管部门收到申请后，应根据有关法律法规规章和依法制定的城乡规划，在法定的时间内对其申请做出答复。对于符合城乡规划的选址，应当颁发建设项目选址意见书；对于不符合城乡规划的选址，应当说明理由，给予书面答复。对于跨行政区域的建设项目可以向上级城乡规划主管部门申请办理选址意见书，国家级的重大建设项目可向省级城乡规划主管部门申请办理选址意见书。

二、选址困境

对于邻避工程项目,人们普遍的意见是需要建但不是建在自家后院,因此就有不知道建在何处的困境。在早期决策程序中决策者常将邻避设施建设在贫民区,虽容易成功但不公平(Sidney & Shaw,2005;Kasperson,2005)。一些学者也试图在原有决策模型基础上,考虑公平性对模型进行调整,如张向和与彭绪亚(2010)基于邻避效应从垃圾处理的产业化与市场化视角出发,借用Hotelling线性城市模型和Bertrand博弈模型分析了垃圾处理场的选址与定价决策问题;Saka(2012)考虑公平性、鲁棒性以及废弃物运输等因素,基于数学模型探讨了区域邻避设施的最优化选址问题,求得假设目标下的最优解。当邻避设施在某地建成之后,便面临该区域环境补偿问题,如果补偿得当可促进区域和谐与可持续发展;若补偿不当,可能引发邻避冲突或居民无奈迁移。为此,不少学者与精英提出了各种积极的环境补偿主张,其中,最具有代表性的美国智库卡图研究院构建的反向抬价拍卖模型,提出补偿方案需要符合三个原则,第一是补偿原则,对于邻避设施由政府支付津贴作为补偿,用于提升当地社区的公益、环保、福利设施和服务;第二是多点原则,即邻避设施应具有多个选择点;第三是拍卖原则,就是将该项目加上津贴款项,在多个选定的地点中拍卖(Goklany,1999)。当然,经济补偿也未必能完全解决邻避难题,如Frey等(1996)通过对瑞士放射性废料处置设施的邻避行为发现,在一定区间内,居民支持度并不会因为补偿金的提高而上升,但当提高到某一更高的金额后支持度会大幅提升;Lesbirel(2003)发现各国居民对于以补偿金换取邻避设施支持的反应不尽相同,居民对设施的认知风险程度与补偿交换风险的意愿相关,风险认知程度越高的设施,补偿方式越重要;周丽旋等(2012)基于件价值评估法(CVM)对广州番禺生活垃圾焚烧设施选址问题的邻避行为进行研究,通过1 517份问卷对其选址受偿意愿调查研究进行研究发现垃圾焚烧设施强烈的"邻避效应"非单纯经济补偿政策可以解决。

尽管环境补偿是解决邻避冲突的有效方法,但由于邻避问题的复杂性,环境补偿未必都能奏效。已有研究多从问卷调查或数理模型的角度分析环境补偿的额度以及公平性问题等,受限于访问者以及情景的差异,结论不尽相同,较难针对不同方案不同情景的动态情况做出判断。而在现实中,问题的复杂性与相关主体行为的动态性更为明显,邻避设施运营商、社区居民都是具有自主决策能力的主体,会根据环境和其他主体行为的变化而相应地调整自己的行为。为此,本研究基于行为与复杂性视角,从资产的经济性贬值入手度量邻避设施对居民的影响,基于计算实验方法构建居民对待邻避设施的行为模型,刻画区域居民与运营商在不同情景下的演化状态。

第二节　邻避工程项目的选址模型

一、研究假设与现实依据

本研究的系统主体主要包括邻避设施运营商和区域居民。其中,邻避设施为该区域居民的必需品,如垃圾处理站、污水处理厂、基站等,地理位置设定在"一个特定的实验区域"里,邻避设施运营商根据设施经营情况、社区人口变化、政府补贴等因素综合确定环境补偿额度。居民是经济理性的,会根据环境补偿情况和资产损失情况自由迁移直到均衡,区域内人口数量在期间保持稳定,人口流入和流出保持在一定稳定的水平。系统主体之间交互是由简单的规则驱动的,这些交互可以引起社区的非线性动态变化,最终导致系统演化。

区域内有 n 个相似地理位置形状的社区,邻避设施导致的负面影响仅限在该设施所在的社区,社区居民对设施有邻避心态,希望得到一定的补偿,否则在自适应框架下自由迁移到别的社区。区域内居民对设施的需求量保持相对稳定,邻避设施的运营期为 T,年收入(包括营业收入和政府补贴等)为一个常量 F,其成本包含两个部分,一部分为固定的成本支出为 C_1,另一部分为变动的成本支出 C_2,如垃圾处理站的垃圾收集成本、污水处理厂的污水收集成本、基站在人口密集区增加信号强度等,C_2 与邻避设施位置以及人口分布有关,函数关系为:

$$C_2 = U_1 \cdot C_{21} + U_2 \cdot C_{22} + U_3 \cdot C_{32} \qquad (5-1)$$

式中,U_1——邻避设施所在社区的人数;

C_{21}——该社区享受服务的单位成本;

U_2——邻避设施相邻社区的人数;

C_{22}——这些社区享受服务的单位成本;

U_3——其他社区的人数;

C_{23}——这些社区享受服务的单位成本。

假设区域内房价在研究期间保持相对稳定,设为 P,有邻避设施的社区房屋将存在经济性贬值,设经济性贬值率为 ρ。社区 $i(i=1,2,\cdots,n)$ 内有 m_i 个家庭,第 $j(j=1,2,\cdots,m_i)$ 个家庭有 ω_j 个人口,人均房屋面积为 S_j,根据多次人口普查数据,我国家庭规模呈现"中间大,两头小"的特征,而且一口之家和两口之家的比重加大,故本研究认为社区家庭规模服从参数为 λ 的泊松分布,即 $\omega_j \sim \mathrm{Poisson}(\lambda)$,在本研究中 λ 为社区家庭的平均规模;人均房屋居住面积呈现"中间大,两头小"的特征,且数值并非均为整数,故本研究假定其服从参数 μ 和 σ^2 为正态分布,即 $S_j \sim N(\mu,\sigma^2)$,在本研究中 μ 为社区人口的平均居住面积,σ^2 为其波动情况。邻避设施对社区的负面影响可以预知,而且这种负面影响最终可以体现在房屋资产价值的损耗(即房屋的经济性贬值)以及迁徙成本上,即在不考虑地区依附的情况下,社区居民可以通过自由迁徙(在区域的其他社区找一个类似的房产进行置换)来规避这种负面影响。对于社区家庭 j,在无邻避设施时房屋单价为 $P \cdot S_j$,自由迁徙过程中因房屋置换导致的税费比例为 b,则邻避设施对该家庭的负面影响值为 $P \cdot S_j \cdot (\rho+b)$。

在本研究中,用经济性贬值来度量由于环境污染导致的资产价值损失。经济性贬值,也称为外部损失,是资产评估中的核心概念,是指资产本身的外部影响造成的价值损失。主要表现为使用过程中的资产利用率或效能下降,甚至闲置,并由此引起资产价值的减少。环境污染是造成资产经济性贬值的重要原因,在评估机器设备、房地产等资产时需要特别关注,如由于环境污染问题日益严重,国家对机器的环保要求越来越高,对落后的、高能耗的机电产品实施强制淘汰政策,从而缩短了设备的正常使用寿命,这种经济性贬值在以前高排放的汽车评估中体现较为明显。在邻避问题上,由于邻避设施的存在,周边房屋的价格明显不如其他区域,受到明显的影响,就是典型的房屋经济性贬值。例如,广州番禺居民对垃圾焚烧项目事件中,反对者中不仅担心环境污染,也担心楼价的下降导致资产的贬值,有媒体是这样报道该事件:面对楼价应声而跌特别是可能遭受的严重侵害,周边的百万居民尤其是华南板块的 30 万白领如梦初醒,迅速展开一系列的维权行动,对垃圾焚烧项目坚决说不。套用《北京欢迎你》曲调、歌词充满愤怒和悲哀的《番禺欢迎你》一夜之间流行各大业主论坛:"……我家烟囱常打开,开放怀抱等你;呼吸过就有了毒瘾,你会爱上这里……我家对着垃圾厂,开放每段传奇;为传统的土壤播毒,为你留下病引……"

二、邻避工程项目选址模型

计算实验方法主要通过情景分析与建模把抽象的现实问题情景"搬到"计算机系统中并进行可控、可重复的计算机实验,从而揭示社会现象的内在联系及其演化规律,获取宏观层次的系统整体涌现,分析未来情景的演化趋势,并形成一定的科学预测和决策。本部分内容主要在上述问题描述的基础上将现实问题情景进行结构化处理形成可计算的实验模型。

(一)计算实验情景构建

对于区域性的环境问题,如果想找一条解决的路径,预测和提炼不同情景下"将会怎样"的能力变得非常重要(Schellnhuber,1999)。本研究假定社区数 $n=9$,根据区域人口分布和邻避设施地理位置的差异,构建四种初始的计算实验情景(见图 5-1)。

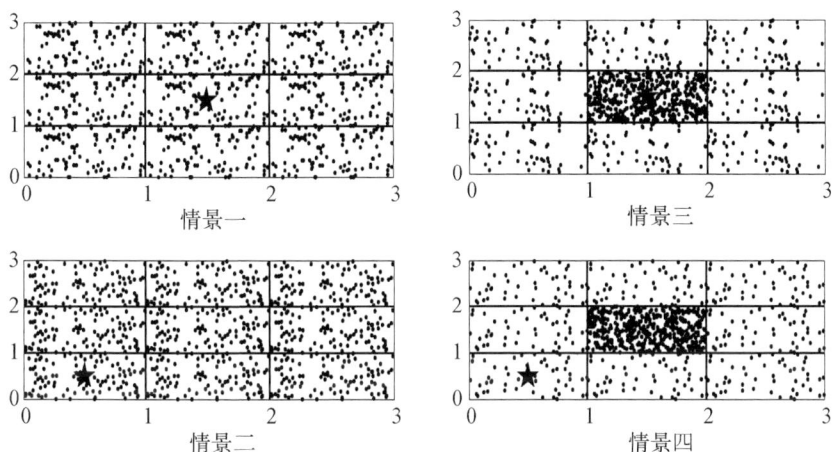

图 5-1　计算实验情景

情景一:区域人口均匀分布在地图上,各社区人口数量均为 N_0,邻避设施设置在最中心区域;

情景二:区域人口均匀分布在地图上,各社区人口数量均为 N_0,邻避设施设置在区域的角落;

情景三:区域人口在地图上的分布并不均匀,中心区域人口明显多于其他区域,中心社区人口数量为 $k_1 N_0$,非中心区域的人口数量均为 $k_2 N_0$,在本研究设定 $k_1=5$,$k_2=0.5$,邻避设施设置在区域的中心位置;

情景四:区域人口在地图上的分布并不均匀,中心区域人口明显多于其他区域,中心社区人口数量为 $k_1 N_0$,非中心区域的人口数量均为 $k_2 N_0$,在本研究设定 $k_1=5$,$k_2=0.5$,邻避设施设置在区域的角落位置。

(二)主体规则设置

1. 邻避设施环境补偿方式

环境补偿作为社会公平的一种重要体现,在建立环境补偿机制时一般需要遵循以下原则:① 谁利用谁补偿,谁受害谁受到补偿;② 有利于促进相关设施的顺利建设与正常运营。在本研究中,由于邻避设施具有准公益性,受益者可以认为是整个社区的居民,亦可以认为是邻避设施的运营商,但受害者只有邻避设施所在社区的居民。本研究假定邻避设施在正常运营条件下是有盈余的(不盈利情况下可申请政府补助,使得补偿可以得以进行),即 $F > C_1 + C_2$,支付方为设施运营商,补偿款来自设施运营(区域人口支付环境成本),如果不足,部分由政府补贴(来自税收);支付对象为受损的社区居民,根据补偿方案的对象略有差异,详见下文表述。其中,补偿总额为盈余的某个比例数 θ,即 $\theta \cdot (F - C_1 - C_2)$ 用于支付环境补偿,满足总的补偿额不大于社区居民的总资产损失,即 $\theta \cdot (F - C_1 - C_2) \leqslant \sum_{S_i \in K} \mu \cdot S_i \cdot (\rho + b)$,同时邻避设施运营商在保证运营的前提下,尽量使得补偿额接近居民的损失额度。

这里,主要研究常见的两种补偿类型,即按人口补偿和按房屋面积补偿。现实中还有按照邻避设施的运营量来补偿的,但本研究假定邻避设施的需求量是相对稳定的,故在补偿标准中得以体现。假定邻避设施在第 k 社区,则其补偿标准分别为:

第一种:按人口补偿,家庭 $j(j = 1, 2, \cdots, m_k)$ 的补偿额度:

$$d = \omega_j \cdot \theta \cdot (F - C_1 - C_2) \div N_0 \qquad (5 - 2)$$

需要说明的是,这种补偿方案包含一些公共福利形式,如邻避设施为体育馆的话,可以让该社区的居民免费或减免费用使用等。

第二种:按房屋面积补偿,家庭 $j(j = 1, 2, \cdots, m_k)$ 的补偿额度为:

$$d = S_j \cdot \theta \cdot (F - C_1 - C_2) \div \sum_{i=1}^{m_k} S_i \qquad (5 - 3)$$

此外,考虑到一次性补偿对于邻避设施运营商的资金压力过大,而目前大多邻避设施运营盈利水平不高(刘小峰等,2011),本研究认为邻避设施运营商对于社区的补偿是一种持续性补偿,即在运营期内(运营期为 T)持续补偿。社区每个家庭会根据邻避设施运营商对补偿额度的改变在每期做出新的评估,在按人口补偿方案下,家庭 j 在起初的期望补偿额度为:

$$E(d) = T \cdot \omega_j \cdot \theta \cdot (F - C_1 - C_2) \div N_0 \qquad (5 - 4)$$

在按房屋面积补偿下,家庭 j 在起初的期望补偿额度为:

$$E(d) = T \cdot S_j \cdot \theta \cdot (F - C_1 - C_2) \div \sum_{i=1}^{m_k} S_i \qquad (5 - 5)$$

2. 居民迁移规则

假定居民并不具有地区依附性,会根据家庭资产的损失和补偿情况以及邻居的行为表现做出自适应的决策,决策规则为:如果 $\mu \cdot S_i \cdot (\rho + b) \leqslant d \cdot (P/A, r, N)$,则不搬迁,式中 r 为适当的折现率,可用 5 年以上的国债收益率替代,$(P/A, r, N)$ 为年金现值系数,值为 $\dfrac{1}{r}\left[1 - \dfrac{1}{(1+r)^N}\right]$;如果 $\mu \cdot S_i \cdot (\rho + b) > d \cdot (P/A, r, N)$,则该家庭综合考虑损失和社区其他居民行为,以一定的概率 φ 迁徙到邻近的社区,其值为:

$$\varphi = \left[1 - \frac{d \cdot (P/A, r, N)}{\mu \cdot S_i \cdot (\rho + b)}\right] \frac{Q_{t-1}}{Q_t} \qquad (5-6)$$

其中,$0 < \varphi < 1$,Q_t 当期社区人口数,Q_{t-1} 上期社区人口数。

3. 变量设置与参数初始化

为从宏观层面探寻邻避设施及其补偿方案对社区的影响,我们定义了一些全局变量作为系统研究的观察变量,主要有社区人口数量、邻避设施运营成本、邻避效应(可刻画邻避设施导致的社区内房屋的经济性贬值情况)、社区实际人均居住面积等。在计算实验中,可以观察变量与变量之间的关系以刻画系统主体与系统行为之间的规律。

除了上述描述过程中的部分参数外,其他初始参数取值主要有社区初始人口数量 $N_0 = 10\,000$,根据第六次人口普查,我国平均每个家庭户的人口约为 3 人,本研究中社区家庭的平均规模设定为 $\lambda = 3$,根据 2011 年社会调查数据,我国城镇人均住房建筑面积为 31.6 平方米,本研究中社区人口的平均居住面积选择为 $\mu = 30$,波动情况 $\sigma = 15$,房屋初始价格 $P = 3\,000$,社区房屋因邻避设施导致的经济性贬值率初始值 $\rho = 5\%$,自由迁徙过程中因房屋置换导致的税费初始比例 $b = 5\%$,运营商年收入 $F = 540\,000$,固定的成本支出 $C_1 = 40\,000$,变动成本 $C_{21} = 1$,$C_{22} = 3$,$C_{23} = 5$,用于环境补偿的盈利赔偿比例 θ 初始值为 80%,根据公共设施在现实中的常见承包运营周期,本研究选择运营期 $T = 30$,根据最新国债一年期到期收益率,本研究选择折现率为 $r = 3.4\%$。

第三节　结果分析

本研究基于计算实验思想与方法实现系统内邻避设施的运营情况与社区

人口变化,首先构建四种不同的实验情景,然后在情景下描述邻避设施运营商和社区居民的决策依据与过程,最后在 MATLAB 2009R 软件平台下运行该实验,根据多次运行程序得到如下结果。需要说明的是,图 5-2 中的运营周期只选取到第 8 周期,因为从 8 周期之后系统各研究变量均维持在一个稳定的状态,图 5-3、图 5-4 均是不同参数状态(邻避效应)在系统到达第 30 个运营周期后的稳定结果。

(1) 补偿方式的差异性:社区人口数量与运营费用上,由图 5-3 可知,两种补偿方式在四种情景下的结果具有相似性,在同一情景下,社区人口与运营费用随运营周期变化不大;但社区人口结构却有明显的差异性,由图 5-4 可知,在四种情景下,补偿方式一(按人口补偿)最终实际人均居住面积都明显低于补偿方式二(按房屋面积补偿),补偿方式二最终(到第 20 个运营周期)社区实际人均居住面积均为 30 m^2,补偿方式随情景有一定的差异,分别为 18 m^2、15 m^2、10 m^2 和 20 m^2。如果人均房屋面积表征一定程度的贫富差距,则说明贫穷的家庭比较在乎补偿金额,按人口补偿方案下,最终留在社区的多为人均居住面积较小的家庭,而在房屋面积补偿方案下,则与初始状态相一致(初始 $\mu = 30\ m^2$)。 这种差异说明:尽管补偿方式一(按人口补偿)看似公平,贫穷家庭得到的补偿总额比在按房屋面积补偿的额度要高,也照顾贫穷群体,但最终却使得继续居住在环境不好的社区,居住环境没有得以改进。而在补偿方案二(按房屋面积补偿)下,看似对贫穷家庭不公平,但最终留在社区的居民却保持了多样性。无论是家庭富裕程度如何,在经济理性的驱动下在行为选择上表现出了倾向的相似性,这种差异是在初始实验设计时未曾想到的,却有着深刻的现实启示意义。

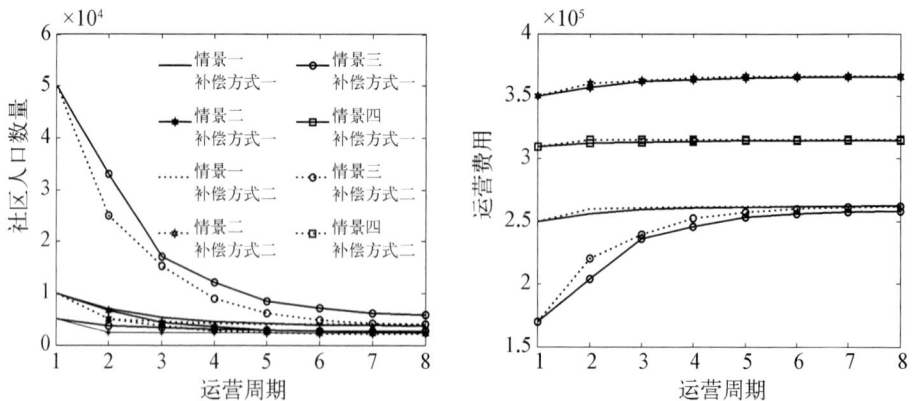

图 5-2 社区人口数量与邻避设施运营费用变化图

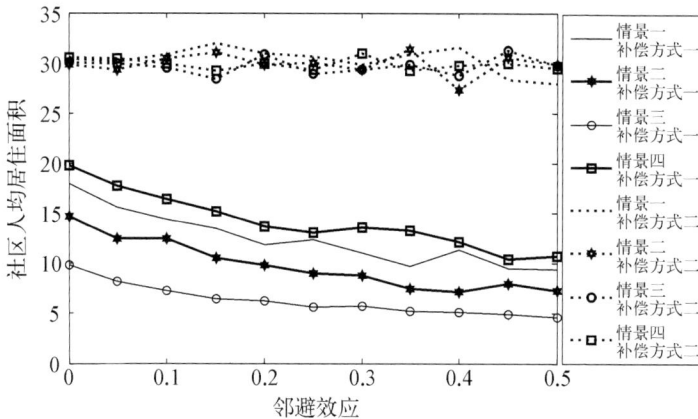

图 5-3 社区最终人均居住面积与邻避效应关系图

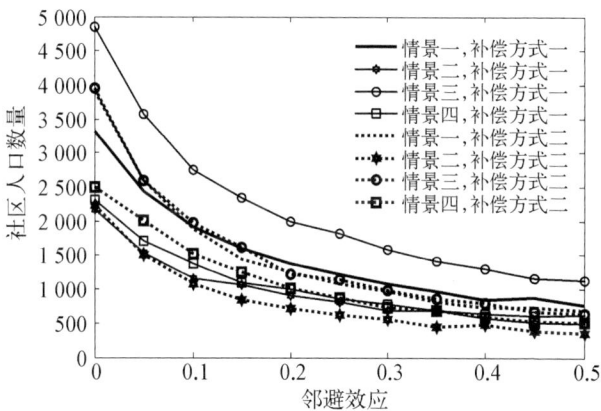

图 5-4 社区最终人口数量与邻避效应关系图

（2）选址的差异性：由图 5-2 可知，如果区域人口相对比较平均，则选择在区域的中心较好，由情景一和情景二比较可知，社区最终实际居住人口相近，但情景一下的运营费用明显比情景二下低，社区获得的补偿也相应更高。但如果区域人口密度不均匀，那么选择在郊区相对较好，由情景三和情景四比较知，社区最终实际居住人口相近，说明在情景三下，由于不满环境现状和补偿方案，居民发生了大批量的搬迁，这无疑会导致大批的房屋空置。这也是目前不少城市的困扰，在工业化过程中，城市中一些原来人口众多的社区慢慢沦为工厂区、污染区、不宜居住区，居民逐渐迁移到城市的其他社区，这些社区也成了热闹繁华都市的另一面。

（3）邻避设施的差异性：设施自身性质常被一些学者（Lee & Ho，1995；

Young,2012)提出来解释为何不同邻避设施有不同的邻避行为。本研究用邻避效应来刻画邻避设施的差异性,邻避效应系数越大,表示居民对邻避设施的反对行为越明显,导致社区房屋的经济性贬值越大。由图5-3可知,在补偿方式一(按人口补偿)下,社区实际平均居住面积随邻避效应变大而变小,说明邻避效应越大,越多房屋面积大的家庭逃离受影响的社区,然而在补偿方式二(按房屋面积补偿)下,社区实际平均居住面积并不随邻避效应变大而变化,始终保持在一个相对稳定的水平。进一步,由图5-4可知,无论是在何种情景,最终社区实际居住人口随邻避效应变大而变大,这与已有学者(Lee & Ho,1995;Young,2012)的研究结论具有相似性。此外,情景一的社区人口数量最终多于情景二,说明补偿方案在情景一下比情景二下更有效率,而情景三和情景四因为初始人数的不对等,无法比较得出结论。

第四节　本章小结

邻避行为的频发使得我国社会管理和公共决策面临新的挑战,环境补偿是缓解邻避冲突的重要方法。本文从行为与复杂性视角出发,基于计算实验理论与方法构建邻避设施的选址与环境补偿模型。通过资产的经济性贬值度量邻避设施对居民的影响,通过对主体、环境以及交互规则的描述与分析,最终采用多主体建模方法实现系统的演化结构。模型与计算实验研究了区域人口均匀分布邻避设施在中心、区域人口均匀分布邻避设施在郊区、区域人口非均匀分布邻避设施在中心与区域人口非均匀分布邻避设施在郊区等四种情形下,邻避设施所处社区在按人口补偿和按房屋面积补偿两种补偿方案下的动态演化规律。结果表明在两种方案下:社区最终人口与设施运营费用演化特征相近,但人口结构和个体行为的演化特征却有较大差异,按人口补偿方案虽照顾了贫穷家庭却最终使得大部分贫穷家庭留在了社区,按房屋面积补偿却使得社区居民保持多样性;如果区域人口相对比较平均,邻避设施选址在区域中心较好,人口迁移少且社区补偿额度高,如果区域人口分布不均匀,则选在郊区较为适宜,可规避大规模迁移免除房屋资源的浪费;此外,研究表明社区变化与邻避设施类型有较大关系,邻避效应越明显,社区最终人口越少,且不同补偿方案下人口结构演变具有差异性。文章最后提出邻避设施的选址与环境补偿问题是一个系统性难题,本研究对邻避设施建设与运营过程中的适应性决策、可持续社区管理、环境损失计量与确定等方面积极贡献。具体表现在:① 通过模型分析与计算实验结果表明邻避设施的环境补偿问题是一个受邻避设施类型、区域人口分布、补偿方案等多方面影响的系统性问题,需要针对不同情景做出不同的应对策略。② 分析了邻避问题在多种情景下以及两种常见补偿方案下的社区演化状态,研果可为社区的可持续发展管理提供理论参考。③ 因环境问题导致的相关资产经济性贬值是一个资产评估理论与实务界的难题,本研究可为邻避设施所在的社区房屋等资产的经济性贬值计量提供方法支持。

本章参考文献

［1］Frey B, Oberholzer-Gee F, Eichenberger R. The Old Lady Visits Your Backyard: A Tale of Morals and Markets[J]. Journal of Political Economy, 1996, 104(6):1297 - 1313.

［2］Gabriel A, Wolfgang M. Voting on a NIMBY Facility: Proximity Cost of an "Iconic" Stadium [J]. Urban Affairs Review, 2012, 48(2):205 - 237.

［3］Goklany I. Clearing the Air: The Real Story of the War on Air Pollution[M]. Washington, DC:Cato Institute, 1999.

［4］Hank J, Howard K. Mitigation and Benefits Measures as Policy Tools for Siting Potentially Hazardous Facilities: Determinants of Effectiveness and Appropriateness[J]. Risk Analysis, 2001, 21(2):371 - 382.

［5］Hilary S. From NIMBY to NIABY:regional mobilization against liquefied natural gas in the United States[J]. Environmental Politics, 2011, 20(6):786 - 806.

［6］Jeffrey B. Environmental politics in Japan: Networks of Power and Protest[M]. Cambridge University Press, 1999.

［7］Joanne L. Fair Strategies for Siting Hazardous Waste Facilities, In Hayden Lesbirel and Daigee Shaw (eds), Managing Conflict in Facility Siting[M], Cheltenham, UK:Edward Elgar, 2005.

［8］Kasperson R. Siting Hazardous Facilities:Searching for Effective Institutions and Processes, In Hayden Lesbirel and Daigee Shaw (eds), Managing Conflict in Facility Siting, Cheltenham[M]. UK:Edward Elgar, 2005.

［9］Lee Y, Ho C. NIMBY Effects of Urban Service Facilities:a Case Study in Taipei Area[J]. Journal of City and Planning, 1995, 23(1):95 - 116.

［10］Lesbirel S. Markets, Transaction Costs and Institutions: Compensating for Nuclear Risk in Japan [J]. Australian Journal of Political Science, 2003, 38(1):5 - 23.

［11］Maarten W. Invalid theory impedes our understanding: a critique on the persistence of the language of NIMBY [J] Transactions of the Institute of British Geographers, 2006, 31(1):85 - 91.

［12］Martin R, Myers D L. Public response to prison sitting: Perceptions of impact on crime and safety ［J］. Criminal Justice and Behavior, 2005, (32):143 - 171.

［13］Martin R. Community perceptions about prison construction: why not in my backyard［J］. The Prison Journal, 2000, 80(3):265 - 294.

［14］Michael E, Kraft B. Citizen participation and the Nimby syndrome: Public responses to radioactive waste disposal ［J］. The Western Political Quarterly, 1991, 44(2): 299 - 328.

［15］Michael H. From "Not in My Backyard!" to "Not in Anybody's Backyard!"［J］. Journal of the American Planning Association, 1990, 56(3):359 - 362.

［16］Michael R. NIMBY, CLAMP, and the Location of New Nuclear-Related Facilities: U. S. National and 11 Site-Specific Surveys［J］. Risk Analysis, 2009, 29(9): 1242 - 1254.

［17］Michael W. Introduction to the Mini Special Issue on Complexity Theory: A New Research Paradigm in Social Work［J］. Journal of Social Service Research, 2012, 38 (5):580 - 581.

［18］Patrick D. Explaining "NIMBY" Objections to a Power Line: The Role of Personal, Place Attachment and Project-Related Factors［J］. Environment and Behavior, 2012, (4):1 - 21.

［19］Pere S, Montserrat P, Valeria P. Incorporating annoyance in airport environmental policy: noise, societal response and community participation［J］. Journal of Transport Geography, 2011, (19):275 - 284.

［20］Sakai T. Fair waste pricing: an axiomatic analysis to the NIMBY problem［J］. Econ Theory, 2012, (50):499 - 521.

［21］Scally C. The Nuances of NIMBY: Context and Perceptions of Affordable Rental Housing Development［J］. Urban Affairs Review, 2012, (12):127 - 138.

［22］Sidney H, Shaw D. Managing conflict in facility siting: An international comparison［M］. Edward Elgar Publishing, 2005.

［23］Terri M, Michele R. Uses of the term NIMBY in the Italian press, 1992—2008 ［J］. Environmental Politics, 2011, 20(6):807 - 825.

［24］Thomas J. Environmentalism and NIMBYism in China: promoting a rules-based approach to public participation ［J］. Environmental Politics, 2010, 19(3):430 - 448.

［25］Thomas M, Michael J, Sara Am Rick L. How river network structure and habitat availability shape the spatial dynamics of larval sea lampreys［J］. Ecological Modelling, 2012, 226(10):62 - 70.

［26］Vittes M, Pollock P, Lilie S. Factors contributing to NIMBY attitudes［J］. Waste Management, 1993, (13):125 - 129.

［27］Yamamoto M, Yoshida Y. Does the NIMBY strategy really promote a self-interest：Evidence from England's waste management policy［R］. GRIPS Policy Research Center, 2012.

［28］Young M. Necessary but insufficient：NIMBY and the development of a therapeutic community for homeless persons with co-morbid disorders［J］. Local Environment：The International Journal of Justice and Sustainability, 2012, 17（3）：281‐293.

［29］张向和,彭绪亚.基于邻避效应的垃圾处理场选址博弈研究［J］.统计与决策,2010,(20)：45‐49.

［30］周丽旋,彭晓春,关恩浩,张越南,黄思宇.垃圾焚烧设施公众"邻避"态度调查与受偿意愿测算［J］.生态经济,2012,(12)：174‐177.

第六章　邻避风险与公众参与（Ⅰ）：
邻避风险认知

公众认知不足容易导致企业和政府轻视邻避项目环境风险，错失环境风险控制的最佳时机；认知过度可能会引发群体性邻避冲突，导致较大的社会风险和高昂的社会成本。本章内容主要研究公众对邻避项目环境风险的认知研究。在文献梳理基础上，借鉴国外成熟的问卷设计，定义公众认知邻避项目环境风险变量和测量表，将影响因素及风险认知动态变化过程整合到一起，建立公众对邻避项目环境风险的认知分析框架和模型，并验证其信度、效度。同时，进一步分析公众对邻避项目环境风险的认知偏差研究。由于信息不对称、公众认知能力和决策框架等方面的制约，公众对邻避项目环境风险的认知可能会产生各种各样的认知偏差问题。

第一节　问题的提出

已有学者从邻避设施性质（李永展和何纪芳，1996）、居民的自私与理性因素（Huijts, et al, 2013）、居民的情绪和风险感知（Schively, 2007）、政府与政治因素（Davis & Bali, 2008）等方面进行阐述了邻避冲突产生的原因，但不少研究者还是认为从经济学的视角来理解邻避冲突的成因更加直接和清晰（金通，2007）。一个重要的逻辑依据是居民如果对邻避设施的存在表达不满，最强烈莫过于搬迁。邻避设施给附近居民造成的最大负面影响就包括房地产价值的贬值、搬迁造成的损失以及相关潜在的损失，这都可以用经济手段加以解决。这也是目前不少研究的基本出发点，一般主张用环境补偿来解决邻避冲突难题，主要包括实物补偿和货币补偿两种方式。现实中在美国、中国台湾、日本等发达地区有广泛应用。环境补偿可以弥补居民心中的各种落差，是环境公平公正的体现，是解决邻避冲突的重要方案。

环境补偿作为一个有效解决方案的依据是环境补偿可以减轻甚至消除居

民的邻避情绪，可以改善居民的风险认知状况，降低居民的邻避行为倾向。例如，詹金斯等通过调查研究发现在没有补偿的情况下，居民对垃圾填埋场的支持率仅为 25％，补偿后居民的支持率达到 50％，环境补偿可以提高居民对邻避设施的支持率，但仍有不少居民反对（Jenkins-Smith，2001）；Frey 等（1996）对瑞士带有放射性的废料处理站进行案例研究，也认为环境补偿在一定机制下可以解决邻避设施的选址问题，但建成之后仍然面临道德和市场的冲突难题；Claro（2007）对两种常见的环境补偿方式进行研究，认为货币补偿建立在自由的市场关系基础上，实物补偿可以保证一定程度上的公平公正，但两者都无法给予居民充分的人文关怀，并认为实物补偿在解决邻避冲突问题上更有效率；但 Zaal 等（2014）认为货币补偿更可以提高居民的支持率。可见，补偿尽管未必能保证居民支持邻避设施的建设和运营，但对居民的风险认知和邻避行为倾向转变有重要影响（陈佛保和郝前进，2013）。

环境补偿有效性问题的讨论本质上就是讨论环境问题能否通过经济手段加以解决，但已有理论和实践均表明单纯把环境问题看成经济问题是缺乏足够理论和现实依据的（刘小峰，2013）。环境补偿方案单纯考虑经济等理性因素是不够的，这不仅仅关系到周遭居民的身体健康、环境质量和资产价值损失，还涉及居民的认知问题，他们的态度、风险认知直接影响到环境补偿方案的有效性。现实中，由于人的复杂性，补偿方案一般较难存在最优解，民众邻避行为有时候并不是基于技术、经济或行政层面的理性讨论，而是一种情绪性的抵制现象（金通，2007），这使得我们研究这类问题需要从系统科学和行为科学的角度探讨答案。更重要的是，居民期望的环境补偿存在两种偏差：一种是居民期望的环境补偿超出邻避设施本身导致的负面影响，可能是所在区域居民在与其他地区比对之后对于社会经济环境的更高要求，比如交通、医疗、教育、住房等方面的诉求，也就是说，居民很可能把他当前对于社会的诉求统统反映到邻避冲突中来。环境问题系关社会、政治、教育、医疗，不能简单地割断它们之间的关联，邻避冲突问题的系统性使得问题变得复杂。第二种为居民对邻避设施的风险感知本身存在偏差，不能合理反映出邻避设施对其的真实影响，风险感知和邻避行为存在非理性现象，容易出现认知偏差和行为偏差。此外，环境补偿对于不同主体也存在差异性，邻避问题中居民等主体的行为复杂性也导致了邻避设施环境补偿的复杂性。

公众对邻避项目环境风险的认知研究主要思路为：运用成熟的心理测量范式，设计风险测量表，对邻避项目环境风险的公众认知进行研究。主要步骤包括：① 选择一系列环境风险条目（包括事件、行为、技术等）来覆盖包括环境状况、身心健康和财产损失等范围内的潜在危害;② 选择一系列环境风险特征条目来反映可能影响公众环境风险认知的环境风险特征;③ 请被调查者在不同的环境风险特征维度上评价各个风险条目;④ 用多变量统计分析方法来识别和解释系列因子占个体方差和群体方差的比例。

然后,分析邻避项目环境风险认知差异,主要包括两种情形(见图 6-1),一种是公众认知与环境科学专家判断的环境风险存在差异,一种是不同公众的认知也存在差异。

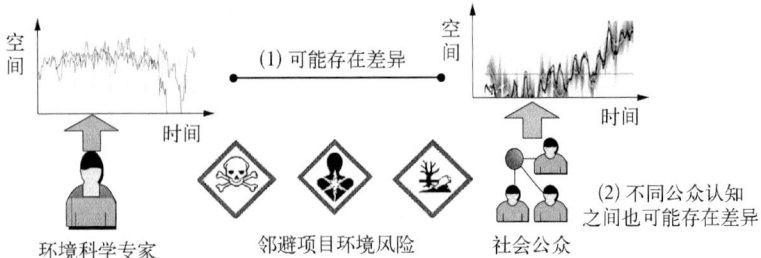

图 6-1 邻避项目环境风险认知差异可能情况

在差异分析基础上,基于认知心理学和行为科学构建公众对邻避项目环境风险认知偏差函数,公众对邻避项目环境风险认知偏差可用下列函数表示:

$$Bias = f(Project, Character, Scenario)$$

式中,Bias——公众认知偏差;

　　　Project——邻避项目属性,包括类型、技术、规模和建设时间等;

　　　Character——公众属性,包括公众的职业、性别、年龄、学历和地区依附特征等;

　　　Scenario——社会经济情景,情景为经过加工、可呈现的虚拟社会系统。

即认知偏差是项目属性、公众属性及社会经济情景的多元函数。

更进一步,确定认知偏差的判断标准,基于不确定性决策理论提出的同类参考预测法(Reference Class Forecasting, RCF)和参考情境预测法(Reference Scenario Forecasting, RSF),通过收集同类案例数据(如周边刺激性气体浓度、房地产经济性贬值情况、居民医疗支出和寿命等),分析同类邻避项目环境风险的参考值(见图 6-2),作为判断公众认知偏差的依据(Flyvbjerg, 2009; Montibeller & Winterfeldt, 2015);再结合邻避项目的规模、技术、时间等因素,按不同邻避项目类型与公众特征进行分类,构建判别标准体系;最后,针对选定的邻避项目环境风险,分析公众是否存在认知偏差,形成相关研究成果。

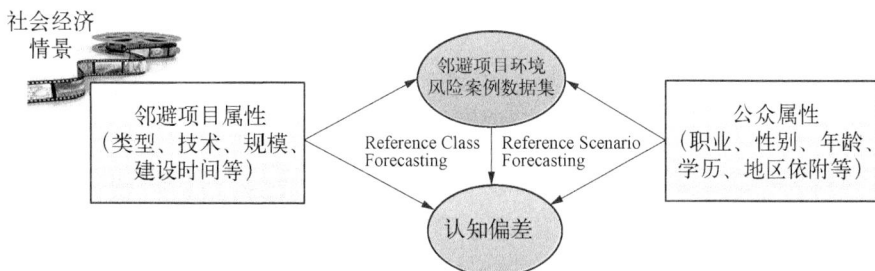

图 6 – 2　公众对邻避项目环境风险认知偏差示意图

第二节　个案调查分析

本文通过对南京金陵石化周边居民的调查来研究居民对邻避设施风险认知与居民所期望的环境补偿是否存在内在关联,人群特征和补偿方式的变化是否会影响到结果,进而讨论更有适应性的环境补偿方案。本文采取陈述偏好法来表述邻避效应,采用实地访谈和问卷调查等形式研究该邻避设施导致的邻避效应。这种研究范式可以有效分析居民对邻避设施的认知与态度(黄仲毅,1998),居民对邻避设施的期望补偿(张向和等,2011),适应于具体邻避设施的个案分析(郑卫,2011)。

一、调查过程

金陵石化主要化工区位于南京市东北郊栖霞区,北濒长江黄金水道,南临京沪铁路和沪宁高速公路,西与新生圩港口相接。该化工区主要从事石油炼制及石化产品的加工生产和销售。自 1982 年成立后,金陵石化在华东及沿江地区石化产业布局中占有重要位置,2013 年,公司加工原油 1 713.25 万吨,实现销售收入 1 082.54 亿元,实现税收 239.63 亿元,是南京市首家销售收入过千亿元的工业企业。但是一直以来,该化工区受到了周边居民的抱怨,2013 年一次意外的脱硫装置停止工作几个小时,就直接导致半个南京城的二氧化硫瞬间"爆表",周边居民投诉"气味刺鼻"。为此,本文选取金陵石化周边居民作为调查对象,进行相关实证研究具有很强的代表性。

本次实证调查与分析的资料主要以问卷抽样调查辅以深入访谈方式取得,问卷抽样调查范围是以金陵石化炼油厂为中心,向东南方 2 公里为半径的南炼生活区、栖化新村和甘家巷。以三个地区的居民为抽样调查对象进行随机抽样。访谈是以金陵石化炼油厂为中心,向东南方 1.5 公里为半径的甘家巷、南炼二村小区及金陵栖化生活区为采访地点。本文进行的社会调查涉及家庭 247 家,参与调查人数达 1 000 余人,回收问卷 247 份,经剔除缺失值和异常值,共得到有效调查问卷 218 份,有效回收率为 88.26%。为了保证问卷的可靠性和稳定性,本文利用 SPSS 19.0 软件对 218 份有效问卷调查的结果进行了信度和效度校验。问卷信度检验采用的指标是克朗巴哈系数值,检验结果表明各主要变量的克朗巴哈系数最小为 0.71,最大为 0.89,总量表为 0.78,说明调查问卷的内部一致性较好。

二、调查对象基本特征

从年龄层次来看,剔除未成年人,该地区居民中 60 岁及以上人群占 36.82%,明显高于南京地区 60 岁及以上人群的 9.2% 比例,可见该地区存在空巢老人问题。受教育程度来看,调查对象中小学及以下学历占 17.73%,中学学历占 61.58%,专科学历占 10.34%,本科学历占 8.37%,研究生及以上学历占 0.99%。根据《南京市 2013 年度人口发展报告》,2013 年年末全市常住人口中大学以上文化程度人口比重为 31.89%,该区域的受教育程度相对于南京市的总体水平来说普遍较低。从家庭人口数来看,1 口占 7.96%,2 口占16.92%,3 口占 36.82%,4 口占 13.43%,5 口占 18.91%,大于等于 6 口占 5.97%。从采访中得知,多数老人家中只有一人或是两人,而 40~50 岁人群家中多大于四口人。从居住面积来看,50 m² 以下占 16.92%,50~70 m² 占 44.78%,70~100 m² 占 26.37.41%,100 m² 以上占 11.94%。从采访中得知,周边很多居民是家中五六口人挤在一间不到 70 m² 的小房间中,可推测该地区经济水平较低。从居住原因来看,居于此的居民有 60.2% 是因为工作需要,15.42% 是因为家族传承,4.48% 是因为周边房价较低,5.47% 没有特别原因,14.43% 是因为其他个人原因,其中选择"工作需要"的居民多为退休职工,在此地居住了超过十年。

三、居民邻避行为倾向

我们运用 SPSS 19.0 统计软件对回收的 218 有效问卷数据进行分析,结果表明因化工厂对周边社区居民的身体健康、环境质量和资产价值等带来了一定的负面影响,致使周边的居民对化工厂存有较强的邻避行为倾向。

邻避行为倾向由"如有机会我会搬离该区域""我会支持或参加化工厂搬迁的抗议活动""我化工厂的存在让我减少了正常的周边活动"三个题项来测

量。所有调查问卷中采用李克特五点量表来衡量的题项,即每个题项设计了 5 个选项:极不同意、较不同意、一般或不清楚、比较同意、非常同意,然后分别赋予相应的分值,从 1 分到 5 分。调查表明有 71.64% 的人表示化工厂对自己的家庭生活造成了负面影响,并且有 62.51% 居民反应非常强烈,表达了对化工厂的厌恶以及期望政府拆迁,自己可以搬离此地的愿望;有 47.29% 的居民认为化工厂的存在让他减少了正常的周边活动。

在调查的众多影响因素中选择环境污染影响身体健康、灰尘大影响居住品质的均达到了 70.44%,还有超过 25% 的居民表示该地的房产增值空间低,房价相较于南京其他地区来说涨幅很低。在随机调查过程中得知有超过 65.17% 的居民表示支持民间组织的抗议金陵石化的活动,可见该化工区对该地区的居民的影响还是较大的,绝大多数的居民都对化工区产生抵触情绪,表示希望化工区搬离自己家附近。

四、居民风险认知水平

参考王锋(2014)、侯光辉等(2014)研究,本文选取"对身体有威胁""压抑害怕""身体不适""存在安全隐患"四个方面设置选题来测量居民对邻避设施的风险认知情况。通过对调查问卷数据的分析,本文发现不同年龄、居住年限、学历等基本信息因素会影响居民的风险认知。

(一)不同年龄段居民的风险认知

20 岁以下的有 28.57%,20~29 岁的有 56.76%,30~39 岁的有 76.19%,40~49 岁的有 73.33%,50~59 岁的有 88%,60~69 岁的有 82.22%,70 岁及以上的有 75.86% 的居民认为化工厂会产生负面影响。结合表 6-1 可以进一步发现,随着年龄的增长,居民中能够感受到化工厂对其生活产生负面影响比例及其程度呈现先逐渐上升后小幅回落的趋势,其中 50~69 岁的人群对周遭环境的风险感知最强烈,而 20 岁以下的年轻人对周遭环境的风险感知较弱。

表 6-1 不同年龄段居民对邻避设施的风险认知

	20 岁以下	20~29 岁	30~39 岁	40~49 岁	50~59 岁	60~69 岁	70 岁及以上
对身体有威胁	3.07	3.86	4.14	3.77	4.28	4.11	4.03
压抑害怕	2.79	3.16	3.81	3.07	3.96	3.38	3.31
身体不适	3.14	3.19	3.81	3.33	3.88	3.44	3.21
存在安全隐患	3.43	3.57	4.10	3.73	4.08	3.91	3.45

（二）不同居住年限的居民的风险认知

由表6-2知，随着居住时间的增加，居民对邻避设施的风险认知情况呈现先小幅下降再上升的趋势。原因可能是刚居住不久的居民可以明显感觉到环境状况，且有较强烈的反应，然而随着时间的推移，居民逐渐习惯了这里的环境污染，风险感知程度逐渐减弱，但当居住时间四到六年后，邻避设施的负面影响逐渐累积，在环境状况、身体健康、资产价值等方面影响有较为深入的理解，居民的风险认知敏感程度逐步上升。

表6-2　不同居住时间对邻避设施的风险认知

	1年以下	1～3年	4～6年	6～9年	10年及以上
对身体有威胁	4	3.35	3.2	3.92	4.24
压抑害怕	3.2	2.84	2.7	3.58	3.61
身体不适	3.25	2.9	2.85	3.5	3.67
存在安全隐患	3.5	3.32	3.25	4	3.98

（三）不同学历的居民风险认知

由表6-3知，不同学历的居民对邻避设施导致的风险认知水平大体相当，并没有太大的差异。

表6-3　不同学历对邻避设施的风险认知

	小学及以下	中　学	专　科	本　科	研究生及以上
对身体有威胁	3.86	4.01	3.81	3.94	4
压抑害怕	3.11	3.45	3.24	3.35	3.5
身体不适	3.19	3.5	3.29	3.41	3.5
存在安全隐患	3.42	3.95	3.24	3.76	3.5

五、居民的环境补偿意愿

本文根据常见的环境补偿形式，实物补偿（完善周边设施等）和货币补偿（给予金钱补偿等）两个选项设置选题来测量居民对邻避设施的环境补偿意愿（刘小峰，2013）。通过对调查问卷数据的分析，本文发现不同年龄段、居住年限、学历等基本信息因素会对居民的环境补偿情况。值得说明的是，在对周边居民的调查中，本文同时选取了条件价值法（CVM）来刻画居民的环境补偿意愿，涉及选题分别为"给您多少补贴您可以接受化工厂"和"您愿意出资多少将化工厂搬迁"，但这两项周边居民基本表示不会回答，表明周边居民对环境补偿的具体数额没有形成成熟的概念，也表明 CVM 方法在研究邻避设施导致的环境补偿问题目前存在局限性。

（一）不同年龄段居民的环境补偿意愿

如表 6－4 所示，随着年龄层次的增长，居民愿意接受补偿的意愿先降低后上升，20 岁以下的年轻人以及 60 岁以上的老年人补偿意愿较为强烈；而中年人的补偿意愿较弱，表明不论实物补偿还是货币补偿均无法接受邻避设施。同时，相比货币补偿，不同年龄段的居民均更可以接受实物补偿，这与 Claro 等（2007）人的研究结果是一致的。

表 6－4　不同年龄段居民的补偿意愿

	20 岁以下	20～29 岁	30～39 岁	40～49 岁	50～59 岁	60～69 岁	70 岁及以上
实物补偿	3.64	3.19	2.48	3.00	2.84	3.38	3.66
货币补偿	3.00	2.89	2.19	2.27	2.58	3.16	3.23

（二）不同居住年限的居民的环境补偿意念

根据表 6－5 可知，随着居住时间的增加，居民的补偿意愿越弱，他们认为再多的补偿也难以化解邻避设施给他们带来的困扰，他们更希望能治理好周遭环境，而不只是给予金钱补偿或是完善周边的设施，表现出一定的地区依附性，这与 Devine-Wright（2013）的研究结果是一致的。

表 6－5　不同年龄段居民的补偿意愿

	1 年以下	1～3 年	4～6 年	6～9 年	10 年及以上
实物补偿	3.50	3.00	2.80	3.00	2.49
货币补偿	3.10	3.06	2.40	2.83	2.30

（三）不同学历的居民风险认知

值得强调的是，由表 6－6 知，与其风险感知水平并不一致，随着学历的提高，补偿意愿基本呈现上升趋势。

表 6－6　不同学历居民的补偿意愿

	小学及以下	中 学	专 科	本 科	研究生及以上
实物补偿	2.39	2.76	3.14	3.76	3.50
货币补偿	2.42	2.39	2.71	3.18	3.25

六、居民邻避行为倾向、风险认知和环境补偿意愿之间的关联

为进一步考察风险认知、实物补偿意愿、货币补偿意愿与邻避行为倾向之间的关联，本文选择邻避行为倾向为被解释变量（y），选择风险认知（x_1）、实物补偿意愿（x_2）、货币补偿意愿（x_3）为解释变量，在回归分析之前进行变量之间的相关性分析，发现相关系数最大为 0.513 1，并不存在多重共线性问题。回归模型的 $R^2 = 0.371\ 3$，调整 $R^2 = 0.362\ 7$，$F = 63.471\ 2$，RMSE$= 0.748\ 9$，截距项为 1.447 7，其他回归系数见表 6-7，可见邻避行为倾向与风险认知水平呈正相关，且回归系数显著，邻避行为倾向与补偿意愿呈负相关，这与王锋等（2014）对于北京六里屯的个案研究结果是一致的，不同的是本研究中实物补偿意愿的回归系数并不显著。此外，本文区分了实物补偿意愿和货币补偿意愿。

表 6-7   回归模型系数表

	回归系数	T 值	P 值
风险认知 x_1	0.540 9	9.304 3***	0.000 0
实物补偿意愿 x_2	0.039 1	0.870 9	0.384 8
货币补偿意愿 x_3	−0.087 9	−2.039**	0.042 7

其中，＊＊＊和＊＊分别表示在 1% 和 5% 的水平上显著。

第三节   多案例调查分析

一、问卷设计

本研究采取问卷调查、访谈相结合的方式对邻避情境下居民的风险感知、资产贬值感知以及补偿意愿进行研究测量，主要遵循以下步骤，进行问卷设计。

首先，搜集并阅读相关文献，选取适当的量表作为基准量表，作为后续开发量表的基础，如表 6-8 所示。其次，对相关的经典外文文献进行通读、翻译与借鉴，针对一些没有参考文献的量表通过与有关专家交流、调研等手段进行开发设计。最后，对量表进行测试与修改，形成最终的测试量表。

调查问卷内容主要分为四个部分，分别为居民背景资料、居民的风险感知、资产贬值感知及补偿意愿调查。

表 6-8　问卷量表设计依据

维　度	衡量指标与方法	代表性文献
背景资料	性别、年龄、受教育程度、居住时间、居住面积、居住原因、家庭人口数、收入水平、职业类型	乐章（2010）、刘冰（2015）、马仁锋等（2015）
环境污染	空气质量、水质、有害气体、噪声	林李月等（2016）、刘小峰（2015）
身心健康风险	压抑、害怕、不适、恶心、安全隐患、致命性、世代危害性	王锋等（2014）、张乐和童星（2014）
资产贬值	房屋的经济型贬值、迁徙成本、房价变动	刘小峰（2013）、Steg et al（2014）等
补偿意愿	利用 CVM 测度居民接受设施的受偿意愿，通过实物（完善基础设施）和货币补偿手段	周丽旋等（2012）、王锋等（2014）、Hayden（2003）等
邻避行为倾向	减少户外活动、外出就餐，支持或参加搬迁抗议活动、欢迎与反对	王锋等（2014）、刘小峰（2015）、张乐和童星（2014）等

（一）居民背景资料调查

居民背景资料从人口学特征和社会经济学特征两个维度展开，包括年龄、性别、学历、居住状况，其中居住状况涉及居住时间、居住面积、人口数以及居住原因，具体题目，如表 6-9 所示。

表 6-9　居民背景资料调查题目

维　度	序号	题　目	选　项
人口学特征	A1	您的年龄	□20 岁以下　□20～29 岁　□30～39 岁 □40～49 岁　□50～59 岁　□60～69 岁 □70 岁及以上
	A2	您的性别	□男　□女
	A3	您的受教育程度	□小学及以下　□初中　□高中　□专科 □本科　□研究生及以上
社会经济学特征	A4	您在这周边居住时间	□1 年以下　□1～3 年　□4～6 年 □6～9 年　□10 年及以上
	A5	您的家庭人口数	□1　□2　□3　□4　□5　□>=6
	A6	您的居住面积	□50 m² 以下　□50～70 m²　□70～100 m² □100 m² 以上
	A7	您居住于此地的原因	□工作需要　□家族传承　□房价低 □没有特别的原因　□其他

（二）风险感知的测量

本研究中的风险感知分为两个维度，分别为环境污染感知和健康风险感知。其中，对环境污染感知的测量，设计了 6 个题项，包括居民减少周边活动、噪声污染、水污染、粉尘污染、有害气体、造成辐射；在健康风险感知测量下设计了 5 个题项，涉及居民的身体健康、心情以及安全隐患。具体的题项，如表6-10所示。

表6-10 风险感知的测量题目

维 度	序 号	题 目	选 项
环境污染感知	B1	影响在附近活动的心情，减少活动	□极不同意 □较不同意 □一般或不清楚 □比较同意 □非常同意
	B2	带来噪声污染	
	B3	带来水污染	
	B4	带来粉尘污染	
	B5	有辐射	
	B6	带来有害气体	
身心健康感知	C1	对我的身体健康有较大的威胁	□极不同意 □较不同意 □一般或不清楚 □比较同意 □非常同意
	C2	在这附近，我感到很压抑、害怕	
	C3	在这附近，我会感觉身体不适	
	C4	在这附近，感觉存在安全隐患	
	C5	在这附近，我会感觉心情不好	

（三）资产贬值感知测量

邻避设施周边资产贬值主要体现在房地产价值的贬值，即邻避设施周边房产比同类房产价值低，体现在房屋价格较低，以及上涨难易度、涨幅大小。本研究在测量居民的资产贬值感知时，设计了 3 个题项，集中从居民对邻避设施周边房地产价格变动、出售难易度以及资产老化速度的感知进行调查，具体题目，如表6-11所示。

表6-11 资产贬值感知的测量题目

维 度	序 号	题 目	选 项
资产贬值感知	D1	在这旁边，影响了房屋的价格，使房价较低、难涨	□极不同意 □较不同意 □一般或不清楚 □比较同意 □非常同意
	D2	在这旁边，导致了周边房屋较难出售	
	D3	在这旁边，导致了使用的一些机器（金属器械）易老化	

(四)补偿意愿测量

在居民补偿意愿的调查中,补偿措施在此次问卷设计中考虑了金钱补偿和实物补偿,实物补偿主要是政府完善邻避设施周边的基础设施,如道路、学校,调查居民在有补偿的前提下,是否愿意接受邻避设施存在于其居住小区周围。除此之外,在对居民调查时,本文选取了条件价值法(CVM)来描述居民的补偿意愿,题目分别为"您愿意出资多少将化工厂(垃圾处理厂、传染病院)搬迁"和"给您多少补贴您可以接受化工厂(垃圾处理厂、传染病院)",具体题目如表 6-12 所示。

表 6-12　补偿意愿的测量题目

维　度	序　号	题　目	选　项
补偿意愿	D4	如果政府完善周边基础设施,我能接受其在周边	□极不同意 □较不同意 □一般或不清楚 □比较同意 □非常同意
	D5	如果给我合理的金钱补偿,我能接受	
	D6	你认为政府每年给你多少补贴你可以接受化工厂	—————— (填数额)
	D7	如果可以你愿意出资多少让政府将化工厂搬迁	

二、研究区域的选取

南京,江苏省省会,享有六朝古都的美誉,是华东地区在交通、通讯方面的枢纽,同时,是我国重要的综合性工业生产基地。目前南京共有 11 个区,分别为六合区、栖霞区、浦口区、秦淮区、鼓楼区、玄武区、建邺区、雨花台区、江宁区、溧水区、高淳区。而邻避设施主要分布在六合、浦口、江宁、溧水等人口密度相对较少的地区。

本研究选取化工厂、传染病院、垃圾处理厂这三类邻避设施,从服务功能上看,化工厂属于工业生产型、传染病院属于社会服务型、垃圾处理厂属于废弃物处理型;从服务范围角度,这三类都属于全市性设施;从预期损失与不确定分析,化工厂属于污染和风险兼有型、传染病院属于污名化类、垃圾处理厂属于污染类。选取这三类邻避设施主要基于以下考虑:一方面,化工厂、传染病院、垃圾处理厂服务范围属于全市性设施,范围广,一般的中小型城市都有这三类设施,因此本次虽选取南京地区为研究区域,但是对其他城市同样具有参考价值。另一方面,这三类设施比较常见,尤其是化工厂和垃圾处理厂,对居民的生活环境和身心健康造成的影响较大,研究这类邻避设施更接近居民的日常生活,具有一定的研究价值。

在确定以南京区域的化工厂、传染病院、垃圾处理厂这三类邻避设施为研究目标后,通过网上相关公布资料查询确定具体的邻避设施,本次选择中国石化集团金陵石化烷基苯厂、中国石化集团南京化学工业公司、江苏省传染病诊疗中心(即南京市第二医院)、马群垃圾中转站为邻避设施研究对象,根据百度地图查找确定拟调查的目标小区,如表 6-13 所示。

表 6-13　问卷调查对象分布

邻避设施	单　位	目标小区
化工厂	中国石化集团金陵石化烷基苯厂 中国石化集团南京化学工业公司	青田雅居、金尧花园、月桂园 新华四村南化一村
传染病院	江苏省传染病诊疗中心(南京市第二医院)	钟阜路小区、龙门居、金陵大公馆
垃圾处理厂	马群垃圾中转站	紫金东苑、紫园

本次调查,选取位于栖霞区和六合区的化工厂,分别为金陵石化烷基苯厂、中石化南京化学工业公司。金陵石化烷基苯厂,建于 1976 年,1980 年投产。烷基苯是制作合成洗涤剂的重要原料,该化工厂是我国最大的生产基地,每年生产 7.2 万吨左右烷基苯,3 万多吨磺酸,9 万多吨轻质正烷烃,10 万多吨洗衣粉等一系列洗涤产品。中国石化集团南京化学工业公司,简称南化公司。由原南化公司和原南京化工厂重组而来,原南化公司是中国最早的化工基地之一。南化公司是我国化工产品生产基地,致力于生产以煤、盐、硫黄为主要原材料的无机化工产品,生产以苯为主要原材料的有机化工产品,生产以橡胶助剂为主要成分的精密细致的化工产品。这类化工厂内的化学品危险性都是极高的,会对周边的环境造成污染,也许一时感受不到这类化学品带来的危害,但是长期生活于周围的居民是可以感受到的。除此以外,如果这类化学品贮存不规范、操作不当极易引起爆炸,对周遭居民带来的危害不可小觑。本次研究选取江苏省传染病诊疗中心作为研究传染病院的具体调查对象,该医院致力于诊治南京市及其周边各地传染病的治疗,定点收留救治江苏省内存在的重大传染病患者,同时检查控制省内传染病专科或综合医院的质量并给予相应的技术指导。医院对传染者隔离处理,事实上并不会危害居住在传染病医院周边居民的身体健康,居民对此类邻避设施感到反感更多的是心理原因。

南京的垃圾处理厂,本次选取分布范围比较广,随处可见的垃圾中转站,此次以马群垃圾中转站为研究目标。以上提到的具体调查单位的区域位置如图6-3所示。

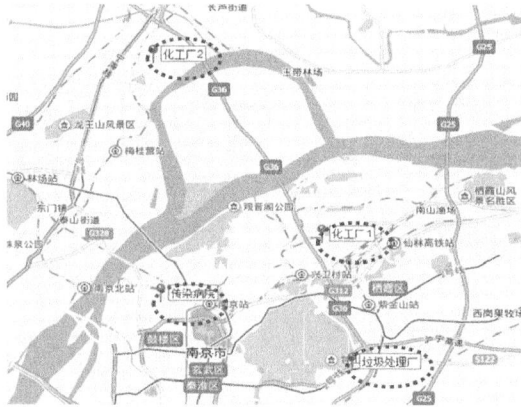

图6-3 调查对象的地理位置分布图

三、数据来源

本研究的数据主要是通过网络公开资料、问卷调查与深度访谈等方式获取。首先,通过网络搜索确定被调查邻避设施并确定周边社区分布情况,然后,研究团队在2016年4—5月对生活在化工厂、垃圾处理厂、传染病院周边居民进行点对点问卷调查、一对一的深度访谈。本次共发出621份调查问卷,回收600份,剔除无效问卷后得有效问卷589份,其中化工厂组有效问卷200份,垃圾处理厂组有效问卷198份,传染病院组有效问卷191份,有效回收率为94.85%。值得说明的是,此次在调查中若出现问卷内容缺失,未完成的情况,直接剔除,之后的无效问卷仅仅是指那些内容完整但是前后矛盾、可能会影响分析的问卷,具体样本基本情况分布如表6-14所示。

本次调查问卷内容主要分为三个部分:第一部分为居民背景资料调查,包括年龄、性别、学历、居住状况,其中居住状况涉及居住时间、居住面积、人口数以及居住原因这些题项。第二部分为居民对邻避设施的风险感知调查,涉及环境、健康风险,其中对环境污染感知的测量,设计了6个题项,包括居民减少周边活动、噪声污染、水污染、粉尘污染、有害气体、造成辐射;在健康风险感知测量下设计了5个题项,涉及居民的身体健康、心情以及安全隐患。第三部分是居民的资产贬值感知,设计了3个题项,主要是测量居民对邻避设施周边房地产价格、出售难易度以及资产老化速度的感知调查。第四部分是居民补偿意愿调查,补偿措施在此次问卷设计中考虑了金钱补偿和实物补偿,实物补偿主要是政府完善邻避设施周边的基础设施,如道路、学校,调查居民在有补偿的前提下,是否愿意接受邻避设施存在于其居住小区周围。

表 6-14 调查样本基本情况表

内　容	非常同意	比较同意	一般或不清楚	较不同意	极不同意
环境污染感知					
影响我在附近进行户外休闲活动的心情或减少在附近的活动	116	194	131	105	43
带来噪声污染	58	131	204	137	59
带来水污染	81	123	183	104	98
带来粉尘污染	127	147	164	85	66
有辐射	58	104	222	121	84
带来有害气体	244	114	92	61	78
身心健康感知					
对我的身体健康有较大的威胁	181	222	140	24	22
感到很压抑、害怕	119	218	121	104	27
感觉身体不适	100	199	126	135	29
存在安全隐患	122	205	169	70	23
感觉心情不好	116	224	89	128	32
资产贬值感知					
影响了房屋的价格,使得房价较低,房价难涨	70	222	216	56	25
周边房屋较难出售	72	208	209	63	37
使用的一些机器(金属器械)较容易老化	39	94	293	123	40
补偿意愿					
政府完善周边基础设施(如道路、学校等),我能接受	30	160	191	146	62
如果给我合理的金钱补偿,我能接受	21	150	166	162	90

四、样本人口属性特征分析

如表 6-15 所示,受访对象中男性占比 56.37%,女性占比 43.63%。年龄方面,六成左右的受访者集中在 20～49 岁的年龄段。受教育程度方面,中小学及以下学历占比 31.24%,高中学历占比 26.49%,接受过高等教育的受访者约占四成,占比 42.28%。居住时间方面,居住 10 年以上最多,达到 30.73%,其余居住时间段,受访对象分布比较均匀。家庭人口方面,一家三口及以上的居民占86.42%,其中三口之家所占比重最大,达到 36.16%。在居住面积方面,约六成的居民居住面积在 70 m² 以上,其中居住面积为 70～100 m² 的居民较多,占比38.20%。居住原因方面,有 36.16% 的居民由于工作需要,22.07% 的居民是由于家族传承,18.68%居民是没有特别原因,3.23% 的居民是因为周围房价低,还有19.86% 的居民居住在此地是有其他原因的。林李月等(2014)在研究居民人口属性特征对环境感知影响时,将性别、婚姻、年龄归类为人口学特征,将职业、居住时间、教育程度归类为社会学特征,在后文具体研究居民属性特征对其的风险感知、资产贬值感知、补偿意愿影响时,按照此种分类方式。

表 6‑15　人口属性特征样本分布

项　　目	总　　和	化工厂组	垃圾处理厂组	传染病院组	比　　例
年龄					
20 岁以下	67	20	29	18	11.38%
20～29 岁	130	30	55	45	22.07%
30～39 岁	97	23	53	21	16.47%
40～49 岁	120	27	42	51	20.37%
50～59 岁	63	31	8	24	10.70%
60～69 岁	65	30	10	25	11.04%
70 岁及以上	47	39	1	7	7.98%
性别					
男	332	97	122	113	56.37%
女	257	103	76	78	43.63%
教育程度					
小学及以下	59	48	6	5	10.02%
初中	125	46	35	44	21.22%
高中	156	55	41	60	26.49%
专科	138	27	76	35	23.43%
本科	101	23	40	38	17.15%

项 目	总 和	化工厂组	垃圾处理厂组	传染病院组	比 例
研究生及以上	10	1		9	1.70%
居住时间					
1年以下	109	6	69	34	18.51%
1~3年	118	21	50	47	20.03%
4~6年	102	21	29	52	17.32%
6~9年	79	27	31	21	13.41%
10年及以上	181	125	19	37	30.73%
家庭人口数					
1	30	7	6	17	5.09%
2	50	28	3	19	8.49%
3	213	70	65	78	36.16%
4	159	39	65	55	26.99%
5	93	41	33	19	15.79%
≥6	44	15	26	3	7.47%
居住面积					
50 m² 以下	87	25	32	30	14.77%
50~70 m²	154	59	36	59	26.15%
70~100 m²	225	95	78	52	38.20%
100 m² 以上	123	21	52	50	20.88%
居住原因					
工作需要	213	50	96	67	36.16%
家族传承	130	63	35	32	22.07%
房价低	19	2	2	15	3.23%
没有特别原因	110	26	42	42	18.68%
其他	117	59	23	35	19.86%

五、核心变量计算方法

本研究涉及的方法有社会调查、数据分析和资产评估方法等,核心对邻避设施对周边资产价值的影响进行研究。主要研究变量有居民风险感知、资产贬值感知、补偿意愿,具体量化指标如表 6-16 所示。

表 6-16　核心变量量化指标表

1 级量化指标	2 级量化指标
居民风险感知	影响我在附近进行户外休闲活动的心情或减少在附近的活动 X_1
	带来噪声污染 X_2
	带来水污染 X_3
	带来粉尘污染 X_4
	有辐射 X_5
	带来有害气体 X_6
	对我的身体健康有较大的威胁 X_7
	感到很压抑、害怕 X_8
	感觉身体不适 X_9
	存在安全隐患 X_{10}
	感觉心情不好 X_{11}
资产贬值感知	影响了房屋的价格,使得房价较低,房价难涨 X_{12}
	周边房屋较难出售 X_{13}
	使用的一些机器(金属器械)较容易老化 X_{14}
补偿意愿	政府完善周边基础设施(如道路、学校等),我能接受 X_{15}
	如果给我合理的金钱补偿,我能接受 X_{16}

本文研究问题包括:第一,揭示不同类型人群风险感知、资产贬值感知、补偿意愿的分布规律;第二,探讨不同类型邻避设施是否引起不同的邻避效应;第三,考察风险感知、资产贬值感知、补偿意愿之间的关联关系。

(一)居民风险感知计算方法

居民的风险感知主要从环境污染、身心健康两个维度来考察。其中,环境风险通过"影响我在附近进行户外休闲活动的心情或减少在附近的活动 X_1""带来噪声污染 X_2""带来水污染 X_3""带来粉尘污染 X_4""有辐射 X_5""带来有害气体 X_6"6 个指标衡量;健康风险主要通过"对身体健康有较大的威胁 X_7""感到很压抑、害怕 X_8""感觉身体不适 X_9""存在安全隐患 X_{10}""感觉心情不好 X_{11}"5 个指标来衡量。本文采取 Likert Scale 方法(李克量表法)给各个问题后面的选项进行赋值,分别对题目涉及的 5 个等级选项非常同意、比较同意、一般或不清楚、较不同意、极不同意赋值 5 分、4 分、3 分、2 分、1 分,由此量化问卷调查结果,量化的分数越高,说明受访者对邻避设施风险感知程度越强,将不同维度或不同类型的风险感知各指标赋值加总平均后得到居民的风险感知指数(P_1):

$$P_1 = \frac{1}{n} \sum_{i=1}^{n} X_{ij} \qquad (6-1)$$

式中,X_{ij}——第 i 个被访者的第 j 类的风险感知指数,($i=1,2,3,\cdots,j=1,2,3,\cdots,11$)。

一般而言,刻度为 1~5 的量表,风险感知指数在 1~2.4 表示居民对环境、健康风险感知程度较低,2.5~3.4 表示居民对环境、健康风险感知程度一般,3.5~5 表示居民对环境、健康风险感知程度较高。

（二）居民资产贬值感知计算方法

资产贬值通过"影响了房屋的价格,使得房价较低,房价难涨 X_{12}""周边房屋较难出售 X_{13}""使用的一些机器(金属器械)较容易老化 X_{14}"这 3 个指标来衡量;同样地,用 Likert Scale 方法赋值问卷题目涉及的 5 个不同等级选项,量化值越高,说明受访者对邻避设施的资产贬值感知程度越强。将不同维度或不同类型的风险感知各指标赋值加总平均后得到居民的资产贬值感知指数(P_2):

$$P_2 = \frac{1}{n} \sum_{i=1}^{n} X_{ij} \qquad (6-2)$$

式中,X_{ij}——第 i 个被访者的第 j 类的资产贬值感知指数,($i=1,2,3,\cdots,j=12,13,14$)。

一般而言,刻度为 1~5 的量表,资产贬值感知指数在 1~2.4 表示居民对资产贬值的感知程度较低,2.5~3.4 表示居民对资产贬值的感知程度一般,3.5~5 表示居民对资产贬值的感知程度较高。

（三）居民补偿意愿计算方法

居民的补偿意愿是一种主观态度,指生活在邻避设施周边的居民是否愿意在得到一定补偿前提下接受邻避设施在其周围。本文设置实物补偿(政府完善周边设施,如道路、学校等)和货币补偿(给予金钱补偿)两类来测量居民的环境补偿意愿,具体题项为"政府完善周边基础设施(如道路、学校等),我能接受 X_{15}""如果给我合理的金钱补偿,我能接受 X_{16}"。在这需要说明的是,本文采用了条件价值法(CVM)设计了调查居民补偿意愿的题目,题目分别为"您愿意出资多少将化工厂(垃圾处理厂、传染病院)搬迁"和"给您多少补贴您可以接受化工厂(垃圾处理厂、传染病院)",但是居民对这两个问题均未给出答复,有的居民认为越多越好,有的居民觉得再多的补贴都难以补偿自己遭受的危害。总之,居民对补偿的具体数额尚未形成清晰的概念,同时表明目前CVM在环境补偿问题研究上存在局限性。同样地,用Likert Scale方法赋值问卷题目涉及的5个不同等级选项,量化值越高,说明受访者的补偿意愿越强。将不同维度或不同类型的风险感知各指标赋值加总平均后得到居民的补偿意愿指数(P_3)：

$$P_3 = \frac{1}{n} \sum_{i=1}^{n} X_{ij} \qquad (6-3)$$

式中,X_{ij}——第i个被访者的第j类的补偿意愿指数,($i=1,2,3,\cdots,j=15,16$)。

一般而言,刻度为1~5的量表,补偿意愿指数在1~2.4表示居民对的补偿意愿较低,2.5~3.4表示居民的补偿意愿一般,3.5~5表示居民的补偿意愿较高。

六、居民对邻避设施的风险感知分析

(一)居民对环境污染和健康风险感知

居民对环境污染感知的结果表明(见表6-17),居民对邻避设施周边环境污染感知一般(3.19),感知强度最强的是产生有害气体(3.65),感知强度最弱的是有辐射(2.88),剩下环境感知分指标感知强度由高到低分别为减少附近活动(3.40)、粉尘污染(3.31)、噪声污染(2.99)、水污染(2.97)。生活在化工厂周边的居民对环境污染感知程度最强(3.53),其次是垃圾处理厂周边的居民(3.52),最后是传染病院周边的居民(2.53)。化工厂和垃圾处理厂周边的居民对环境污染感知较高且相接近,两者都是对有害气体感知强度最大,而传染病院周边的居民对环境污染感知较弱,对减少附近活动的感知程度略高。由此可见,生活在化工厂和垃圾处理厂周边居民对环境污染的感知度远高于生活在传染病院附近的居民。

表6-17　环境污染感知的分指标得分

分指标	减少附近活动	噪声污染	水污染	粉尘污染	辐射	有害气体	均值
均值	3.40	2.99	2.97	3.31	2.88	3.65	3.19

分指标	减少附近活动	噪声污染	水污染	粉尘污染	辐　射	有害气体	均　值
其中:							
化工厂	3.50	3.14	3.26	3.79	3.02	4.48	3.53
垃圾处理厂	3.74	3.33	3.16	3.61	3.16	4.12	3.52
传染病院	2.94	2.48	2.49	2.50	2.46	2.30	2.53

居民对健康风险感知的结果表明(见表6-18),邻避设施周边居民对健康风险感知较高(3.55),居民对健康风险的感知度高于环境污染感知,感知强度由高到低依次是威胁身体健康(3.88)、存在安全隐患(3.57)、感到压抑害怕(3.51)、心情不好(3.45)、身体不适(3.35)。对健康风险感知程度最强的是生活在化工厂周边的居民(3.97),其次是垃圾处理厂周边居民(3.63),最后是传染病院周边居民(3.03),同样地,生活在化工厂和垃圾处理厂周边居民对健康风险感知度高于生活在传染病院附近的居民,三者共同之处在于生活在其附近的居民都对会威胁身体健康感知最强,而且居民对健康风险感知度高于环境污染感知度。

表6-18　健康风险感知的分指标得分

分指标	威胁身体健康	感到压抑、害怕	身体不适	安全隐患	心情不好	均　值
均值	3.88	3.51	3.35	3.57	3.45	3.55
其中:						
化工厂	4.16	3.83	3.92	4.04	3.90	3.97
垃圾处理厂	3.99	3.68	3.39	3.54	3.53	3.63
传染病院	3.46	2.98	2.71	3.09	2.90	3.03

(二)居民人口学特征与风险感知

由于被访者对资产贬值感知度具有一定的主观性,不同属性特征的被访者的风险感知在主观认知和心理感受或许不相同,也或许相同。

1. 不同性别居民风险感知

如表6-19所示,居民的风险感知由环境污染、健康风险构成。女性居民的环境污染感知(3.24)略高于男性(3.17)。化工厂和传染病院周边男性居民和女性居民的环境污染感知度几乎一致,男性略高于女性,而垃圾处理厂周边女性的环境污染感知(3.62)略高于男性(3.45)。女性健康风险感知度高于男性,生活在化工厂和垃圾处理厂周边女性健康风险感知高于男性,而传染病院周边的男、女性对健康风险感知度几乎相当,男性略高于女性。

表 6-19　不同性别居民风险感知分值

分指标＼性别	男性	女性
环境污染感知	**3.17**	**3.24**
其中：		
化工厂	3.57	3.49
垃圾处理厂	3.45	3.62
传染病院	2.54	2.51
健康风险感知	**3.50**	**3.61**
其中：		
化工厂	3.94	4.00
垃圾处理厂	3.57	3.70
传染病院	3.06	3.02

总体而言,性别对风险感知影响不大,男、女性对风险感知总体差异不大,女性对环境污染、健康风险感知略微高于男性。另外,同一类型邻避设施周边男、女性居民虽对风险感知差异不大,但是不同类型邻避设施周边居民感知是有一些差距的,也不是时时刻刻都是女性感知大于男性或男性感知大于女性,不同邻避设施周边居民感知是有差异的。

2. 不同年龄段居民风险感知

由表 6-20 所示,居民对环境污染感知在 30 多岁到达较高感知值(3.37),在 40 几岁突降至 3.05,之后随着年龄的增长不断上升。化工厂周边居民对环境污染感知度随着年龄的增长先上升后下降再上升,20 岁以下居民感知度最弱(3.18)。传染病院周边居民对环境污染感知先下降后上升,40～49 岁年龄段的居民感知度最强。居民的健康风险感知随着年龄增长先上升后下降再上升,60 岁以上老年人感知强度最大(3.72)。生活在化工厂周边 20 岁以下居民对健康风险感知最弱(3.27),其他年龄段居民的健康风险感知较强,分值在4.00左右。传染病院周边居民健康风险感知度随着年龄增长先上升后下降再上升。垃圾处理厂周边居民对健康风险感知先上升后下降，而对环境污染感知上下浮动。

表 6－20 不同年龄段居民风险感知分值

年龄段 分指标	<20	20~29	30~39	40~49	50~59	≥60
环境污染感知	**3.21**	**3.17**	**3.37**	**3.05**	**3.09**	**3.25**
其中：						
化工厂	3.18	3.68	3.60	3.57	3.47	3.55
垃圾处理厂	3.54	3.48	3.64	3.44	3.19	3.44
传染病院	2.73	2.53	2.48	3.45	2.54	2.54
健康风险感知	**3.26**	**3.60**	**3.66**	**3.40**	**3.57**	**3.72**
其中：						
化工厂	3.27	4.08	3.83	3.99	4.14	4.08
垃圾处理厂	3.59	3.55	3.72	3.67	3.48	3.45
传染病院	2.71	3.37	3.33	2.86	2.88	3.04

总体而言，20 岁以下年轻人对风险感知较弱，60 岁以上老年人感知较强。相同年龄段不同邻避设施居民的风险感知度变化存在差异，但是化工厂和垃圾处理厂周边居民的风险感知度总是高于传染病院周边居民的感知度。

（三）居民的社会经济学特征与其风险感知

1. 不同居住时间居民风险感知

如表 6－21 所示，居民居住时间的延长，其风险感知水平变化规律是先下降后上升，出现这种现象的原因可能是居住不久的居民对环境污染、健康风险反映较强烈，随着时间不断推移，居民渐渐习惯周边生活环境状况，感知度有所下降，到居民生活 4~6 年之后，居民随着邻避设施负面影响的逐渐积累，其对环境状况、身心健康方面的影响有更深入的了解，这与王峰等（2014）的研究结果相一致。化工厂周边居民风险感知度随着居住年限变化符合以上变化趋势，且生活 4~6 年的居民对环境风险感知最弱，而传染病院周边居民风险感知随着居住年限增加大致先下降后上升，垃圾处理厂周边居民则是大致先上升后下降。

表 6－21　不同居住时间居民风险感知分值

居住时间 分指标	1 年以下	1～3 年	4～6 年	7～9 年	≥10 年
环境污染感知	**3.12**	**3.10**	**2.96**	**3.27**	**3.38**
其中：					
化工厂	2.94	3.63	3.25	3.57	3.58
垃圾处理厂	3.44	3.43	3.71	3.65	3.46
传染病院	2.51	2.51	2.44	2.41	2.72
健康风险感知	**3.54**	**3.42**	**3.41**	**3.42**	**3.77**
其中：					
化工厂	3.30	3.80	3.80	3.78	4.10
垃圾处理厂	3.75	3.56	3.70	3.55	3.27
传染病院	3.17	3.09	3.10	2.83	2.97

2. 不同学历居民风险感知

如表 6－22 所示，随着居民受教育程度的提高，其风险感知先小幅下降后上升再下降。化工厂、垃圾处理厂以及传染病院周边各学历段居民的风险感知差异不大，在各阶段，化工厂周边居民风险感知度总是最强，垃圾处理厂周边居民次之，传染病院周边居民感知度最弱。

表 6－22　不同学历居民风险感知分值

受教育程度 分指标	小学以下	初　中	高　中	专　科	本科及以上
环境污染感知	**3.23**	**3.15**	**3.14**	**3.37**	**3.05**
其中：					
化工厂	3.41	3.42	3.59	3.61	3.76
垃圾处理厂	3.14	3.56	3.40	3.60	3.49
传染病院	1.94	2.57	2.57	2.70	2.36
健康风险感知	**3.66**	**3.50**	**3.52**	**3.66**	**3.44**
其中：					
化工厂	3.88	4.16	3.91	3.75	4.17
垃圾处理厂	3.27	3.56	3.55	3.72	3.60
传染病院	2.33	2.80	3.15	3.46	2.97

七、居民资产贬值感知分析

(一)居民的资产贬值感知

居民对资产贬值感知的结果表明(见表6-23),本文主要从房地产角度分析资产贬值。居民对邻避设施周边资产贬值感知一般(3.24),略高于环境污染感知且低于健康风险感知。总体而言,感知程度最强的是会影响周边的房价,使房价低、难涨(3.43),其次是周边房屋较难出售(3.36),最后是机器较容易老化(2.94)。生活在化工厂和垃圾处理厂周边居民对经济损失感知程度较高且相近,依次为3.44、3.41,而传染病院周边居民的资产贬值感知较弱(2.88)。不难发现,生活在传染病院周边居民较不赞成机器设备容易老化,化工厂和传染病院周边居民对房价问题感知度高于房屋难出售问题,而垃圾处理厂周边居民对其的感知度正好相反,原因在于化工厂和传染病院周边的房产居住着职工及其家属,他们对房子难出售感知较低。

表 6-23　资产贬值感知的分指标得分

分指标	影响房价,使房价低、难涨	周边房屋较难出售	机器较容易老化	均　值
均值	3.43	3.36	2.94	3.24
其中:				
化工厂	3.66	3.46	3.19	3.44
垃圾处理厂	3.49	3.59	3.15	3.41
传染病院	3.13	3.03	2.49	2.88

(二)居民的人口学特征与资产贬值感知

1. 不同性别居民的资产贬值感知

如表6-24所示,男、女性对资产贬值感知差异同样是不大的,男性(3.26)略高于女性(3.22)。化工厂周边男性居民对资产贬值感知度略高于女性,而垃圾处理厂和传染病院周边男性居民的资产贬值感知度略低于女性。总体而言,居民性别对资产贬值感知影响不大,女性对资产贬值感知略低于男性。另外,同一类型邻避设施周边男、女性居民虽对资产贬值感知差异不大,但是不同类型邻避设施周边居民感知是有一些差距的,也不是时时刻刻都是女性感知大于男性或男性感知大于女性,不同邻避设施周边居民感知是有差异的。

表 6‑24　不同性别居民的资产贬值感知分值

性别 分指标	男	女
资产贬值感知	3.26	3.22
其中：		
化工厂	3.59	3.29
垃圾处理厂	3.38	3.46
传染病院	2.86	2.90

2. 不同年龄段居民的资产贬值感知

如表 6‑25 所示，居民资产贬值感知整体呈现先上升后下降再小幅上升趋势，30 多岁居民的资产贬值感知最强。化工厂和垃圾处理厂周边居民对资产贬值感知先上升后下降，30～49 岁之间居民的资产贬值感知较强烈。传染病院周边居民资产贬值感知基本呈现先下降后上升的趋势，60 岁以上居民的资产贬值感知度较强。相同年龄段不同邻避设施居民的资产贬值感知度变化存在差异，但是化工厂和垃圾处理厂周边居民的资产贬值感知整体是高于传染病院周边居民的感知的。

表 6‑25　不同年龄段居民的资产贬值感知分值

年龄段 分指标	＜20	20～29	30～39	40～49	50～59	≥60
资产贬值感知	3.21	3.22	3.36	3.22	3.13	3.27
其中：						
化工厂	3.25	3.30	3.58	3.57	3.48	3.43
垃圾处理厂	3.40	3.48	3.50	3.42	3.08	2.79
传染病院	2.87	2.87	2.79	2.88	2.69	3.08

（三）居民的经济学特征与资产贬值感知

1. 不同居住时间居民的资产贬值感知

如表 6‑26 所示，居民对资产贬值感知变化不大，变化趋势为先下降后上升，居住 4～6 年后再次上升。但是不同类型邻避设施周边居民感知是有差异的，化工厂和传染病院周边居民对资产贬值感知变化相似，都呈先上升后下降趋势，而垃圾处理场周边居民对资产贬值感知呈下降趋势且在 4～6 年略上升。

表6-26　不同居住时间居民的资产贬值感知分值

居住时间 分指标	1年以下	1~3年	4~6年	7~9年	≥10年
资产贬值感知	3.27	3.22	3.20	3.24	3.26
其中：					
化工厂	3.44	3.48	3.60	3.42	3.41
垃圾处理厂	3.53	3.37	3.43	3.37	3.11
传染病院	2.74	2.96	2.91	2.86	2.89

2. 不同学历居民的资产贬值感知

如表6-27所示，随着教育程度的提高，居民资产贬值感知先上升后下降，化工厂和传染病院周边居民的资产贬值感知变化符合以上变化趋势，而垃圾处理厂周边居民的资产贬值感知上下波动，传染病院周边居民的资产贬值感知总是最低的。

表6-27　不同学历居民资产贬值感知分值

受教育程度 分指标	小学及以下	初中	高中	专科	本科及以上
资产贬值感知	3.11	3.25	3.29	3.28	3.19
其中：					
化工厂	3.26	3.47	3.56	3.41	3.47
垃圾处理厂	2.39	3.42	3.36	3.46	3.50
传染病院	2.59	2.91	3.00	2.79	2.81

八、居民补偿意愿分析

（一）居民的补偿意愿

邻避设施周边居民补偿意愿的结果表明（见表6-28），居民补偿意愿一般（2.84）。两种补偿方式对居民的吸引力都不强，可见居民内心对邻避设施的反感程度是高的。而完善周边基础设施的接受度略高于金钱补偿，据居民解释，完善周边设施，比如学校、道路，这些有利于其后代的生活，在邻避设施不能迁移的前提下，更愿意接受完善周边设施而非直接获取金钱补偿。从邻避设施类型的角度看，居民对传染病院的补偿意愿接受度最高（3.33），化工厂（2.62）次之，垃圾处理厂（2.59）处于最后。这种现象不难解释，传染病院客观来说并不会对周边环境造成太大的影响,而化工厂和垃圾处理厂造成的污染较大。居民对垃圾处理厂的接受度低于化工厂,原因在于不少居民在化工厂工作,居住的房子有些是工厂的补贴房。

表 6 - 28　居民接受补偿意愿的分指标得分

分指标	完善周边设施	金钱补偿	均　值
均值	2.92	2.76	2.84
其中:			
化工厂	2.66	2.57	2.62
垃圾处理厂	2.69	2.49	2.59
传染病院	3.43	3.22	3.33

(二)居民的人口学特征与补偿意愿

1. 不同性别居民的补偿意愿

如表 6 - 29 所示,无论是实物补偿还是货币补偿,男性的补偿意愿都略高于女性。其中,垃圾处理厂和传染病院周边男性居民补偿意愿高于女性居民,而化工厂周边居民补偿意愿接受度正好相反。三种邻避设施周边居民对实物补偿意愿都高于货币补偿。不同类型邻避设施周边男性居民的补偿意愿由高到低依次是:传染病院、垃圾处理厂、化工厂,而不同类型邻避设施周边女性居民的补偿意愿由高到低依次是传染病院、化工厂、垃圾处理厂。

表 6 - 29　不同性别居民的补偿意愿分值

分指标　　　　性别	男	女
实物补偿	2.96	2.86
其中:		
化工厂	2.65	2.66
垃圾处理厂	2.74	2.59
传染病院	3.45	3.38
货币补偿	2.77	2.73
其中:		
化工厂	2.48	2.64
垃圾处理厂	2.57	2.36
传染病院	3.21	3.21

2. 不同年龄段居民的补偿意愿

如表6-30所示,随着年龄的增长,居民的实物补偿意愿呈现先下降后上升再下降的趋势,其中生活在化工厂和垃圾处理厂周边居民的实物补偿意愿基本呈现这种变化趋势,20岁以下年轻人实物补偿意愿最为强烈。但是传染病院周边居民的实物补偿意愿先上升后下降,20~60岁以上居民的实物补偿意愿小幅度地上下波动,20岁以下年轻人的补偿意愿最弱。

表6-30   不同年龄段居民的补偿意愿分值

年龄段 分指标	<20	20~29	30~39	40~49	50~59	≥60
实物补偿	**3.07**	**2.99**	**2.71**	**3.01**	**3.03**	**2.79**
其中:						
化工厂	3.20	2.63	2.43	2.52	2.87	2.54
垃圾处理厂	3.00	2.77	2.49	2.77	2.38	2.72
传染病院	3.06	3.44	3.55	3.47	3.46	3.53
货币补偿	**2.79**	**2.78**	**2.67**	**2.74**	**2.87**	**2.75**
其中:						
化工厂	2.80	2.27	2.22	2.56	2.68	2.70
垃圾处理厂	2.62	2.52	2.62	2.37	1.88	2.27
传染病院	3.06	3.38	3.27	3.16	3.46	3.03

(三)居民的经济学特征与补偿意愿

1. 不同居住时间居民的补偿意愿

如表6-31所示,随着居民居住年限的增加,居民对实物补偿和货币补偿意愿接受度先上升后下降。其中,生活在化工厂周边居民对实物补偿意愿随着居住年限增加而下降,居住时间在1年以下的居民实物补偿意愿最强烈;生活在垃圾处理厂周边居民的实物补偿意愿先上升后下降,居住年限在4~6年居民的实物补偿意愿最强烈;传染病院周边居民对实物补偿意愿上下波动。三种类型邻避设施周边居民都对货币补偿意愿大致呈现先上升后下降的变化趋势,传染病院周边居民的实物补偿意愿和货币补偿意愿均高于化工厂和垃圾处理厂周边居民。

表6-31　不同居住时间居民的补偿意愿分值

居住时间 分指标	1年以下	1～3年	4～6年	7～9年	≥10年
实物补偿	**2.82**	**3.09**	**3.14**	**2.93**	**2.74**
其中：					
化工厂	3.00	2.90	2.62	2.63	2.61
垃圾处理厂	2.59	2.76	2.90	2.74	2.42
传染病院	3.25	3.53	3.48	3.52	3.33
货币补偿	**2.59**	**2.96**	**3.02**	**2.69**	**2.61**
其中：					
化工厂	2.83	2.52	3.00	2.56	2.49
垃圾处理厂	2.33	2.76	2.48	2.52	2.32
传染病院	3.06	3.36	3.31	3.09	3.15

2. 不同学历居民的补偿意愿

如表6-32所示,不管接受教育程度如何,居民的实物补偿意愿总是高于货币补偿意愿。随着接受教育程度提高,居民的补偿意愿上下小幅波动,变化不大。

表6-32　不同学历居民补偿意愿分值

受教育程度 分指标	小学及以下	初　中	高　中	专　科	本科及以上
实物补偿	**2.80**	**2.96**	**2.91**	**2.95**	**2.92**
其中：					
化工厂	2.77	2.63	2.62	2.38	2.08
垃圾处理厂	2.50	2.83	2.48	2.71	2.51
传染病院	3.33	3.39	3.47	3.50	3.36
货币补偿	**2.68**	**2.93**	**2.72**	**2.68**	**2.76**
其中：					
化工厂	2.71	2.85	2.42	2.56	2.08
垃圾处理厂	2.33	2,71	2.36	2.46	2.51
传染病院	2.83	3.17	3.24	3.22	3.28

（四）居民风险感知、资产贬值感知和补偿意愿之间的关联

为探究居民的风险感知、资产贬值感知、补偿意愿之间的关系,本文通过 SPSS 19.0 对相关变量进行相关性分析,最终得到皮尔森系数,如表 6-33 所示。

表 6-33 风险感知、资产贬值感知、补偿意愿相关性

	风险感知	资产贬值感知	补偿意愿
风险感知	**1**	**.547****	**−.245****
化工厂组	1	.439**	−.187**
垃圾处理厂组	1	.487**	−.038
传染病院组	1	.473**	.106
资产贬值感知		**1**	**−.190****
化工厂组		1	−.230**
垃圾处理厂组		1	−.038
传染病院组		1	.098
补偿意愿			**1**
化工厂组			1
垃圾处理厂组			1
传染病院组			1

注:**.在.01 水平(双侧)上显著相关。

全样本的风险感知、资产贬值感知、补偿意愿三者是两两相关的,风险感知与资产贬值感知呈正相关且在 1% 水平上显著,即居民的风险感知越强,其资产贬值感知越大;风险感知与补偿意愿呈负相关且在 1% 水平上显著,即居民的风险感知越强,其补偿意愿越小;资产贬值感知与补偿意愿呈负相关且在 1% 水平上显著,即居民的资产贬值感知越大,其补偿意愿越低。

化工厂周边居民的风险感知、资产贬值感知、补偿意愿三者是两两相关的,风险感知与资产贬值感知呈正相关且在 1% 水平上显著,即居民的风险感知越强,其资产贬值感知越大;风险感知与补偿意愿呈负相关且在 1% 水平上显著,即居民的风险感知越强,其补偿意愿越小;资产贬值感知与补偿意愿呈负相关且在 1% 水平上显著,即居民的资产贬值感知越大,其补偿意愿越低。作者在与化工厂周边居民交谈中,感受到他们对周边环境、自身健康风险感知很强,对化工厂十分反感,强烈要求邻避设施搬离,远离他们的生活,很多居民

都拒绝接受补偿。

垃圾处理厂周边居民的风险感知与资产贬值感知呈正相关且在1%水平上显著,即居民的风险感知越强,其资产贬值感知越大;风险感知与补偿意愿呈负相关但不显著;资产贬值感知与补偿意愿呈负相关但不显著。垃圾处理厂附近居民对周边环境、自身健康风险感知较强,他们对垃圾处理厂较敏感,要求邻避设施搬离,远离他们的生活,有些居民拒绝接受补偿。

传染病院周边居民的风险感知与资产贬值感知呈正相关且在1%水平上显著,即居民的风险感知越强,其资产贬值感知越大;风险感知与补偿意愿呈正相关但不显著;资产贬值感知与补偿意愿呈正相关但不显著。传染病院周边居民的风险感知、资产贬值感知远低于化工厂和垃圾处理厂附近的居民,他们普遍愿意接受补偿,所以风险感知与补偿意愿、资产贬值感知与补偿意愿都是呈正相关的,与垃圾处理厂和传染病院组相关性相反。

第四节　本章小结

本章阐述了公众对工程项目邻避风险认知的困境,探讨了其研究方法;重点以金陵石化工业区为例,调查了周边两百多个家庭千余居民对邻避设施的风险认知和环境补偿意愿。结果发现:多数居民认为邻避设施对自己的家庭生活产生了负面影响,且其风险认知和补偿意愿存在差异;风险认知随着年龄增长呈先上升后下降的趋势,且随着居住时间的增加先经历小幅下降,然后再上升;补偿意愿则随着居民居住时间的增加而减弱,其中年长者的补偿意愿较低,具有一定的地方依附性;相比货币补偿,居民更容易接受实物补偿;该地区居民的邻避行为倾向与其风险认知水平正相关,与其补偿意愿负相关。同时采取问卷调查与深度访谈等方式进行多案例研究,揭示不同类型人群风险感知、资产贬值感知、补偿意愿的分布规律;探讨不同类型邻避设施是否引起不同的邻避效应;考察风险感知与资产贬值感知、资产贬值感知与补偿意愿的关系。研究发现:不同类邻避设施附近居民风险感知和资产贬值感知由强到弱依次都是:化工厂、垃圾处理厂、传染病院。不同群体特征居民对相同邻避设施资产贬值感知变化差异不大,但是不同类型邻避设施附近居民资产贬值感知有差异。居民更愿意接受完善周边设施而非直接获取金钱补偿。居民的风险感知越强烈,其资产贬值感知越强,化工厂、垃圾处理厂、传染病院附近居民邻避态度均表现如此,但是居民的资产贬值感知越强,其补偿意愿不一定是越强。

本章参考文献

[1] Claro E. Exchange relationships and the environment: The acceptability of compensation in the siting of waste disposal facilities[J]. Environmental Values, 2007, 16(2):187 - 208.

[2] Davis B C, Bali V A. Examining the role of race, NIMBY, and local politics in FEMA trailer park placement[J]. Social Science Quarterly, 2008, 89(5):1175 - 1194.

[3] Flyvbjerg B, Garbuio M, Lovallo D. Delusion and deception in large infrastructure projects: two models for explaining and preventing executive disaster [J]. California management review, 2009, 51(2):170 - 193.

[4] Frey B S, Oberholzer-Gee F, Eichenberger R. The old lady visits your backyard: a tale of morals and markets[J]. Journal of political economy, 1996, 104(6):1297 - 1313.

[5] Hayden S. Markets, Transaction Costs and Institutions: Compensating for Nuclear Risk in Japan[J]. Australian Journal of Political Science, 2003, 38(1):5 - 23.

[6] Huijts N M A, De Groot J I M, Molin E J E, et al. Intention to act towards a local hydrogen refueling facility: Moral considerations versus self-interest [J]. Transportation Research Part A: Policy and Practice, 2013, 48:63 - 74.

[7] Jenkins-Smith H, Kunreuther H. Mitigation and benefits measures as policy tools for siting potentially hazardous facilities: Determinants of effectiveness and appropriateness [J]. Risk Analysis, 2001, 21(2):371 - 382.

[8] Montibeller G, Winterfeldt D. Cognitive and Motivational Biases in Decision and Risk Analysis[J]. Risk Analysis, 2015, 35(7):1230 - 1251.

[9] Patrick D. Explaining "NIMBY" Objections to a Power Line The Role of Personal, Place Attachment and Project-Related Factors [J]. Environment and Behavior, 2013, 45(6):761 - 781.

[10] Schively C. Understanding the NIMBY and LULU phenomena: Reassessing our knowledge base and informing future research[J]. Journal of planning literature, 2007, 21(3):255 - 266.

[11] Steg L, Bolderdijk J W, Keizer K, et al. An Integrated Framework for Encouraging Pro-environmental Behaviour: The role of values, situational factors and goals [J]. Journal of Environmental Psychology, 2014, 38(3):104 - 115.

[12] Zaal M P, Terwel B W, ter Mors E, et al. Monetary compensation can increase public support for the siting of hazardous facilities [J]. Journal of Environmental Psychology, 2014, (37):21 - 30.

[13] 陈佛保,郝前进.环境市政设施的邻避效应研究——基于上海垃圾中转站的实证分析[J].城市规划,2013,(8): 72 - 78.

[14] 侯光辉,王元地.邻避危机何以愈演愈烈——一个整合性归因模型[J].公共管理

学报,2014,11(3)：80-92.

　　[15] 黄仲毅.居民对于邻避设施认知与态度之研究——以垃圾资源回收焚化厂为例[D].台北：中国文化大学,1998.

　　[16] 金通.垃圾处理产业中的邻避现象探析[J].当代财经,2007,(5):78-80.

　　[17] 乐章.农民土地流转意愿及解释——基于十省份千户农民调查数据的实证分析[J].农业经济问题,2010,31(2)：64-70.

　　[18] 李永展,何纪芳.台北地方生活圈都市服务设施之邻避效果[J].都市与计划,1996,23(1)：95-116.

　　[19] 林李月,朱宇,许丽芳.流动人口对流入地的环境感知及其对定居意愿的影响——基于福州市的调查[J].人文地理,2016(1):65-72.

　　[20] 刘冰.邻避设施选址的公众态度及其影响因素研究[J].南京社会科学,2015(12)：62-69.

　　[21] 刘小峰,杜建国.环境行为与环境管理[M].南京：南京大学大学出版社,2013：13-18.

　　[22] 刘小峰.城市居民对邻避设施的风险认知与补偿意愿——基于金陵石化工业区周边居民调查数据的分析[J].城市问题,2015(9):99-103.

　　[23] 刘小峰.邻避设施的选址与环境补偿研究[J].中国人口资源与环境,2013,23(12)：70-75.

　　[24] 马仁锋,王美,张文忠,等.临港石化集聚对城镇人居环境影响的居民感知——宁波镇海案例[J].地理研究,2015,34(4):729-739.

　　[25] 王锋,胡象明,刘鹏.焦虑情绪,风险认知与邻避冲突的实证研究——以北京垃圾填埋场为例[J].北京理工大学学报（社会科学版）,2014,16(6)：61-67.

　　[26] 张乐,童星.公众的"核邻避情结"及其影响因素分析[J].社会科学研究,2014(1)：105-111.

　　[27] 张向和,彭绪亚,刘峰,等.重庆市垃圾处理场的邻避效应分析[J].环境工程学报,2011,5(6)：1363-1369.

　　[28] 郑卫.邻避设施规划之困境——上海磁悬浮事件的个案分析[J].城市规划,2011(2)：74-81.

　　[29] 周丽旋,彭晓春,关恩浩,等.垃圾焚烧设施公众"邻避"态度调查与受偿意愿测算[J].生态经济,2012,37(12)：174-177.

第七章 邻避风险与公众参与(Ⅱ)：
邻避舆情扩散

　　邻避冲突表面上看是政府忽视了民众的知情权和利益诉求而导致部分民众对项目负外部性的一种非理性抗争,即邻避冲突表现为外生信息不透明情形下民众由于偏离了对项目的理性认知而与政府的行为博弈。这种外生信息是指由政府或代表政府的相关媒体作为信息的提供者,单向地向广大民众发布关于邻避项目的有关信息。事实上,在实际发生的邻避冲突中,民众很少关注或相信政府对项目的环评公示(李雅红,2014),他们更多是自己通过某种行为而获得关于邻避项目的一些信息,即信息是内生的而不是外生给定的。尤其是随着互联网的普及和蓬勃发展,民众更倾向于通过微博、微信、Twitter、Facebook、LinkedIn、QQ等工具来获取和发布有关邻避项目的信息,他们既是信息的提供者,也是信息的接收者和执行者。所以,目前邻避项目的信息传播方式已发生了不经意的变化,即由外生信息化逐渐向内生信息化转变(李广乾,2014)。民众通过社交互动而形成的内生信息还可在信息网络交互作用下不断涌现新的信息,并通过对信息层层筛选而形成信息序列或信息级联(李倩倩等,2015)。这些内生信息及其衍生的信息级联已成为邻避冲突集群行为的催化剂,如《2014年度网络舆论生态发展报告》指出一些高污染项目的负外部性通过网络非线性放大而引发的"邻避运动"正呈高发态势。

　　随着外生信息的内生化,人们越来越希望通过社交互动了解邻避项目的特征,同时表达和传播自己的观点、意见或看法。当人们的观点交互趋于一致并形成规模性的舆论、态度和社会情绪时,即形成邻避项目的公共舆情(李雅红,2014)。公共舆情在网络媒介的推动作用下会使人们具有相同的社会偏好而聚集成各种规模的社会群体组织(如邻居、社区群体等),这些组织为了表达群体的共同偏好或利益诉求,往往会采取非理性方式与政府形成直接或间接的利益博弈,导致邻避冲突的集群行为如"涟漪效应"和"蝴蝶效应"般不断演变,最终造成严重的社会影响。也就是说,邻避行为之所以会发酵为群体性事件,其中重要的原因是邻避舆情的形成和发展(赵树迪等,2017;彭小兵和邹晓韵,2017)。邻避舆情是指公众通过对邻避项目的认知而形成对邻避项目的情绪、态度和观点的舆论总和(Carlisle et al,2015)。如果没有公众形成对邻避项目的一致认识,大家莫衷一是,就不可能形成一致行动,也就不可能有群体事件发生(赵树迪等,2017)。特别是随着互联网成为舆情传播和扩散的主阵地,近年的邻避群体事件越呈高发态势,如浙江宁波、云南昆明、广东茂名等地先后发生的"PX事件"最为典型,甚至引发了次生舆情危机,严重制约经济社会可持续发展(彭小兵和谢虹,2015)。然而,面对频发的邻避冲突,政府往往注重突发事件后的应急管理,而对公众关于邻避项目认知却很少给予关切和引导,忽略了公众对邻避项目风险的知情权和认知偏差(刘小峰和张成,2017;刘小峰和吴孝灵,2018),最终致使邻避舆情愈演愈烈。因此,如何从公众对邻避项目认知和政府对舆情引导的角度,探讨邻避舆情演化规律,已成为政府有效管控邻避舆情和缓解邻避冲突所面临的重要议题。

第一节　舆情与邻避风险研究综述

随着邻避冲突事件的不断发生,邻避行为的影响因素正呈多样化发展趋势。然而,在互联网时代背景下,民众通过社交媒介互动而生成的网络信息对邻避集群行为的产生和演化存在怎样的影响,目前尚未引起人们关注。

一、网络信息特征对邻避的影响

事实上,互联网的迅速发展已显著地改变了人们对信息的获取与决策方式以及群体的集群行为演化机理(张永杰等,2011)。特别是随着大数据时代的到来,人们通过对各种原始数据的分析和处理而获取的信息也发生了显著的变化,主要表现在信息的规模和数量更大、信息的形式更加多样、信息更新更加及时,其中最显著的特征是信息的网络化更加突出,这主要是因为当前人们拥有更多的网络信息沟通工具(如博客、Wiki、QQ群、微博等)来获取和发布信息。这些网络信息(Endogenous Information)的最基本特征是异构的,既包含数量、图形这样的结构化数据,又包含文本、图像、视频、音频这样的非结构化数据,所有这些结构化和非结构化数据通常从微观(个体)数据涌现出宏观(集结)数据(徐宗本等,2014)。

随着互联网大数据时代的快速发展,人们通过社交互动而生成的网络信息必然存在日益剧增的安全风险(陶茂丽,2016)。那么,网络信息的安全风险是否影响集群行为的产生和演变,影响的机理又会如何? 国外已有学者开始了初步探索,主要集中在金融投资行为、交通出行行为等方面的研究。Das 和Sisk(2005)发现活跃于各种论坛的个体投资者行为表现出更多趋同性;Mizrach 和 Weerts(2009)通过一组数据研究发现 676 位网上发帖者的投资行为具有显著的集群特征;Shirky(2010)发现人们通过社交媒体进行信息沟通时,通常会更愿意支持和参与群体形式的活动,从而驱动集群行为的产生;Van等(2013)通过问卷调查研究指出信息通信技术(Information and Communication Technologies,ICT)对社会群体出行行为存在驱动作用;Bartle 等(2013)研究发现人们使用在线的、基于地图的 Web 网站分享路线往往会促进群体内部活动的一致性。

随着互联网技术的推广和应用,信息通信技术(ICT)的快速发展同样也会给公民参与邻避运动或环境保护活动提供了新途径,Gouveia 等(2008)通过构建环境合作监管网络(Environmental Collaborative Monitoring Networks,ECMN)探讨了环境监管数据的源头作用,Che 等(2013)运用地理信息系统技术(Geographic Information System Techniques,GIST)对邻避设施附近居民的风险认知进行空间分析,认为信息公开、管理透明、相互沟通对避免邻避行为和促进社会信任有着重要作用;Buil 等(2014)通过对 14～18 岁年轻人群进行问卷调查,结果表明相互间的短信交流更有利于促进年轻人参与城市垃圾的回收活动。

上述仅有的这些研究表明,网络信息对集群行为存在较大的驱动性,必然影响集群行为的产生和演化。然而,由于数据挖掘算法开发的复杂性(Das &Chen,2007)和相关数据获得与处理的困难,即使在国外,有关这方面的研究也较为鲜见。

二、网络信息与邻避的交互影响

网络信息影响集群行为的形成和演变,而集群行为又是否影响网络信息的传播和演化? 目前相关研究还不多见。

在互联网迅速普及和高度发达的今天,众多的群体事件已表现出信息交互与群体行为紧密互动的新趋势(Levine,2011),但学者们目前大都从信息如何影响群体行为的角度展开研究。例如,Raiden 等(2004)通过实证研究指出工程管理团队形成的有效途径是鼓励员工参与决策和运用人力资源信息工具;Squicciaini 等(2011)探讨了网络信息对虚拟组织形成中信任建立的关键作用；Santosa 和 Bazzanb(2012)则使用集群智能(Swarm Intelligence)讨论了网络信息对专家群体形成的作用机制；Li 等(2015)提出了广义的专家团队形成问题，认为信息在其中的作用是通过相关约束条件体现；刘德海等(2013；2014)通过构建邻避集群行为的协同演化博弈模型研究了不同的信息特征(如信息匮乏、信息过剩、信息虚假等)对邻避集群行为演化的影响程度，认为政府可通过施加信息或舆情引导措施作为外部干扰来引导邻避冲突趋于消解。

实际上，在互联网环境下，由于社交媒体(Social Media)的广泛使用而使得信息网络化更加突出，个体通过社交互动而形成的网络信息是人们共享信息的方式，它是以信息交互为基础的互动行为。网络信息可不断聚合涌现新的信息，如谣言、闲话、公众舆论等，它们往往是引发群体行为和其他更复杂社会行为(如流行、时尚，恐慌和骚乱等)的初级阶段(李林和孙军华，2014)。所以，研究信息交互过程或网络信息的传播演化更有助于人们对集群行为演化规律的认识。例如，Shirky(2008)认为人们使用社交媒体进行信息交互有利于促使更多的群体通过在不同的时间和空间上共享信息而得以存在；Chen 等(2013)研究了信息沟通方式与组织社交网络扩张之间的系统动力学特征。我国学者李嘉等(2014)认为群体任务同信息技术(ICT)的交互是具有提高群体绩效潜力的前沿性研究领域，并通过实验研究来检验了不同类型任务和不同信息组织之间的最优匹配关系对群体绩效的影响。

由此可见，目前对网络信息与群体行为的相互影响机理的研究还颇为有限。而且，随着互联网大数据时代的快速发展，邻避行为已逐渐呈现为一类具有新形式、新特征的群体聚集行为。然而，人们对邻避集群行为与网络信息的相互影响关系还尚未给予较高关注。

三、邻避舆情传播演化

有关舆情传播演化问题，国内外学者已从定性和定量的角度展开研究。在定性研究方面，主要运用新闻传播学、社会心理学等理论对舆情的概念、特点、传播过程等进行定性描述和案例研究(王光辉等，2017；Kim et al，2015)。而在定量研究方面，主要以突发事件为背景对舆情传播演化机制进行建模研究，包括宏观和微观两种视角的建模方式。在宏观建模方面，大都以 SIR(Susceptible Infected Removed)模型为基础，将舆情传播模型化为流行病的网络传播，并应用于谣言传播研究(Li et al，2013)。例如，Afassinou(2014)考虑个体受教育程度，将 SIR 模型拓展为 SEIR 谣言传播模型；Qiu 等(2016)将时间依赖传播行为嵌入 SIR 模型，并进行谣言传播模拟；Jiang 和 Yan(2017)使用节点度描述谣言传播群体的动态变化,扩展了传统的 SIR 模型;赵俊等(2016)考虑到谣言在传播之前存在发酵期,在 SIR 模型基础上构建了具有发酵期的舆情传播模型;王治莹和李勇建(2017)通过将舆情免疫者加入 SIR 模型,构建了政府干预下的舆情传播控制系统。这些关注舆情传播群体宏观变化的建模方式能够较好描述舆情演化过程,但由于缺乏对个体微观行为的刻画,往往削弱了模型的适用性。在微观建模方面,以 Sznajd(2001)为代表的离散型模型描述了舆情网络中相邻节点选择邻居的行为,而以 Hegselmann 和 Krause(2002)为代表的连续型 HK 模型则刻画了个体与周围邻居的交互行为。而且,基于个体间交互存在学习模仿等有限理性行为,演化博弈建模正被应用于舆情演化研究(Ding et al,2009)。例如,Etesami 和 Başar(2014)基于观点动力学的演化博弈分析,将 HK 模型的异步演化转化为一个势博弈的最适应反映变化序列;Yang(2016)基于个体模仿行为,构建了舆情演化模型,并应用于无标度网络;李勇建和王治莹(2014;2015)考虑到主体行为的动态性、目标偏好等多属性特征,运用演化博弈建模研究了舆情传播规律。此外,为了较好地模拟个体间的微观交互行为,基于超网络的多主体建模方法也正被应用到集社交、环境、心理和观点等多维子网的舆情超网络模型中(刘怡君等,2012)。例如,Ma 和 Liu(2014)结合文本挖掘与网络拓扑结构分析,将舆情超网络模型应用于舆论领袖的识别研究;黄远等(2015)通过构建微博舆论场超网络模型,对突发事件舆情演化进行了定量分析;王光辉等(2017)基于舆情超网络模型,探讨了舆论危机的异化极化过程和影响因素。尽管这些模型非常重视个体微观行为对舆情演化的影响作用,但由于没有刻画个体在面对反向观点时的行为交互特征,使得政府引导对舆情演化的影响作用很难凸显。

政府应该如何引导舆情,随着突发事件的频发,已引起了学者们的关注。突发事件爆发后会在网络社区引发广泛讨论而滋生诸多难以预测的舆情,舆情传播不仅加剧了原生事件的应急难度,也会引发新的安全事件。近年来,我国邻避群体事件正不断增多,但学者们对邻避舆情的研究还不多见,仅有的研究还是单纯讨论由群体突发事件而引发的舆情。例如,刘德海和陈静锋(2014)研究政府舆情引导对邻避群体事件演化的影响;钟慧玲等(2016)和宾宁等(2017)探讨政府应对邻避群体事件的舆情引导措施。事实上,邻避舆情不同于一般的网络舆情,它表现出更强的现实互动性,往往是舆情诱发了现实事件(田进等,2016)。这在客观上需要政府通过舆论交互对邻避舆情进行有效引导,以尽可能减少或抑制群体事件的突发。然而,政府舆论引导究竟会对邻避舆情有何影响,相关研究还较为鲜见。

本章从公众对邻避项目认知和政府对舆情引导的角度,对邻避舆情演化规律进行新的探索,创新之处在于:① 基于多案例比较分析,从宏观上提炼邻避舆情演化特征,并通过 Gompertz 模型改进给予刻画。同时,从微观层面上分析个体对邻避项目的认知偏差及其交互行为,并通过演化博弈建模来描述个体复制动态。进而,通过宏观建模与微观建模相结合,构建包含个体交互行为的邻避舆情演化模型,以使模型相对单纯的宏观建模或微观建模更具一般性和现实性。② 基于邻避舆情的负面性,考虑政府通过正面舆论与其进行交互,运用信息熵理论和观点动力学方法构建政府舆论引导的交互熵模型与动力学方程。进而,在①的基础上,构建基于公众认知和政府引导的邻避舆情演化模型,拓展了模型的现实性和一般性,使研究结果更有助于政府对邻避舆情进行有效管控。

第二节　邻避舆情演化动力学模型

以近年发生的 PX 事件为例,先对邻避群体事件的演变过程进行案例梳理和总结,如表 7-1 所示。比较表 7-1 中三个案例可知,尽管各个事件发生的时空特征不尽相同,事件发展的演变过程也有所差异,但其中网络舆情都对事件的发生和发展起到了相同的诱导和助推作用。

表 7-1　三个 PX 事件的案例总结

案例名称		案例过程
案例 1:	厦门 PX 事件 (2007 年)	政协提案进入公众视野→媒体报道引起网络关注→网络动员与市民抗议→政府承诺项目缓建、公众参与区域环评→政府决议迁建 PX 项目
案例 2:	宁波 PX 事件 (2012 年)	政府发布项目说明→网络谣言传播→民众抗议、网络声讨→政府定性民众行为非理性→更大规模的示威活动→政府承诺不上 PX 项目
案例 3:	茂名 PX 事件 (2014 年)	媒体高调宣传项目→网络谣言扩散→媒体辟谣→政府讨论与公众争议并存 →政府决定不达共识不启动 PX 项目

为对以上三个案例的舆情演化过程做进一步的直观描述,基于新浪微博等网络平台上关于"PX 项目"的舆论数据,通过对数据的实时量和累积量以小时为单位进行统计,截取 70 小时内的统计量,并做适当的量纲处理,统计结果

如图7-1所示。从数据累积量上看,图7-1表明,不同邻避项目的舆情演化具有相似性,即使同一邻避项目的舆情演化也具有自相似性,即局部形态与整体形态相似。因此,从宏观层面上看,邻避舆情演化表现出典型的 Gompertz 曲线运动特征(Ji & Finkelstein,2016)。

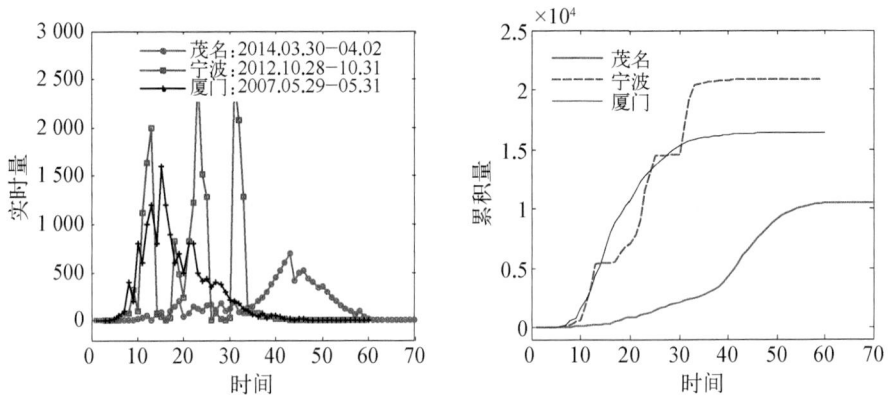

图7-1 厦门、宁波、茂名 PX 项目的舆情演化趋势

然而,Gompertz 模型仅仅是反映邻避舆情的信息累积量随时间的变化趋势,很难从微观上刻画邻避舆情受公众对项目风险的认知及其交互行为的影响。事实上,邻避舆情主要萌芽于公众对项目风险的认知偏差,并随着相互之间的信息交互而迅速传播和扩散。譬如人们感知到 PX 的危害性,往往倾向于通过社交互动来放大可能遭受 PX 的损失,此时任何关于 PX 有害的负面信息都可能会演变为谣言而被立即传播。而且,为了规避损失,人们最终会对邻避项目风险的认知达成共识,并通过网络集群形成一致对外的舆情态势。所以,为了探讨个体对项目风险的认知交互行为对邻避舆情演化的影响,有必要对传统的 Gompertz 模型进行改进,以构建邻避舆情演化的动力学方程如下:

$$\frac{\mathrm{d}y}{\mathrm{d}t} = rx(t)y(t)\ln\left(\frac{N}{-y(t)}\right), \quad 0 \leqslant x(t) \leqslant 1, y(t) < 0, r > 0, N > 0$$

$$(7-1)$$

式中,$y(t)$——t 时刻关于邻避舆情的负面信息累积量;

$y(t) < 0$——邻避舆情的负面影响性;

$x(t)$——个体在 t 时刻对邻避项目风险进行信息交互的概率或频率;

$rx(t)$——邻避舆情演化的扩散速度,且与个体交互频率成比例;

r——该比例系数;

N ——邻避舆情演化的最终饱和值。

对于方程(7-1)，自然可提出如下两个问题：

问题 1：要探讨 $x(t)$ 对 $y(t)$ 的影响，以及 $x(t)$ 和 $y(t)$ 的系统演化规律，如何给出 $x(t)$ 所满足的动力学方程？

问题 2：要探讨政府舆论引导对邻避舆情演化的影响，如何刻画政府舆论 $z(t)$ 与邻避舆情 $y(t)$ 的交互规则，又如何给出 $z(t)$ 所满足的动力学方程？

为此，以下将从公众对邻避项目风险认知和政府对舆情引导的角度，运用演化博弈理论构建个体交互行为的复制动态方程，同时运用信息熵理论和动力学方法构建政府舆论引导的交互熵模型与动力学方程，进而给出"公众—政府"邻避舆情演化动力学模型。

公众对邻避项目风险的认知交互行为是邻避舆情形成和发展内在因素，而政府引导则是影响邻避舆情演化的外在因素。从系统和要素的角度，可构建一个包含公众和政府行为的邻避舆情演化系统模型，并分析其稳定性。

一、模型假设与构建

（一）个体交互行为的复制动态方程

邻避舆情的产生主要源于公众对项目危害风险的认知，如果假设项目危害对个体造成实际损失为 $\tilde{S}$，其中 $\tilde{S}=s$ 的概率为 q，$\tilde{S}=0$ 的概率为 $1-q$，则项目危害风险为 qs。而公众由于对项目风险认知存在偏差（李小敏和胡象明，2015），所以可借助前景理论（Kahneman & Tversky，1979），将个体 i 的认知效用函数 u_i 表示为：

$$u_i(\tilde{S}) = -r_i qs, r_i \geqslant 1, i = 1, 2, \cdots, n \qquad (7-2)$$

其中，r_i 表示个体 i 对项目风险的认知程度，$r_i > 1$ 则表示个体高估了项目风险，放大了自己损失，而 $r_i = 1$ 则表示个体对项目风险的认知达到了完全理性，相应的 $r_i q$ 可理解为个体的主观概率（Kahneman & Tversky，1979）。式 (7-2)表明，个体对项目风险认知表现为一种负效用，且项目风险越大或个体感知程度越高，这种负效用就越大。

当公众通过网络途径认知到邻避项目风险并进行社交互动时，即形成一个社区网络，个体与网络邻居的交互行为会表现出两种方式：① 接受对方认知，并与其交互；② 不接受对方认知，不与其交互，即个体交互行为可表示为 $S = \{s_1, s_2\} = \{$接受，不接受$\}$。如果个体都选择策略 s_2，则相互之间没有交互，仅仅是共享网络信息价值 V，此时个体与网络邻居的支付函数都为 V。而如果个体都选择策略 s_1，不仅能获得网络信息价值 V，还能通过信息交互获取一定收益 $\rho_{ij}V$，其中 ρ_{ij} 表示个体 i 和邻居 j 之间的交互程度，即交互程度越高，交互收益越大。个体间交互程度与项目风险以及个体对风险认知有关，即项目风险越大或个体对项目风险越敏感，个体交互倾向就越高（Shannon，2001）。由此，根据式（7-2），ρ_{ij} 可表示为：

$$\rho_{ij} = \frac{qs\sqrt{u_i u_j}}{|u_i - u_j|} = \frac{qs\sqrt{r_i r_j}}{|r_i - r_j|} = \frac{qs}{\sigma_{ij}}, i \neq j, i,j = 1,2,\cdots,n \quad (7-3)$$

其中，$\sigma_{ij} = |r_i - r_j| \div \sqrt{r_i r_j}$，表示个体 i 和 j 对项目风险的认知偏差。式（7-3）表明，项目风险越大或个体间对风险认知偏差越小，个体交互愿望越强，个体间交互程度越大。

当个体关于邻避项目风险进行社交互动时，往往还需支付一定的交互成本 C，由于个体间交互是双向网络，所以当个体都选择策略 s_1 时，个体与邻居的支付函数都为 $\rho_{ij}V + V - C$。

于是，从个体关于邻避项目风险进行认知交互的博弈学习角度，可构建个体交互策略组合及其支付矩阵 A，如表 7-2 所示。

表 7-2　个体关于邻避项目风险认知交互的支付矩阵

个体 i	邻居 j	
	接受（s_1）	不接受 s_2
接受（s_1）	$\rho_{ij}V + V - C, \rho_{ij}V + V - C$	$\rho_{ij}V + V - C, V$
不接受（s_2）	$V, \rho_{ij}V + V - C$	V, V

由于个体对邻避项目风险的认知总是有限的，往往需要与邻居交互后通过学习、试错和模仿等方式来不断修正和改进自己的认知，所以可根据演化博弈的复制者动态方程（谢识予，2007），给出个体交互频率 $x(t)$ 满足的动力学方程为：

$$\frac{\mathrm{d}x}{\mathrm{d}t} = x(t)[(1,0) \cdot A \cdot (x(t), 1 - x(t))^T - (x(t), 1 - x(t)) \cdot$$

$$A \cdot (x(t), 1 - x(t))^T]$$

$$= (\rho_{ij}V - C)x(t)[1 - x(t)], \quad i \neq j, \quad i,j = 1,2,\cdots,n \quad (7-4)$$

式中，"T"——转置；

$x(t)$——个体选择策略 s_1 的概率，即个体交互频率。

（二）政府舆论引导的交互熵模型

随着个体认知到邻避项目风险并进行社交互动，项目风险将被公众非理性放大并通过网络传播，如果政府不进行及时的舆论引导将会造成较大的负面影响。政府如何对邻避舆情做正面引导？不妨假设政府通过正面舆论 $z(t)$ 与公众的负面舆论 $y(t)$ 进行交互。根据信息熵理论（Shannon，2001），并借鉴姚晓阳等（2015）研究，可分别定义 $z(t)$ 与 $y(t)$ 的联合熵与交互熵如下：

$$H(z,y) = -\omega \log_2 \omega - (1-\omega) \log_2 (1-\omega), \omega = \frac{z(t)}{z(t)-y(t)} \quad (7-5)$$

$$J(z,y) = \begin{cases} y(t)[1-H(z,y)], & \omega \in (0,0.5) \\ z(t)[1-H(z,y)], & \omega \in [0.5,1) \end{cases} \quad (7-6)$$

将式(7-5)和式(7-6)合称为政府舆论引导的交互熵模型。式(7-5)表示由政府的正面舆论与公众的负面舆论联合组成的信息熵，其中 ω 为政府舆论所占比例。式(7-6)表示正负两方面舆论的交互规则，与 ω 取值有关。当 $\omega \in (0,0.5)$ 时，公众负面舆论较大，交互熵为负，并随 ω 变大，负面影响变小，即 $\partial H/\partial \omega > 0$，此时政府舆论处于被动；而当 $\omega \in [0.5,1)$ 时，政府正面舆论较大，交互熵为正，并随 ω 变大，正面影响变大，即 $\partial H/\partial \omega < 0$，此时政府舆论处于主动。

（三）政府舆论引导的动力学方程

政府对邻避舆情进行引导的关键是把握好时效。"时"就是及时，不滞后也不超前；"效"就是效果，既要尊重公众的负面舆论，又要因势利导，确保舆论引导的效果（董云虎，2013）。坚持时效的舆论引导表现出政府对邻避舆情的积极回应，但如果政府完全不尊重邻避舆情，仅做形式上的滞后回应，则舆论引导表现为消极回应。为了反映政府不同回应路径，构建政府舆论引导的动力学方程为：

$$\frac{dz}{dt} = \varepsilon z(t) + (1-\delta)y(t-\phi), \quad 0 \leqslant \varepsilon \leqslant 1, 0 \leqslant \delta \leqslant 1, \phi \geqslant 0 \quad (7-7)$$

其中，ϕ ——政府舆论引导的时滞，即政府回应存在延迟；

ε ——政府舆论的更新度，即 $1-\varepsilon$ 理解为政府舆论引导的有效性程度；

δ ——政府对邻避舆情的规避度，即 $1-\delta$ 理解为政府对邻避舆情的关切度或尊重程度。

（四）"公众—政府"邻避舆情演化模型

无论政府的正面舆论与公众的负面舆论如何进行交互，所形成的交互熵都会对邻避舆情演化有一定的影响。如果将这种影响程度记作 $\eta \geqslant 0$，则基于式（7-1）、（7-4）和（7-7），并结合式（7-6），可构建"公众—政府"邻避舆情演化系统动力学模型如下：

$$(*)\begin{cases} \dfrac{\mathrm{d}x}{\mathrm{d}t} = (\rho_{ij}V - C)x(t)[1 - x(t)] \\ \dfrac{\mathrm{d}y}{\mathrm{d}t} = rx(t)y(t)\ln\left[\dfrac{N}{-y(t)}\right] + \eta J\left(z(t), y(t-\phi)\right) \\ \dfrac{\mathrm{d}z}{\mathrm{d}t} = \varepsilon z(t) + (1-\delta)y(t-\phi) \end{cases} \qquad (7-8)$$

对式（7-8）描述的系统（ * ），根据政府对公众邻避舆情引导的相关模型中的参数 η、ω 和 ϕ 取值情况，可将系统（ * ）分为三种类型，如表7-3所示。

表7-3 "公众-政府"邻避舆情演化系统的三种类型

系统（ * ）类型	政府无引导	政府被动引导	政府主动引导
相关参数取值	$\eta = 0$	$\eta > 0, \phi > 0, 0 < \omega < 0.5$	$\eta > 0, \phi = 0, 0.5 \leqslant \omega < 1$

二、模型稳定性分析

根据表7-3，可按政府无引导、被动引导和主动引导三种情形来讨论上述系统（ * ）的平衡点及其稳定性。

（一）政府无引导情形

当政府对邻避舆情不做任何舆论上引导时，根据参数 $\eta = 0$，系统（ * ）简化为一个二维动力系统如下：

$$(*1)\begin{cases} \dfrac{\mathrm{d}x}{\mathrm{d}t} = (\rho_{ij}V - C)x(t)[1 - x(t)] \\ \dfrac{\mathrm{d}y}{\mathrm{d}t} = rx(t)y(t)\ln\left[\dfrac{N}{-y(t)}\right] \end{cases} \qquad (7-9)$$

系统（ * 1）演化的性质可概述为如下命题1和命题2。

命题1 如果 $\sigma_{ij} \neq qsV/C(\forall i \neq j, i,j = 1,2,\cdots,n)$，则系统（ * 1）必定存在平衡点 $(1, -N)$ 和 $(0, -N_0)$，其中 $0 < N_0 \leqslant N$，并具有稳定性如下：

(1) 当 $\sigma_{ij} < qsV/C$ 时,该系统演化收敛到平衡点 $(1,-N)$,即系统 $(*1)$ 在 $(1,-N)$ 处是全局渐进稳定的。

(2) 当 $\sigma_{ij} > qsV/C$ 时,该系统演化收敛到平衡点 $(0,-N_0)$,即系统 $(*1)$ 在 $(0,-N_0)$ 处是全局渐进稳定的。

证明:首先,令式(7-9)中 $\mathrm{d}x/\mathrm{d}t = 0$ 和 $\mathrm{d}y/\mathrm{d}t = 0$,则在 $\sigma_{ij} \neq qsV/C$ 时,即 $\rho_{ij}V \neq C$,可求得系统 $(*1)$ 的平衡点为 $(1,-N)$ 和 $(0,-N_0),N_0 \in (0,N]$。

其次,对式(7-9)依次求关于 x 和 y 的偏导数,可得系统 $(*1)$ 的雅可比矩阵为:

$$Q = \begin{bmatrix} (\rho_{ij}V-C)(1-2x) & 0 \\ ry\ln\left(\dfrac{N}{-y}\right) & rx\left[\ln\left(\dfrac{N}{-y}\right)-1\right] \end{bmatrix} \qquad (7-10)$$

根据矩阵 Q 的迹 $\mathrm{tr}(Q)$ 和行列式 $\det(Q)$ 的符号,可判断平衡点 $(1,-N)$ 和 $(0,-N_0)$ 的局部稳定性,结果如表 7-4 所示。

表 7-4　政府无引导情形下的邻避舆情演化均衡稳定性

均衡点	$\mathrm{tr}(Q)$	$\det(Q)$	稳定性条件
$(1,-N)$	$C-\rho_{ij}V-r$	$r(\rho_{ij}V-C)$	$\rho_{ij}V > C$
$(0,-N_0)$	$\rho_{ij}V-C$	0	$\rho_{ij}V < C$

当 $\sigma_{ij} < qsV/C$ 时,即 $\rho_{ij}V > C$,根据系统 $(*1)$ 在平衡点 $(1,-N)$ 处的雅可比矩阵 Q,可求得 $\mathrm{tr}(Q) = C-\rho_{ij}V-r < 0$ 和 $\det(Q) = r(\rho_{ij}V-C) > 0$,故由 Routh-hurwitz 判别条件(廖晓昕,2000)可知,系统 $(*1)$ 在 $(1,-N)$ 是局部稳定的,演化相图如图 7-2 中的情形 1;同理,当 $\sigma_{ij} > qsV/C$ 时,系统 $(*1)$ 在 $(0,-N_0)$ 是局部稳定的,演化相图如图 7-2 中的情形 2。

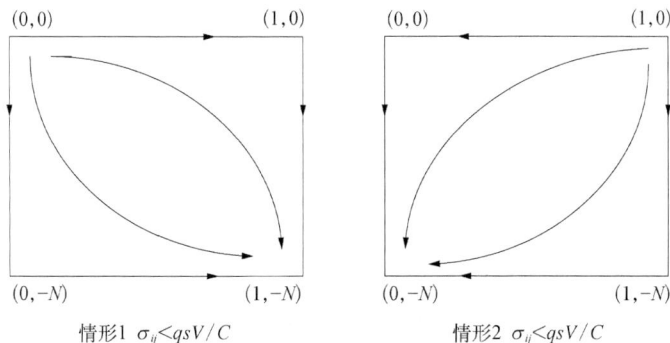

情形1 $\sigma_{ij} < qsV/C$　　　　　　情形2 $\sigma_{ij} < qsV/C$

图 7-2　系统 $(*1)$ 演化的相位图

最后,为证明系统(∗1)在平衡点 $(\bar{x},\bar{y})$ 具有全局渐进稳定性,构造一个 Lyapunov 泛函为:

$$V(x(t),y(t))=(x(t)-\bar{x})^2+(y(t)-\bar{y})^2 \qquad (7-11)$$

对式(7-11)求关于 t 的导数为:

$$\frac{\mathrm{d}V}{\mathrm{d}t}=2x(t)\Big[(\rho_{ij}V-C)(1-x(t))(x(t)-\bar{x})+$$

$$ry(t)(y(t)-\bar{y})\ln\Big(\frac{N}{-y(t)}\Big)\Big] \qquad (7-12)$$

根据式(7-12),当 $\sigma_{ij}<qsV/C$ 时,如果 $(\bar{x},\bar{y})=(1,N)$,则由 $0\leqslant x(t)\leqslant1$ 和 $-N\leqslant y(t)<0$,可知 $\mathrm{d}V/\mathrm{d}t\leqslant0$,从而根据 Lyapunov 稳定性定理(廖晓昕,2000),此时系统(∗1)在 $(1,-N)$ 处是全局渐进稳定的。同理,当 $\sigma_{ij}>qsV/C$ 时,系统(∗1)在 $(0,-N_0)$ 是全局渐进稳定的。

证毕。

命题 2   如果 $\sigma_{ij}<qsV/C(\forall i\neq j,i,j=1,2,\cdots,n)$,且 $x(0)\in(0,1)$,则系统(∗1)演化将具有小世界效应(Watts & Strogatz,1998)。

证明:一方面,根据 $\sigma_{ij}<qsV/C$,可计算公众对邻避项目风险的平均认知偏差为:

$$\bar{\sigma}=\frac{1}{n(n-1)}\sum_{i\neq j}\sigma_{ij}<\frac{qsV}{C} \qquad (7-13)$$

另一方面,如果设 k_i 表示邻避舆情社区中与个体 i 进行交互的邻居个数,则还可将个体与邻居交互的初始频率定义为:

$$x(0)=\frac{1}{n(n-1)}\sum_{i=1}^{n}k_i\in[0,1] \qquad (7-14)$$

式(7-13)和式(7-14)可分别看作是邻避舆情社区网络的均匀路径长度和集群系数(Watts & Strogatz,1998),所以当 $\sigma_{ij}<qsV/C,x(0)\in(0,1)$ 时,系统(∗1)描述的邻避舆情演化将具有小世界效应。

证毕。

命题 1 和命题 2 表明,在政府无引导情形下,邻避舆情会随着公众对项目风险认知的变化而向两种稳态演化。当邻避项目风险较大而公众认知差异较小(即 $\sigma_{ij}<qsV/C$ 时),个体间交互程度较高(即 $\rho_{ij}>V/C$),随着个体交互频繁和不断的学习模仿,个体都将选择交互策略,此时邻避舆情演化收敛到饱和态(即稳定点 $-N$),而且如果个体交互的初始频率较大,邻避舆情还会在集群度较高的小世界网络中迅速传播和收敛。相反,当公众对邻避项目风险的认知差异较大(即 $\sigma_{ij} > qsV/C$ 时),个体交互愿望较低,随着个体不断修正自己对项目风险的认知,个体都将选择不交互策略,此时邻避舆情演化收敛到较低稳态(即稳定点 $-N_0$)

(二) 政府被动引导情形

当政府对邻避舆情的引导表现出消极被动回应时,根据表 7-3 中的参数取值和相关模型构建,可设 $z(t) = z_0$,且 $0 < z_0 < N$,从而系统 ($*$) 可表示为:

$$(*2)\begin{cases} \dfrac{\mathrm{d}x}{\mathrm{d}t} = (\rho_{ij}V - C)x(t)[1 - x(t)] \\ \dfrac{\mathrm{d}y}{\mathrm{d}t} = rx(t)y(t)\ln\left[\dfrac{N}{-y(t)}\right] + \eta y(t-\phi)[1 - H(z_0, y(t-\phi))] \end{cases}$$

$$(7-15)$$

系统 ($*2$) 演化的性质可概述为命题 3、命题 4 和命题 5。

命题 3 如果 $\sigma_{ij} \neq qsV/C(\forall i \neq j, i,j = 1,2,\cdots,n)$,则系统 ($*2$) 必定存在平衡点 $(0, -z_0)$ 和 $(1, -\overline{N})$,其中 $\overline{N} \in (N, +\infty)$ 满足方程(16),并有 $\lim\limits_{r \to 0^+}(\mathrm{d}\overline{N}/\mathrm{d}z_0) > 0$ 或 $\lim\limits_{\eta \to +\infty}(\mathrm{d}\overline{N}/\mathrm{d}z_0) > 0$。

$$F(\overline{N}) = r\ln\left[\dfrac{N}{\overline{N}}\right] + \eta[1 - H(z_0, -\overline{N})] = 0 \qquad (7-16)$$

证明:设 $(\overline{x}, \overline{y})$ 是系统 ($*2$) 的平衡点,则 $(\overline{x}, \overline{y})$ 必满足:

$$\begin{cases} (\rho_{ij}V - C)\overline{x}(1 - \overline{x}) = 0 \\ \overline{y}\left[r\overline{x}\ln\left[\dfrac{N}{-\overline{y}}\right] + \eta(1 - H(z_0, \overline{y}))\right] = 0 \end{cases} \qquad (7-17)$$

对于方程(7-17),如果 $\sigma_{ij} \neq qsV/C$,即 $\rho_{ij}V \neq C$,则可解得 $(\overline{x}, \overline{y}) = (0, -z_0)$ 和 $(\overline{x}, \overline{y}) = (1, -\overline{N})$,其中 $\overline{N}$ 是方程 $F(\overline{N}) = 0$ 的解。

当 $z_0 < N$ 时,有 $F(N) > 0$ 和 $\lim\limits_{\overline{N} \to +\infty} F(\overline{N}) = -\infty$,所以存在 $\overline{N} \in (N, +\infty)$,满足方程 $F(\overline{N}) = 0$。

对方程 $F(\overline{N}) = 0$ 的两边,求关于 z_0 的导数得:

$$\frac{\mathrm{d}\overline{N}}{\mathrm{d}z_0} = \frac{\overline{N}}{z_0 + \frac{r}{\eta} \cdot \frac{(z_0 + \overline{N})^2}{\overline{N} \log_2\left[\frac{z_0}{\overline{N}}\right]}} \tag{7-18}$$

由式(7-18)可知,当 $r \to 0^+$ 或 $\eta \to +\infty$ 时,$\mathrm{d}\overline{N}/\mathrm{d}z_0 = \overline{N}/z_0 > 0$,所以有 $\lim\limits_{r \to 0^+}(\mathrm{d}\overline{N}/\mathrm{d}z_0) > 0$。

证毕。

命题 4 对任意的 $\phi \geqslant 0$,当 $\sigma_{ij} > qsV/C$ 时,系统（$*2$）在平衡点 $(0,-z_0)$ 处是局部稳定的;而当 $\sigma_{ij} < qsV/C$ 时,系统（$*2$）在平衡点 $(1,-\overline{N})$ 处的稳定性如下:

(1) 如果 $r = u$,则平衡点 $(1,-\overline{N})$ 是局部稳定的;

(2) 如果 $r > u$,则存在时滞递增序列 $\phi_k \in (0,+\infty)(k=1,2,3,\cdots)$,分别唯一满足方程序列 $f_k(\phi) = 0(k=1,2,3,\cdots)$,使 $(1,-\overline{N})$ 在 $\phi = 0,\phi_1$,$\phi_2,\cdots$ 时是局部稳定的,而在 $\phi \in (0,\phi_1) \bigcup (\phi_1,\phi_2) \bigcup \cdots$ 时是不稳定的,其中函数序列 $f_k(\phi)$,以及参数 u 和 v 分别定义如下:

$$f_k(\phi) = \phi e^{(v-u+r)\phi} - \frac{(4k-1)\pi}{2v}, k=1,2,3,\cdots \tag{7-19}$$

$$u = -\frac{\eta z_0 \overline{N}}{(z_0 + \overline{N})^2} \log_2\left[\frac{z_0}{\overline{N}}\right] > 0, v = \eta[1 - H(z_0,-\overline{N})] + u > 0 \tag{7-20}$$

证明:首先,计算系统（$*2$）在平衡点 $(0,-z_0)$ 处的特征方程为:

$$\lambda(\lambda - \rho_{ij}V + C) = 0 \tag{7-21}$$

根据方程(7-21),当 $\sigma_{ij} > qsV/C$ 时,特征根为 $\lambda = \rho_{ij}V - C < 0$ 或 $\lambda = 0$,所以由稳定性判别条件(姚晓阳等,2015),平衡点 $(0,-z_0)$ 是局部稳定的。

其次,计算系统（$*2$）在平衡点 $(1,-\overline{N})$ 处的特征方程为:

$$(\lambda - C + \rho_{ij}V)\left[v\lambda \int_{-\phi}^0 e^{\lambda s}\mathrm{d}s + \lambda - u + r\right] = 0 \tag{7-22}$$

式(7-22)至少存在一个实根为 $C - \rho_{ij}V$,所以根据稳定性判别条件(廖晓昕,2000),如果 $\sigma_{ij} > qsV/C$,则平衡点 $(1,-\overline{N})$ 必是不稳定的;而如果

$\sigma_{ij} < qsV/C$，则平衡点 $(1, -\overline{N})$ 的稳定性还依赖于如下方程：

$$p(\lambda) = v\lambda \int_{-\phi}^{0} e^{\lambda s} \mathrm{d}s + \lambda - u + r = 0 \qquad (7-23)$$

对式 $(7-23)$，若 $r < u$，则必有 $p(0) = r - u < 0$ 和 $\lim\limits_{\lambda \to +\infty} p(\lambda) = +\infty$，又 $p'(\lambda) = v\phi e^{-\lambda\phi} + 1 > 0$，所以方程 $p(\lambda) = 0$ 必存在唯一正根，由此可判断 $(1, -\overline{N})$ 是不稳定的；而如果 $r = u$，则方程 $p(\lambda) = 0$ 的根为 $\lambda = 0$，此时可判断系统 $(*2)$ 在 $(1, -\overline{N})$ 处是局部稳定的。

因此，当 $\sigma_{ij} < qsV/C$，且 $r > u$ 时，系统 $(*2)$ 在 $(1, -\overline{N})$ 处是局部稳定的当且仅当方程 $p(\lambda) = 0$ 的所有根均具有负实部（Hale & Lunel, 1993），即：$\forall \lambda, \mathrm{Re}(\lambda) < 0$。

对方程 $p(\lambda) = 0$，如果 $\phi = 0$，则此时根为 $\lambda = u - r < 0$，可判断 $(1, -\overline{N})$ 是局部稳定的；而如果 $\phi > 0$，则可通过 $\mathrm{Re}(\mathrm{d}\lambda/\mathrm{d}\phi)|_{\phi=0, \lambda=u-r}$ 的符号进行判断。

由式 $(7-23)$ 的两端，求关于 ϕ 的导数得：

$$v\left\{ \frac{\mathrm{d}\lambda}{\mathrm{d}\phi} \int_{-\phi}^{0} e^{\lambda s} \mathrm{d}s + \lambda\left[e^{-\lambda\phi} + \frac{\mathrm{d}\lambda}{\mathrm{d}\phi} \int_{-\phi}^{0} s e^{\lambda s} \mathrm{d}s \right] \right\} + \frac{\mathrm{d}\lambda}{\mathrm{d}\phi} = 0 \quad (7-24)$$

根据式 $(7-24)$，可进一步求得：

$$\frac{\mathrm{d}\lambda}{\mathrm{d}\phi} = -\frac{v\lambda e^{-\lambda\phi}}{1 + \int_{-\phi}^{0} (v + \lambda s) e^{\lambda s} \mathrm{d}s} \qquad (7-25)$$

进而，有：

$$\mathrm{Re}\left(\frac{\mathrm{d}\lambda}{\mathrm{d}\phi} \right)\bigg|_{\phi=0, \lambda=u-r} = -v(u-r) > 0 \qquad (7-26)$$

式 $(7-26)$ 表明，存在充分小的 $\phi_1 > 0$，使 $\phi \in (0, \phi_1)$ 时，方程 $p(\lambda) = 0$ 的所有根满足 $\mathrm{Re}(\lambda) > 0$，而在 $\phi = \phi_1$ 时，方程 $p(\lambda) = 0$ 的所有根满足 $\mathrm{Re}(\lambda) < 0$，即存在 $a < 0$ 和 $b > 0$，使 $\lambda = a \pm bi$ 满足方程 $p(\lambda) = 0$。 而方程 $p(a+bi) = 0$ 或 $p(a-bi) = 0$ 的充要条件为：

$$v e^{-a\phi} \sin(b\phi) = -b \qquad (7-27)$$

$$v e^{-a\phi} \cos(b\phi) = a + v - u + r \qquad (7-28)$$

令 $a = -(v - u + r)$，则由式 $(7-27)$ 和式 $(7-28)$，可得：

$$ve^{(v-u+r)\phi}=b \tag{7-29}$$

$$b\phi=\frac{(4k-1)\pi}{2},k=1,2,3,\cdots \tag{7-30}$$

根据式(7-29)和式(7-30),消去其中参数 ϕ,可得方程 $f_k(\phi)=0$ 如下:

$$f_k(\phi)=\phi e^{(v-u+r)\phi}-\frac{(4k-1)\pi}{2v}=0,k=1,2,3,\cdots \tag{7-31}$$

由于 $f_k(0)<0$ 和 $\lim\limits_{\phi\to+\infty}f_k(\phi)=+\infty$,且 $f_k'(\phi)>0$,所以方程 $f_k(\phi)=0$ 在 $(0,+\infty)$ 上存在唯一解 ϕ_k。而且,通过对方程 $f_k(\phi)=0$ 的两边求关于 k 的导数得:

$$\frac{\mathrm{d}\phi_k}{\mathrm{d}k}=\frac{2\pi}{[1+(v-u+r)\phi]ve^{(v-u+r)\phi}}>0 \tag{7-32}$$

根据式(7-32),可推得 $\phi_k\in(0,+\infty)$ 为递增序列,即 $0<\phi_1<\phi_2<\cdots<+\infty$。

当 ϕ_k 被方程 $f_k(\phi)=0$ 唯一确定时,通过式(7-29)可得 $b_k=ve^{(v-u+r)\phi_k}$,此时方程 $p(\lambda)=0$ 的根为 $\lambda=-(v-u+r)+b_ki$,并由此可类推得:

$$\begin{aligned}\mathrm{Re}\left(\frac{\mathrm{d}\lambda}{\mathrm{d}\phi}\right)\Bigg|_{\phi=\phi_k,\lambda=-(v-u+r)+b_ki}&=\mathrm{Re}\left(\frac{b_k^2+ib_k(v-u+r)}{1+v\phi_k}\right)\\&=\frac{b_k^2}{1+v\phi_k}>0,k=1,2,3,\cdots\end{aligned} \tag{7-33}$$

由此可见,如果再令 $\phi_0=0$,则当 $\sigma_{ij}<qsV/C$,且 $r>u$ 时,系统($*2$)的平衡点 $(1,-\overline{N})$ 在 $\phi=\phi_j(j=0,1,2,3,\cdots)$ 时是局部稳定的,而在 $\phi\in\bigcup\limits_{j=0}^{\infty}(\phi_j,\phi_{j+1})$ 时是不稳定的。

证毕。

命题 5 如果系统($*2$)的平衡点 $(1,-\overline{N})$ 在 $\phi=\phi_k$ 时是局部稳定的,则必有 $d\overline{N}/d\phi_k<0$,其中 ϕ_k 是方程序列 $f_k(\phi)=0(k=1,2,3,\cdots)$ 的唯一解。

证明:首先,对方程 $f_k(\phi)=0$,即式(7-31),求关于 $\overline{N}$ 的导数可得:

$$\frac{\mathrm{d}\phi_k}{\mathrm{d}\overline{N}}=\frac{\phi_k\left(\dfrac{\mathrm{d}u}{\mathrm{d}\overline{N}}-\dfrac{\mathrm{d}v}{\mathrm{d}\overline{N}}\right)-\dfrac{1}{v}\cdot\dfrac{\mathrm{d}v}{\mathrm{d}\overline{N}}}{\dfrac{1}{\phi_k}+v-u+r} \tag{7-34}$$

其次，根据 u 和 v 的定义，即式（7-20），可求得：

$$\frac{\mathrm{d}v}{\mathrm{d}\overline{N}} = \frac{\eta z_0}{(z_0 + \overline{N})^2 \cdot \ln 2}\left[1 - \frac{2z_0}{z_0 + \overline{N}} \cdot \ln\left(\frac{z_0}{\overline{N}}\right)\right] > 0 \quad (7-35)$$

$$\frac{\mathrm{d}u}{\mathrm{d}\overline{N}} - \frac{\mathrm{d}v}{\mathrm{d}\overline{N}} = \frac{\eta z_0}{(z_0 + \overline{N})^2 \cdot \ln 2}\ln\left(\frac{z_0}{\overline{N}}\right) < 0 \quad (7-36)$$

于是，将式（7-35）和式（7-36）分别代入式（7-34），并结合 $u > 0$，$v > 0$，$v - u > 0$ 和 $\phi_k > 0$，可判断 $\mathrm{d}\phi_k/\mathrm{d}\overline{N} < 0$，从而 $\mathrm{d}\overline{N}/\mathrm{d}\phi_k < 0$。

证毕。

命题3、命题4和命题5表明，当政府的舆论引导处于被动位置时，邻避舆情演化可能会愈演愈烈，但也可能会趋于缓解。当公众对邻避项目风险的认知差异较大（即 $\sigma_{ij} > qsV/C$）时，随着政府适量的、及时的正面舆论引导，个体会通过不断修正自己的认知而逐渐选择不交互策略，此时邻避舆情将会迅速演化到较低稳态（即稳定点 $-z_0$）。相反，当公众对项目风险的认知差异较小（即 $\sigma_{ij} < qsV/C$）时，个体间的交互较为频繁，如果政府舆论引导处于被动，则会加剧个体间的交互和学习模仿，邻避舆情将向更高稳态（即稳定点 $-\overline{N}$）演化。而且，在舆情自身传播速度较小（即 $r \to 0^+$）或政府交互影响较大（即 $\eta \to +\infty$）情形下，随着政府被动回应的舆论增加，邻避舆情的负面性也随之增加。特别是，政府被动回应越及时（即 $\phi_k \to 0^+$），邻避舆情演化的负面性越大。

（三）政府主动引导情形

当政府对邻避舆情的舆论引导表现出积极主动回应时，根据表7-4中相关参数取值，可将系统（＊）表示为：

$$(*3)\begin{cases} \dfrac{\mathrm{d}x}{\mathrm{d}t} = (\rho_{ij}V - C)x(t)\left[1 - x(t)\right] \\[2mm] \dfrac{\mathrm{d}y}{\mathrm{d}t} = rx(t)y(t)\ln\left[\dfrac{N}{-y(t)}\right] + \eta z(t)\left[1 - H(z, y)\right] \quad (7-37) \\[2mm] \dfrac{\mathrm{d}z}{\mathrm{d}t} = \varepsilon z(t) + (1 - \delta)y(t) \end{cases}$$

系统（＊3）演化的性质可概述为命题6、命题7和命题8。

命题6 如果 $\sigma_{ij} \neq qsV/C$（$\forall i \neq j$，$i, j = 1, 2, \cdots, n$），则当 $\varepsilon = 1 - \delta$ 时，系统（＊3）必存在平衡点 $(1, -N, N)$ 和 $(0, -z^0, z^0)$，其中 $z^0 \in (0, +\infty)$；而当 $0 < \varepsilon < 1 - \delta$ 时，系统（＊3）必存在平衡点 $(1, -\underline{N}, (1-\delta)\underline{N}/\varepsilon)$，其中

$\underline{N} \in (0, N)$ 满足方程$(7-38)$，并有 $d\underline{N}/d\varepsilon > 0$ 和 $d\underline{N}/d\delta > 0$。

$$G(\underline{N}) = r\ln\left(\frac{N}{\underline{N}}\right) - \frac{\eta(1-\delta)}{\varepsilon}\left[1 - H\left(\frac{1-\delta}{\varepsilon}\underline{N}, -\underline{N}\right)\right] = 0 \quad (7-38)$$

证明：令式$(7-37)$中 $\mathrm{d}x/\mathrm{d}t = 0$，$\mathrm{d}y/\mathrm{d}t = 0$ 和 $\mathrm{d}z/\mathrm{d}t = 0$，则系统$(*3)$的平衡点 $(\bar{x}, \bar{y}, \bar{z})$ 满足：

$$\begin{cases} (\rho_{ij}V - C)\bar{x}(1-\bar{x}) = 0 \\ \bar{y}\left[r\bar{x}\ln\left(\frac{N}{-\bar{y}}\right) - \frac{\eta(1-\delta)}{\varepsilon}\left(1 - H\left(\frac{\delta-1}{\varepsilon}\bar{y}, \bar{y}\right)\right)\right] = 0 \\ \bar{z} = \frac{\delta-1}{\varepsilon}\bar{y} \end{cases} \quad (7-39)$$

对于式$(7-39)$，如果 $\sigma_{ij} \neq qsV/C$，即 $\rho_{ij}V \neq C$，则可讨论其解的情况如下：

(1) 当 $\varepsilon = 1-\delta$ 时，可求得其解 $(\bar{x}, \bar{y}, \bar{z})$ 为 $(1, -N, N)$ 和 $(0, -z^0, z^0)$。

(2) 当 $0 < \varepsilon < 1-\delta$ 时，其解 $(\bar{x}, \bar{y}, \bar{z})$ 为 $(1, -\underline{N}, (1-\delta)\underline{N}/\varepsilon)$，其中 $\underline{N}$ 是方程 $G(\underline{N}) = 0$ 的解。

又因 $G(N) < 0$ 和 $\lim\limits_{\underline{N} \to 0^+} G(\underline{N}) = +\infty$，所以存在 $\underline{N} \in (0, N)$，使 $G(\underline{N}) = 0$。

对方程 $G(\underline{N}) = 0$ 的两边，分别求关于 ε 和 δ 的导数得：

$$\frac{\mathrm{d}\underline{N}}{\mathrm{d}\varepsilon} = \frac{\eta(1-\delta)\underline{N}}{\varepsilon^2 r}\left[1 - H\left(\frac{1-\delta}{\varepsilon}\underline{N}, -\underline{N}\right) + \frac{\varepsilon(1-\delta)}{(1-\delta+\varepsilon)^2}\log_2\left(\frac{1-\delta}{\varepsilon}\right)\right] > 0$$
$$(7-40)$$

$$\frac{\mathrm{d}\underline{N}}{\mathrm{d}\delta} = \frac{\eta\underline{N}}{\varepsilon r}\left[1 - H\left(\frac{1-\delta}{\varepsilon}\underline{N}, -\underline{N}\right) + \frac{\varepsilon(1-\delta)}{(1-\delta+\varepsilon)^2}\log_2\left(\frac{1-\delta}{\varepsilon}\right)\right] > 0$$
$$(7-41)$$

证毕。

命题7 当 $\varepsilon = 1-\delta = 0$ 时，平衡点 $(1, -N, N)$ 在 $\sigma_{ij} < qsV/C$ 情形下是局部稳定的，而平衡点 $(0, -z^0, z^0)$ 在 $\sigma_{ij} > qsV/C$ 情形下是局部稳定的。

证明：系统$(*3)$在平衡点 $(1, -N, N)$ 和 $(0, -z^0, z^0)$ 处的特征方程分别为：

$$(\lambda - \varepsilon)(\lambda + r)[\lambda - (C - \rho_{ij}V)] = 0 \quad (7-42)$$

$$\lambda(\lambda - \varepsilon)[\lambda - (\rho_{ij}V - C)] = 0 \quad (7-43)$$

式(7-42)和(7-43)表明,当 $\varepsilon=0$ 时,如果 $\sigma_{ij}<qsV/C$,则平衡点 $(1,-N,N)$ 是局部稳定的,而平衡点 $(0,-z^0,z^0)$ 是不稳定的;如果 $\sigma_{ij}>qsV/C$,则平衡点 $(0,-z^0,z^0)$ 是局部稳定的,而平衡点 $(1,-N,N)$ 是不稳定的。

证毕。

命题8　当 $0<\varepsilon<1-\delta$ 时,平衡点 $(1,-\underline{N},(1-\delta)\underline{N}/\varepsilon)$ 在 $\sigma_{ij}>qsV/C$ 情形下是不稳定的,而在 $\sigma_{ij}<qsV/C$ 情形下是鞍点稳定的,即 $(1,-\underline{N},(1-\delta)\underline{N}/\varepsilon)$ 是局部稳定的当且仅当 $x(t),y(t)$ 和 $z(t)$ 满足下列关系:

$$z(t)=\frac{\omega(1-\delta)\big[x(t)-1\big]}{(C-\rho_{ij}V-B_1)(C-\rho_{ij}V-\varepsilon)-(1-\delta)B_2}+$$
$$\frac{2(1-\delta)\big[y(t)+\underline{N}\big]}{-\varepsilon+B_1-\sqrt{(\varepsilon+B_1)^2+4\varepsilon r}}+\frac{(1-\delta)\underline{N}}{\varepsilon} \qquad (7-44)$$

其中,B_1,B_2 和 ω 分别为:

$$B_1=-r+r\ln\Big(\frac{N}{\underline{N}}\Big)+\eta\Big(\frac{1-\delta}{1-\delta+\varepsilon}\Big)^2\log_2\Big(\frac{1-\delta}{\varepsilon}\Big) \qquad (7-45)$$

$$B_2=\eta\left[1-H\Big(\frac{1-\delta}{\varepsilon}\underline{N},-\underline{N}\Big)+\frac{\varepsilon(1-\delta)}{(1-\delta+\varepsilon)^2}\log_2\Big(\frac{1-\delta}{\varepsilon}\Big)\right] \qquad (7-46)$$

$$\omega=\frac{\big[\varepsilon+B_1-\sqrt{(\varepsilon+B_1)^2+4\varepsilon r}-2(C-\rho_{ij}V)\big]r\underline{N}\ln\Big(\frac{N}{\underline{N}}\Big)}{\varepsilon-B_1+\sqrt{(\varepsilon+B_1)^2+4\varepsilon r}} \qquad (7-47)$$

证明:系统 $(*3)$ 在 $(1,-\underline{N},(1-\delta)\underline{N}/\varepsilon)$ 处的雅可比矩阵为:

$$B=\begin{bmatrix} C-\rho_{ij}V & 0 & 0 \\ -r\underline{N}\ln\Big(\dfrac{N}{\underline{N}}\Big) & B_1 & B_2 \\ 0 & 1-\delta & \varepsilon \end{bmatrix} \qquad (7-48)$$

矩阵 B 的特征方程为:

$$\det(\lambda I-B)=\big[\lambda-(C-\rho_{ij}V)\big]\big[\lambda^2-(\varepsilon+B_1)\lambda+\varepsilon B_1-(1-\delta)B_2\big]=0 \qquad (7-49)$$

将 B_1 和 B_2 分别代入式(7-49),并化简为:

$$\big[\lambda-(C-\rho_{ij}V)\big]\big[\lambda^2-(\varepsilon+B_1)\lambda-\varepsilon r\big]=0 \qquad (7-50)$$

由式(7-50)解得矩阵 B 的特征值为:

$$\lambda_1 = C - \rho_{ij}V, \quad \lambda_2 = \frac{\varepsilon + B_1 + \sqrt{(\varepsilon + B_1)^2 + 4\varepsilon r}}{2},$$

$$\lambda_3 = \frac{\varepsilon + B_1 - \sqrt{(\varepsilon + B_1)^2 + 4\varepsilon r}}{2} \tag{7-51}$$

相应的,矩阵 B 的特征向量分别为:

$$k_1 = \begin{bmatrix} p \\ 1 \\ \Delta_1 \end{bmatrix}, \quad k_2 = \begin{bmatrix} 0 \\ 1 \\ \Delta_2 \end{bmatrix}, \quad k_3 = \begin{bmatrix} 0 \\ 1 \\ \Delta_3 \end{bmatrix} \tag{7-52}$$

其中,p 和 $\Delta_i (i = 1, 2, 3)$ 分别表示为:

$$p = \frac{-\lambda_1 + B_1 + \dfrac{(1-\delta)B_2}{\lambda_1 - \varepsilon}}{r\underline{N}\ln\left(\dfrac{N}{\underline{N}}\right)}, \quad \Delta_i = \frac{1-\delta}{\lambda_i - \varepsilon}(i = 1, 2, 3) \tag{7-53}$$

于是,由矩阵 B 的特征值和特征向量,即式(7-51)和(7-52),可求得系统 (*3) 的近似解如下:

$$x(t) = c_1 p \exp(\lambda_1 t) + 1 \tag{7-54}$$

$$y(t) = c_1 \exp(\lambda_1 t) + c_2 \exp(\lambda_2 t) + c_3 \exp(\lambda_3 t) - \underline{N} \tag{7-55}$$

$$z(t) = c_1 \Delta_1 \exp(\lambda_1 t) + c_2 \Delta_2 \exp(\lambda_2 t) + c_3 \Delta_3 \exp(\lambda_3 t) + \frac{(1-\delta)\underline{N}}{\varepsilon} \tag{7-56}$$

其中,c_1, c_2 和 c_3——任意积分常数。

上式表明,如果 $\sigma_{ij} > qsV/C$,则 $\lambda_1 = C - \rho_{ij}V > 0$,所以 $x(t)$ 的演化路径是发散的,从而系统 (*3) 的平衡点 $(1, -\underline{N}, (1-\delta)\underline{N}/\varepsilon)$ 是不稳定的;而如果 $\sigma_{ij} < qsV/C$,则 $x(t)$ 的演化路径是收敛的(即 $x(t) \to 1$),所以此时系统 (*3) 是局部稳定的当且仅当 $y(t)$ 和 $z(t)$ 是收敛的。

在 $\sigma_{ij} < qsV/C$ 情形下,有 $\lambda_1 < 0$,同时又 $\lambda_3 < 0$,而 $\lambda_2 > 0$,所以此时 $y(t)$ 和 $z(t)$ 是收敛的当且仅当 $c_2 = 0$,即 $y(t)$ 和 $z(t)$ 满足如下方程:

$$y(t) = \frac{1}{p}[x(t) - 1] + c_3 \exp(\lambda_3 t) - \underline{N} \tag{7-57}$$

$$z(t) = \frac{\Delta_1}{p}[x(t)-1] + c_3\Delta_3\exp(\lambda_3 t) + \frac{(1-\delta)\underline{N}}{\varepsilon} \quad (7-58)$$

方程(7-57)和(7-58)等价于 $z(t)$ 与 $x(t), y(t)$ 满足下列关系：

$$z(t) = \frac{\Delta_1 - \Delta_3}{p}[x(t)-1] + \Delta_3[y(t) + \underline{N}] + \frac{(1-\delta)\underline{N}}{\varepsilon} \quad (7-59)$$

由此,再将 $p, \Delta_i (i=1,2,3), \lambda_1$ 和 λ_3 分别代入上式,即为式(7-44)。
证毕。

命题6、命题7和命题8表明,即使政府舆论引导处于主动位置,邻避舆情演化也不一定趋于缓解。当公众对邻避项目风险认知差异较大（即 $\sigma_{ij} > qsV/C$ 时,个体倾向于选择不交互策略,此时政府可对邻避舆情进行直接管控,并通过适量的正面舆论引导而使邻避舆情演化收敛到较低稳态（即稳定点 $-z^0$）。相反,当邻避项目风险较高而公众认知差异较小（即 $\sigma_{ij} < qsV/C$）时,如果政府完全不尊重邻避舆情,则会加剧个体间交互,从而使邻避舆情快速收敛到饱和值（即稳定点 $-N$）；而如果政府对邻避舆情给予积极关切,并沿着一定的引导路径进行有效回应,则邻避舆情演化将会趋于较低稳态（即稳定点 $-\underline{N}$）,还会随着政府关切度的增加而不断趋于缓解。

（四）三种情形的比较

综上可知,尽管政府舆论引导对邻避舆情演化有一定的影响,但无论政府做怎样的舆论引导,邻避舆情演化都与公众对项目风险的认知有关。于是,从公众认知角度,可对邻避舆情在政府不同引导情形下的演化均衡及其稳定性进行概括比较,如表7-5所示。

表7-5 "公众—政府"不同情形下的邻避舆情演化均衡稳定性比较

公众认知情形	政府引导情形	演化均衡点	均衡稳定性
认知差异较大 $(\sigma_{ij} > qsV/C)$	无引导	$-N_0, \quad N_0 \in (0, N]$	全局稳定
		$-N, N \in (0, +\infty)$	不稳定点
	被动引导	$-z_0, z_0 \in (0, N)$	局部稳定
		$-\overline{N}, \quad \overline{N} \in (N, +\infty)$	不稳定点
	主动引导	$-z^0, \quad z^0 \in (0, +\infty)$	局部稳定
		$-N, N \in (0, +\infty)$	不稳定点
		$-\underline{N}, \quad \underline{N} \in (0, N)$	不稳定点

公众认知情形	政府引导情形	演化均衡点	均衡稳定性
认知差异较小 $(\sigma_{ij} < qsV/C)$	无引导	$-N_0, N_0 \in (0, N]$	不稳定点
		$-N, N \in (0, +\infty)$	全局稳定
	被动引导	$-z_0, z_0 \in (0, N)$	不稳定点
		$-\bar{N}, \quad \bar{N} \in (N, +\infty)$	局部稳定
	主动引导	$-z^0, \quad z^0 \in (0, +\infty)$	不稳定点
		$-N, N \in (0, +\infty)$	局部稳定
		$-\underline{N}, \quad \underline{N} \in (0, N)$	鞍点稳定

从表 7-5 以及上述分析可看出，当邻避项目风险较高时，公众对项目风险认知差异相对较小，个体倾向频繁交互，邻避舆情会迅速传播。此时，基于政府的角度，有如下结论：

（1）当政府不做任何舆论上的回应或其舆论引导处于被动时，政府可通过提高监管力度，加大对谣言传播者的惩罚，以增加个体交互成本来降低个体交互意愿，以使邻避舆情演化趋于较低稳态。否则，邻避舆情不仅不会缓解，还可能会演化到较高稳态。

（2）当政府正面舆论引导处于主动位置时，政府可对邻避舆情给予一定的尊重和关切，并沿一定的路径进行引导，以使邻避舆情演化趋于较低稳态。否则，如果政府完全不尊重邻避舆情，大量的正面舆论反而使邻避舆情不仅不会缓解，还可能会愈演愈烈。

第三节　数值仿真

为了验证所构建模型及其分析结论的有效性，不妨以 2014 年广东茂名 PX 事件的邻避舆情传播为例进行数值仿真如下。

一、案例描述与参数取值

广东茂名 PX 项目因其危害性风险，引起了当地民众的广泛关注，并于 2014 年 3 月 30 日爆发了群体性事件。该事件经网络媒介发酵后，邻避舆情呈现飙升态势。为应用上述模型对该案例进行模拟仿真，获取相关参数的取值情况为：

(1) 根据图 7-1 所示的该舆情数据累加量和时间之间关系,可通过 Gompertz 曲线拟合,求得模型中参数 $N = 18\,459, r = 0.32$。

(2) 根据该案例的环评公告,可假设该项目危害性给民众造成的实际平均损失为 $S = 400$,且客观概率为 $q = 0.01$,即该项目的客观风险为 $qs = 4$。 而且,该项目的环评公示由于通过网络媒体宣传,所以存在一定的信息价值,不妨假设其值为 $V = 1$。

(3) 基于公众对该项目的风险较为敏感,通过式(7-2)、式(7-3)和式(7-13),可计算个体对项目风险的平均认知差异为 $\bar{\sigma} = 0.1$。 同时,在不影响结论前提下,不妨假设 $\sigma_{ij} = \bar{\sigma} = 0.1$。

二、情景分析与数值仿真

基于上述数据,首先根据系统(*1),按参数 $C < 40$ 和 $C > 40$ 的取值来分析政府对个体交互行为进行两种不同情景的监管。在不同情景下,系统(*1)的仿真结果如图 7-3 和图 7-4 所示,其中参数 $C = 0.1, 39, 39.8$ 表示政府监管力度较小,而 $C = 48, 55, 60$ 表示政府监管力度较大。

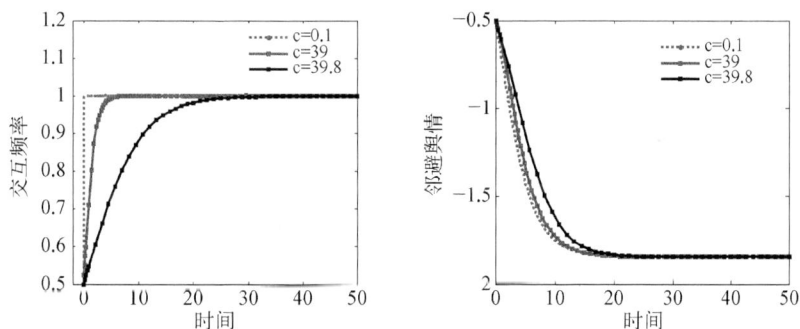

图 7-3　政府监管力度较小情景下系统(*1)的演化均衡

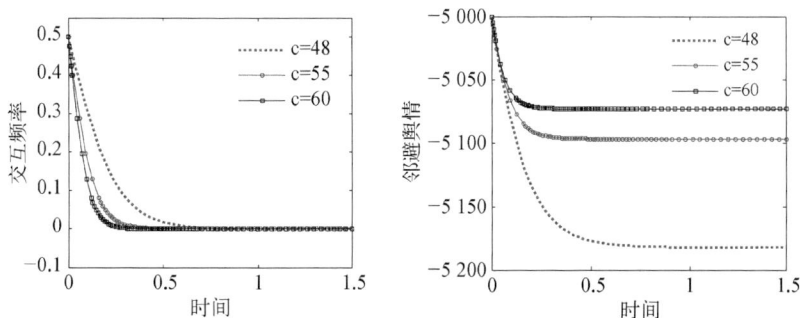

图 7-4　政府监管力度较大情景下系统(*1)的演化均衡

图 7-3 表明,在政府对邻避舆情不做监管或监管力度较小情形下,个体倾向于高估项目风险并进行信息交互,并当所有个体都进行信息交互时,邻避舆情演化迅速趋于饱和态,即呈现"小世界"效应。而图 7-4 表明,如果政府对邻避舆情的信息交互加强监管,特别是加大对谣言传播者的惩罚和管制,则个体交互成本相对较高,此时个体即使高估了项目风险,也不会轻易进行交互,最终邻避舆情将随着政府监管力度的增加而远离饱和态,并逐渐趋向较低稳态,即呈现"均衡正飘移"现象(刘德海,陈静锋,2014)。

系统(*1)的数值仿真是针对政府无引导情形下邻避舆情演化的模拟,而要考察政府被动引导对邻避舆情演化的影响,可通过参数 C 分别取 60 和 10,同时假设参数 $\phi=0.005,3,4.2,4.8$,对系统(*2)进行仿真,结果如图 7-5 和图 7-6 所示。

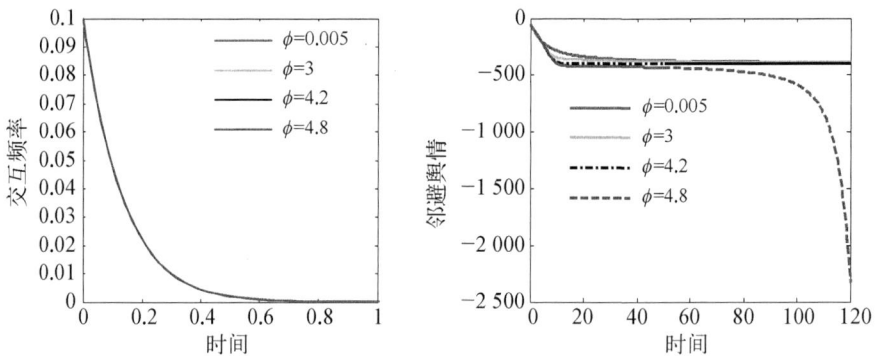

图 7-5　政府监管力度较大情景下被动回应对邻避舆情演化的影响

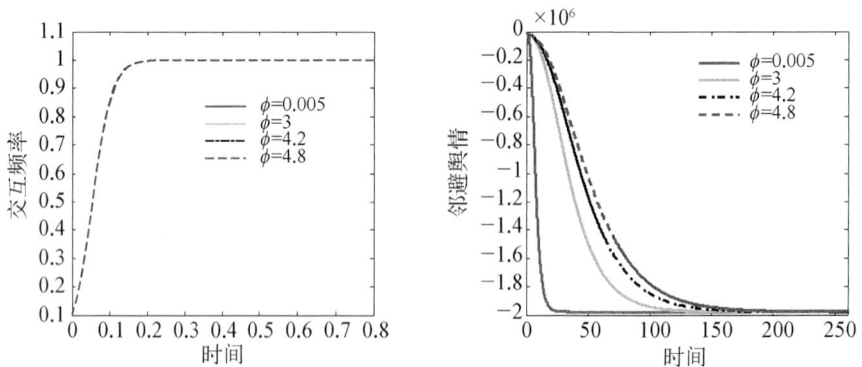

图 7-6　政府监管力度较小情景下被动回应对邻避舆情演化的影响

图 7-5 表明,当政府监管力度较大时,个体交互意愿较低,此时政府如果能够较及时进行正面引导,则可通过修正个体对项目风险的认知偏差而使邻避舆情趋于较低稳态;相反,如果政府回应较为滞后,那随之而来的质疑必然会加剧个体的认知偏差,最终又使邻避舆情出现反弹,即所谓"晚回应不如不回应"。而图 7-6 表明,当政府不做监管或监管力度较小时,个体交互较为频繁,如果政府舆论引导处于被动,则会加剧个体交互倾向而使邻避舆情远远超出饱和态,并随政府被动回应时滞的提前而迅速趋向较高稳态,即所谓"早回应不如晚回应,晚回应不如不回应"。

同样,根据系统(*3),可考察政府积极主动引导对邻避舆情演化的影响。为简单起见,假设参数 $\varepsilon = 0$ 和 $\delta = 1$,通过 z^0 分别取值为 100,18 459 和 25 000,对系统(*3)进行数值仿真,结果如图 7-7 和图 7-8 所示。

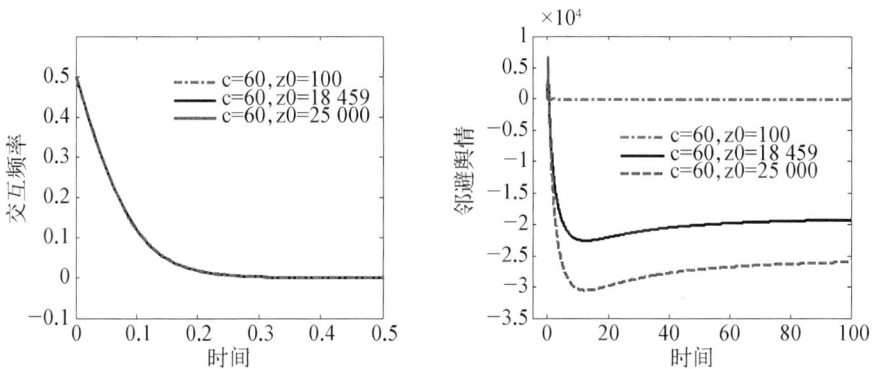

图 7-7 政府监管力度较大情景下主动回应对邻避舆情演化的影响

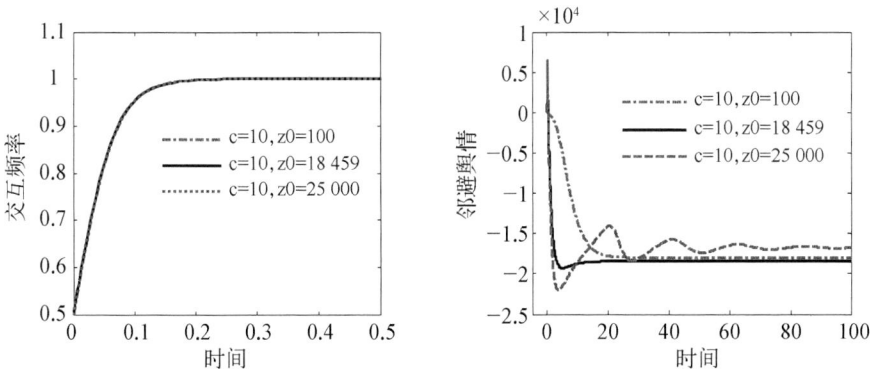

图 7-8 政府监管力度较小情景下主动回应对邻避舆情演化的影响

图 7-7 表明,当政府监管力度较大时,个体倾向于不交互,此时政府只要辅以适当的正面引导就可使邻避舆情远离饱和态,并趋于较低稳态;相反,如果政府正面舆论过多或过激,则又会极易引起公众的反感而再使邻避舆情演化趋于较高稳态。而图 7-8 表明,当政府不做监管或监管力度较小时,完全规避邻避舆情必然会引发公众的负面情绪而加快邻避舆情的发酵和传播,最终使邻避舆情迅速收敛到饱和态。

此外,在政府监管力度较小情景下,如果政府能够适当尊重邻避舆情并按一定路径对其进行关切性引导,则根据系统(*3),还可通过假设参数 $\varepsilon = 0.1$ 和 $\delta = 0.8$,以及 (x, y, z) 的初值分别为 $(0.5, -500, 5\,000)$ 和 $(0.5, -500, 500)$,来考察政府采取激进式和渐进式的主动回应对邻避舆情演化的影响,仿真结果如图 7-9 所示。

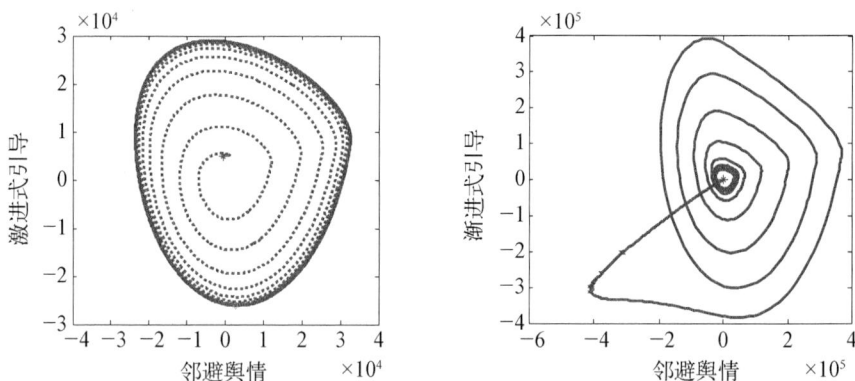

图 7-9 政府监管力度较小情景下激(渐)进式回应对邻避舆情演化的影响

图 7-9 表明,在政府监管力度较小或监管受限情形下,政府激进式的主动回应在短期内会将邻避舆情的负面性抑制在较小范围内,但从长期来看,政府激进的舆论引导将引起邻避舆情的负面性从小幅度震荡向大幅度震荡演化,并最终在较大幅度内呈现周期性;而政府渐进式的主动回应将使邻避舆情的负面性从较大幅度震荡向较小幅度震荡演化,最终在非常小的范围内呈现周期性。

三、管理启示与对策建议

基于上述仿真结果,可就政府如何对邻避舆情进行管控,给出相关对策和建议如下:

(1) 当邻避项目风险较高时,邻避舆情极易形成和扩散,政府应注重对个体关于邻避项目的社交互动行为进行跟踪和监管,要加大对谣言传播者的惩罚,以尽可能控制和纠正个体对邻避项目风险的非理性认知和交互动机,从而尽早抑制邻避舆情的产生和传播。

(2)当个体对邻避项目风险的社交互动能够通过政府监管而得到较好控制时,政府应重视对邻避舆情给予及时的、适量的正面回应,既要尊重公众对邻避项目的知情意愿,又要合理引导公众对邻避项目的客观认知,以尽可能早点消除邻避舆情的负面性。

(3)当个体对邻避项目风险的信息交互较为频繁而很难通过政府直接管控时,政府有必要适当尊重邻避舆情的负面性并给予积极主动的关切性引导,即在关切邻避舆情的同时,还应遵循渐进式引导路径给予及时主动回应,以尽可能将邻避舆情负面性控制在较小范围内。

第四节　本章小结

随着互联网成为社会舆论的重要载体,近年频发的邻避群体事件引发了诸多的舆情危机,严重阻碍了社会经济发展。如何对邻避舆情进行有效管控,已成为政府目前面临的重要议题。本文从公众对邻避项目认知和政府对舆情引导的角度,探讨个体认知交互与政府舆论交互对邻避舆情演化的影响。首先,通过案例梳理和总结,揭示了邻避舆情演化的交互特征,进而基于Gompertz模型改进,构建了包含个体交互行为的邻避舆情演化动力学方程;然后,通过演化博弈建模来刻画个体对邻避项目风险的认知交互行为,同时考虑政府通过正面舆论对邻避舆情给予回应,构建政府舆论引导的交互熵模型和动力学方程,并在此基础上,给出"公众－政府"邻避舆情演化动力系统;最后,分政府无引导、被动引导和主动引导三种情形来讨论该系统演化均衡点的存在性和稳定性,并应用于"广东茂名PX事件"的邻避舆情演化模拟和仿真研究。研究结果表明:公众对邻避项目风险认知是影响邻避舆情演化的内在因素,而政府引导则是影响邻避舆情演化的外在因素。当公众对邻避项目风险认知差异较大时,政府应加强对邻避舆情的跟踪和监管,并给予及时、适量的客观回应,以引导邻避舆情回归中性,否则,邻避舆情将向较高稳态演化。而当公众对邻避项目风险认知差异较小时,政府应适当尊重邻避舆情,并遵循渐进式的引导路径对邻避舆情给予及时、主动的关切性回应,以引导邻避舆情向较低稳态收敛,否则,邻避舆情将会愈演愈烈。

　　本章所构建的邻避舆情演化模型考虑了公众认知和政府引导两方面影响因素,研究结果不仅有助于人们认识邻避舆情演化规律,也为政府加强对邻避舆情的管控提供了理论支持。然而,模型构建由于忽略了个体行为的异质性和心理因素的影响,所以后续研究还将会考虑公众的受教育水平等个体差异性,以及对邻避项目认知的损失规避、风险厌恶等非理性因素,构建更加贴近实际的邻避舆情演化模型,以使模型更好地模拟现实。

本章参考文献

[1] Afassinou K. Analysis of the impact of education rate on the rumor spreading mechanism[J]. Physica A: Statistical Mechanics & Its Applications, 2014, 414(10): 43–52.

[2] Bartle C, Avineri E, Chatterjee K. Online information-sharing: a qualitative analysis of community, trust and social influence amongst commuter cyclists in the UK[J]. Transportation Research F, 2013, 16:60–72.

[3] Buil, P, Roger-Loppacher O, Marimon F. The impact of SMS messages on young people's participation in recycling campaigns/EI impact ode los SMS entre los adolescentes en campañas de reciclaje[J]. Comunicación y Sociedad, 2014, 27:161–182.

[4] Carlisle J E, Kane S L, Solan D, et al. Public attitudes regarding large-scale solar energy development in the U.S[J]. Renewable & Sustainable Energy Reviews, 2015, 48: 835–847.

[5] Che Y, Yang K, Jin Y, et al. Residents' concerns and attitudes toward a municipal solid waste landfill: integrating a questionnaire survey and GIS techniques [J]. Environmental Monitoring and Assessment, 2013, 185:10001–10013.

[6] Chen L, Gable G G, Hu H. Communication and organizational social networks: a simulation model[J]. Comput Math Organ Theory, 2013, 19:460–479.

[7] Das S, Chen M. Yahoo! For Amazon: Sentiment extraction from small talk on the web[J]. Management Science, 2007, 53(9):1375–1388.

[8] Das S, Sisk J. Financial communities[J]. Journal of Portfolio Management, 2005, 31(4):112–123.

[9] Ding F, Liu Y, Li Y. Co-evolution of opinion and strategy in persuasion dynamics: an evolutionary game theoretical approach[J]. International Journal of Modern Physics C, 2009, 20(3):479–490.

[10] Etesami S R, Başar T. Game-theoretic analysis of the Hegselmann-Krause model for opinion dynamics in finite dimensions[J]. IEEE Transactions on Automatic Control, 2014, 60(7):1886–1897.

[11] Gouveia C, Fonseca A. New approaches to environmental monitoring: the use of ICT to explore volunteered geographic information[J]. GeoJournal, 2008, 72:185 - 197.

[12] Hale J K, Lunel S M V. Introduction to Functional Differential Equations[M]. New York: Springer-Verlag, 1993.

[13] Harris, Paula. The Power of Organizing Without Organizations [J]. acta odontológica latinoamericana aol, 2009, 22(3):183 - 189.

[14] Hegselmann R, Krause U. Opinion dynamics and bounded confidence models, analysis and simulation[J]. Journal of Artificial Societies & Social Simulation, 2002, 5(3): 2 - 34.

[15] Issouf S, Van L. An analysis of government loan guarantees and direct investment through public-private partnerships[J]. Economic modelling, 2016, 59(DEC.): 508 - 519.

[16] Ji H C, Finkelstein M. Justifying the Gompertz curve of mortality via the generalized Polya process of shocks [J]. Theoretical Population Biology, 2016, 109: 54 - 62.

[17] Jiang P, Yan X. Stability analysis and control models for rumor spreading in online social networks[J]. International Journal of Modern Physics C, 2017, 28(5): 1750061 - 1750082.

[18] Kahneman D, Tversky A. Prospect theory: An analysis of decision under risk[J]. Journal of the Econometric Society, 1979, 47(2):263 - 291.

[19] Kim K, Baek Y M, Kim N. Online news diffusion dynamics and public opinion formation: A case study of the controversy over judges' personal opinion expression on SNS in Korea[J]. Social Science Journal, 2015, 52(2):205 - 216.

[20] Levine P. Civic renewal and the commons of cyberspace[J]. National Civic Review, 2011, 90(3):205 - 212.

[21] Li C, Shan M, Lin S. On team formation with expertise query in collaborative social networks[J]. Knowledge and Information Systems, 2015, 42(2):441 - 463.

[22] Li W, Fan P Y, Li P, et al. An opinion spreading model in signed networks[J]. Modern Physics Letters B, 2013, 27(12):1350084 - 1350096.

[23] Ma N, Liu Y. Superedge Rank algorithm and its application in identifying opinion leader of online public opinion supernetwork[J]. Expert Systems with Applications, 2014, 41(4):1357 - 1368.

[24] Mizrach B, Weerts S. Experts online: An analysis of trading activity in a public Internet chat room[J]. Journal of Economic Behavior & Organization, 2009, 70(12): 266 - 281.

[25] Qiu X, Zhao L, Wang J, et al. Effects of time-dependent diffusion behaviors on

the rumor spreading in social networks[J]. Physics Letters A, 2016, 380(24): 2054 - 2063.

[26] Raiden A B, Dainty A R J, Neale R H. Current barriers and possible solutions to effective project team formation and deployment within a large construction organization[J]. International Journal of Project Management, 2004, 22:309 - 316.

[27] Santosa D S D, Bazzanb A L C. Distributed clustering for group formation and task allocation in multi-agent systems: A swarm intelligence approach[J]. Applied Soft Computing, 2012, 12:2123 - 2131.

[28] Shannon C E. A mathematical theory of communication[J]. Acm Sigmobile Mobile Computing & Communications Review, 2001, 5(1):3 - 55.

[29] Shirky C. Cognitive Surplus: Creativity and Generosity in a Connected Age[J]. Penguin, 2010.

[30] Squicciarini A C, Paci F, Bertino E. Trust establishment in the formation of virtual organizations[J]. Computer Standards & Interfaces, 2011, 33:13 - 23.

[31] Sznajd W K. Opinion evolution in closed community[J]. International Journal of Modern Physics C, 2001, 11(6):1157 - 1165.

[32] Van den Berg P, Arentze T, Timmermans H. A path analysis of social networks, telecommunication and social activity-travel patterns[J]. Transportation Research Part C, 2013, 26:256 - 268.

[33] Watts D J, Strogatz S H. Collective dynamics of small-world networks[J]. Nature, 1998, 393:440 - 442.

[34] Yang H X. A consensus opinion model based on the evolutionary game[J]. Europhysics Letters, 2016, 115(4):40007.

[35] Zhong H L, Li W, Zhang G X. Research on the Evolution of Internet Public Opinion for "NIMBY" Conflict Event[J]. Journal of Intelligence, 2016, 35(3):111 - 117.

[36] 宾宁,杨树标,胡凤.突发事件网络舆情演化的博弈分析——以茂名 PX 事件为例[J].情报探索,2017,231(1): 32 - 39.

[37] 董云虎.舆论引导工作要把握好"时、度、效"[J].求是,2013,(20): 40 - 41.

[38] 黄远,沈乾,刘怡君.微博舆论场：突发事件舆情演化分析的新视角[J].系统工程理论与实践,2015,35(10): 2564 - 2572.

[39] 李广乾.网络信息安全：从"外生信息化"到"内生信息化"转型[N].中国经济时报,2014 - 03 - 07.

[40] 李嘉,张朋柱,刘景方,等.在线群体研讨的信息组织结构研究[J].管理科学学报,2014,17(9): 1 - 16.

[41] 李林,孙军华.基于社会网络冲突信息传播的群体特征[J].系统工程理论与实践,2014,34(1): 207 - 214.

［42］李倩倩,李瑛,顾基发,等.舆论演化的社会影响级联效应模型[J].系统工程理论与实践,2015,35(1):124-129.

［43］李小敏,胡象明.邻避现象原因新析：风险认知与公众信任的视角[J].中国行政管理,2015,(3)：131-135.

［44］李雅红."邻避冲突"网络舆论传播特征研究[J].今传媒,2014,(5)：42-43.

［45］李勇建,王治莹.突发事件中舆情传播机制与演化博弈分析[J].中国管理科学,2014,22(11)：87-96.

［46］廖晓昕.动力系统的稳定性理论和应用[M].北京：国防工业出版社,2000.

［47］刘德海,陈静锋.环境群体性事件"信息—权利"协同演化的仿真分析[J].系统工程理论与实践,2014,34(12)：3157-3166.

［48］刘德海.环境污染群体性突发事件的协同演化机制——基于信息传播和权利博弈的视角[J].公共管理学报,2013,10(4)：102-113.

［49］刘小峰,吴孝灵.邻避项目的适应性环境影响评价模式研究[J].中国行政管理,2018,398(8)：132-136.

［50］刘小峰,张成.邻避型 PPP 项目的运营模式与居民环境行为研究[J].中国人口资源与环境,2017,27(3)：99-106.

［51］刘怡君,李倩倩,田儒雅,等.基于超网络的社会舆论形成及应用研究[J].中国科学院院刊,2012,27(5)：560-568.

［52］彭小兵,谢虹.应对信息洪流：邻避效应向环境群体性事件转化的机理及治理[J].情报科学,2017,35(2)：10-15.

［53］彭小兵,邹晓韵.邻避效应向环境群体性事件演化的网络舆情传播机制——基于宁波镇海反 PX 事件的研究[J].情报杂志,2017,36(4)：150-155.

［54］陶茂丽.国内企业网络信息安全研究述评[J].情报探索,2016,233(5)：77-81.

［55］田进,朱利平,曾润喜.网络舆情交互触发演变特征及政策议题建构效果—基于系列"PX 事件"的案例研究[J].情报杂志,2016,35(2):133-138.

［56］王光辉,刘怡君,迟钰雪.舆论危机的异化极化效应研究[J].管理科学学报,2017,20(3)：149-161.

［57］王丽丽,赵炳新,Nebenzahl D.网络视角的风险与时尚对消费者信息搜索行为影响研究[J].中国管理科学,2016,24(11)：137-145.

［58］王治莹,李勇建.舆情传播与应急决策的结构化描述及其相互作用规律[J].系统工程理论与实践,2015,35(8)：2064-2073.

［59］王治莹,李勇建.政府干预下突发事件舆情传播规律与控制决策[J].管理科学学报,2017,20(2)：43-52.

［60］谢识予.经济博弈论[M].第三版.上海：复旦大学出版社,2007.

［61］徐宗本,张维,刘雷,等.数据科学与大数据的科学原理及发展前景[J].科技促进发展,2014,10(1)：66-75.

[62] 姚晓阳,孙晓蕾,吴登生,等.基于互信息熵的国家风险相关性研究[J].系统工程理论与实践,2015,35(7):1657-1665.

[63] 张永杰,张维,金曦,等.互联网知道的更多么?——网络开源信息对资产定价的影响[J].系统工程理论与实践,2011,31(4):577-586.

[64] 赵俊,霍良安,刘霞.具有发酵期的舆情传播与控制模型[J].系统管理学报,2016,25(4):717-724.

[65] 赵树迪,周易,蔡银寅.邻避冲突视角下环境群体性事件的发生过程及处理研究[J].中国人口·资源与环境,2017,27(6):171-176.

[66] 钟慧玲,李伟,张冠湘."邻避"冲突事件网络舆情演化研究[J].情报杂志,2016,35(3):111-117.

第八章　邻避风险与公众参与（Ⅲ）：
邻避风险演化

邻避风险一般始于项目的环境污染风险，但并非建设工程项目环境污染的原生风险，而是一种衍生出来的社会风险，表现为公众对项目可能产生环境污染、经济损失乃至毁灭作用等不利后果事件的担忧（杨雪锋和章天成，2016）。公众的这种担忧一般较难直接观测与度量，但可以通过可观测的公众行为来刻画。根据程度差异，公众对建设工程项目的邻避风险在行为表达上可分为三种形式：一为公众与公众之间非正式交流，交流越频繁，关注度越高，一般说明公众越担忧。二为通过面谈、电话与信件等方式向国家机关或项目管理机构的正式投诉，如全国"12369 环保举报联网管理平台"中 2018 年全国共接到环保举报 71 万件，多为建设工程项目的大气粉尘污染、固废污染和施工噪声扰民等事项。三为走上街头的非理性群体性邻避行为，根据历年全国环境统计公报数据，2007 年至 2018 年期间，突发性环境群体性事件高达 5 218 次，特别是重大环境类事件不断发生。

本章关注的是两类令人费解的邻避现象。一是邻避的区域性差异，同一类型同等规模的建设工程项目在各地新建，有些区域就爆发邻避冲突，而有些区域就相安无事，更有甚者，有一些拟建项目迁址之后便相安无事。二是邻避的时间性差异，从演化视角看，随着最严格的环境保护制度的施行，我国建设工程项目环评执行率逐年上升，不少地区甚至达到 100%。同时随着环保技术的改进、环评标准的严格，不少新建项目的排污设施和水平甚至达到国内国际先进水平，可公众的反对声却比以往大得多，不少民众甚至"谈邻色变"，邻避危机愈演愈烈（侯光辉和王元地，2014）。而对比同期国际社会，当前发达国家在高环境标准下却能让民众处于理性状态，保持较低的邻避风险事件。这让我们思考：为什么在我国会存在这种时空差异？邻避问题会越演越烈吗？如何让邻避建设工程项目从行政许可、专家认可到公众认可？

第一节 演化机理分析

为解释复杂邻避社会现象,已有研究从项目类型、环境公平、决策过程以及认知偏差等方面对邻避风险或邻避现象进行深入的剖析。例如,Hank 和 Howard(2001)认为建设项目建设过程中的环境风险越高,居民越排斥,邻避风险大,也有学者在此基础上构建邻避指数以刻画不同类型建设项目的邻避风险(杨芳等,2017)。吕书鹏和王琼(2017)认为政府与公众在风险和利益感知上存在差异会导致建设项目陷入不同程度的困境。Liu 等(2018)认为公平感知到决策程序中的不公平与不透明是公众卷入各种集体行动的关键原因。辛方坤(2018)认为新媒体、污名化认知及政府信任的差序格局为邻避风险放大储备了社会环境。Zhang 等(2018)认为从选址到运营等不同周期建设项目的邻避风险具有差异性。张海柱(2019)认为邻避风险分配的不公平与不公正是引发邻避冲突的重要原因。Wu 等(2014)通过问卷调查法对中日两国大学生进行了邻避风险可接受性评价,发现中国学生更关注房地产价值影响,而日本学生更关注环境污染和健康危害。Patrick(2013)认为邻避风险管理需要考虑项目所在地的人口特征和风险感知水平。然而,仍有一些令人费解的邻避现象尚未得到充分的科学解释,困扰着理论研究者与现实管理者。一是邻避的区域性差异,同一类型同等规模的建设项目在各地新建,有些区域就爆发邻避冲突,而有些区域就相安无事,更有甚者,有一些拟建项目迁址之后便相安无事。二是邻避的时间性差异,从演化视角看,随着最严格的环境保护制度的施行,我国建设项目环评执行率逐年上升,不少地区甚至达到 100%。同时随着环保技术的改进、环评标准的严格,不少新建项目的排污设施和水平甚至达到国内国际先进水平,可公众的反对声却比以往大得多,不少民众甚至"谈邻色变",邻避危机愈演愈烈(侯光辉和王元地,2014)。而对比同期国际社会,当前发达国家在高环境标准下却能让民众处于理性状态,保持较低的邻避风险事件。这让我们思考:为什么在我国会存在这种时空差异? 邻避问题会越演越烈吗? 如何让邻避建设项目从行政许可、专家认可到公众认可?

演化观点解释的是特定主体之间的共存现象的变迁模式(Jeong et al, 2000)。在本文中,演化观点关注的是主体邻避风险是如何随时间和情景而变化的,在群体层面是否会涌现出情景的差异性特征,是否可以解释中国当前存在的复杂邻避现象? 本节首先引入认知差异描述邻避风险类型,界定研究对象,然后剖析期望差异与项目邻避风险的关系,刻画期望差异对建设工程项目邻避风险的影响,最后基于"自组织"机制探索建设工程项目邻避风险的演化过程。

一、认知差异与邻避风险类型

根据公众与环评专家对于项目环境风险的认可差异,可分为以下四种不同的情形(见图 8-1)。第Ⅰ种情形,公众和环评专家均认为项目环境风险在可控范围内,属于无争议的建设工程项目,此类项目虽然有潜在的环境风险,但由于公众和环评专家均认为在接受范围之内,故不会引发邻避风险。第Ⅱ种情形,环评未通过,即未批先建或者提供虚假环评报告蒙混过关,而公众在选址和建设时或运营前期未表达反对意见。这种情形一般出现在公众环境保护意识以及国家环境执法薄弱时期,属于历史遗留问题,一般分布在一些早期的化工区和矿业区。由于这类建设工程项目存有确定性的无法接受的环境风险,已成为当前难以解决的沉重历史包袱问题。第Ⅲ种情形为环评专家和公众均不认可情形,一般不会出现在现实中,一旦存在政府应立马中止,在研究中可以不予考虑。第Ⅳ情形是本文研究的情形,这类建设工程项目环评专家认为在科学范畴上是可以接受的,但公众并不认可,即环评专家和公众之间存在明显的认知偏差。这是当前我国社会亟待解决的管理难题,即如何让建设工程项目从专家认可到行政许可再到公众认可。

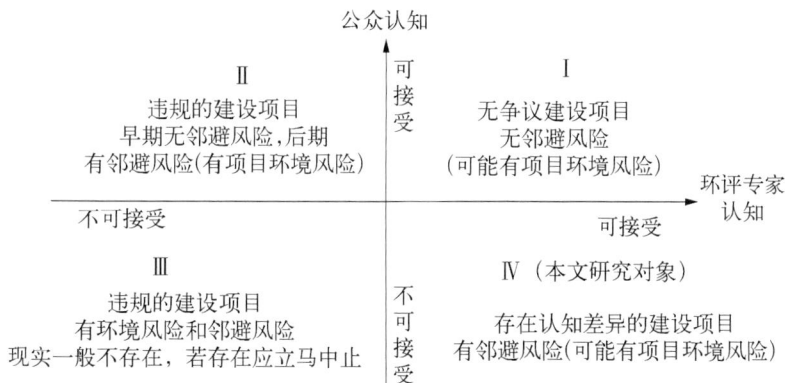

图 8-1　认知差异与邻避风险

二、期望差异与项目邻避风险

在第Ⅳ种情形下,科学家认为项目建设方案的环境影响评价是符合要求的,这说明在科学实验范畴下建设工程项目是安全可靠的,公众的抵触心理与行为表明公众对环境影响评价结果是不认同的,或者存在分歧的。为解释不同人群之间的认知鸿沟,谢晓非等(2013)学者提出了期望差异的概念,认为是由不同主体之间的存在期望差异。基于期望差异理论,本文认为公众在邻避风险认知上也存在期望差异,即在建设工程项目邻避风险认知上,环评专家与公众之间因为立场、角色的差异存在一些容易出现又很难调和的认知差异,而且这种差异会因危机情境和群体背景而放大。

进一步,期望差异主要表现在期望程度和期望内容上(谢晓非等,2013),其中:期望内容上的差异是指环境影响评价者与公众对风险源和风险类型的判断上存在差异,如环境影响评价者关注的是建设工程项目生产设施风险识别和生产过程所涉的物质风险识别,而公众还关注周边公众身心健康、周边核心资产贬值或者项目与政府方提出的补偿方案未达公众预期等情况(刘小峰和吴孝灵,2018)。期望程度上的差异主要表现在科学家认为风险应该控制和可以接受的水平但普通公众并不能接受,如郑卫(2011)通过上海磁悬浮事件的个案分析发现,政府和磁浮公司表示 22.5 m 的防护间距已经满足安全要求,强调磁悬浮轨道 3～5 m 以外就已经完全达到了要求的辐射强度,但沿线居民纷纷质疑 22.5 m 间距对于防止电磁辐射的有效性,并要求对电磁辐射至少进行两年的生物实验。

邻避风险正是环境状况变化引起群体利益分歧和冲突这一环境议题背后所隐匿的机制显现(杜健勋,2016)。因此,期望差异与邻避风险的内涵是一致的,期望差异越大,建设工程项目的邻避风险越大。在现实中,当建设工程项目的环境问题受到公众关注后,很容易出现期望差异。公众对于信息强烈而不断变化的需求无法被环评专家和管理者完整及时地知觉到,环评专家和管理者受限于角色和知识理性等较难捕捉到公众的期望,即便知晓了公众的期望,也可能由于缺乏风险沟通的技能、无法实现的利益与环境诉求等原因导致无法做出有效的回应。邻避风险的多方同时存在期望差异,衍生出的不信任等因素则会进一步放大邻避风险(见图 8-2)。邻避风险的放大又可能加剧公众的狐疑与恐慌,导致公众的期望差异变大,使得邻避风险进入一种恶性循环。而一旦进入恶性循环后,邻避风险急剧放大,当公众网络中有相当数量的群体均形成较强的邻避风险,便可能达成一致反对意

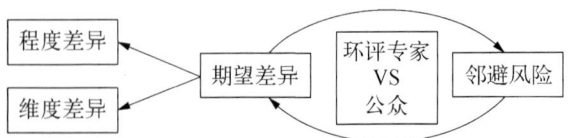

图 8-2   期望差异与邻避风险

见进而走向街头爆发群体性邻避事件(Devine,2010)。

三、演化过程分析

由于公众对建设工程项目邻避风险的认知是一个动态的过程,因此,基于建设工程项目邻避风险也是一个动态演化过程。从复杂系统角度分析,系统演化过程有两个基本动力机制:主体在目标驱动下所形成的"自组织"机制以及由于宏观上的某种限制(如资源的限制等)而引起的竞争从而产生的广义进化机制(盛昭瀚等,2009)。由于公众对建设工程项目的风险认知一般不涉及竞争而产生的进化,而更多的是一种社会建构行为(王明远和金峰,2017),表现为社群公众之间的信息、情绪以及认知的交换与学习行为,因此,本文选用主体在目标驱动下所形成的"自组织"机制来刻画建设工程项目风险演化过程。

图8-3刻画了建设工程项目邻避风险演化过程。社区网络中的主体均具有自适应性,当有潜在邻避风险的建设工程项目相关消息公布后,社区主体在规避风险或减少损失等目标驱动下,依据自身特性和项目类型等形成相应的期望差异与邻避风险判断,并可能与周边的居民产生交互。若发生交互,则更新认知程度差异和认知维度差异,改变邻避风险判断。当所有主体交互完毕之后,整个社区网络主体的邻避风险随之变化。从演化角度看,交互并非一次性的,可能是多次的,因此,需要设置多个交互周期,观察邻避风险的演化规律。

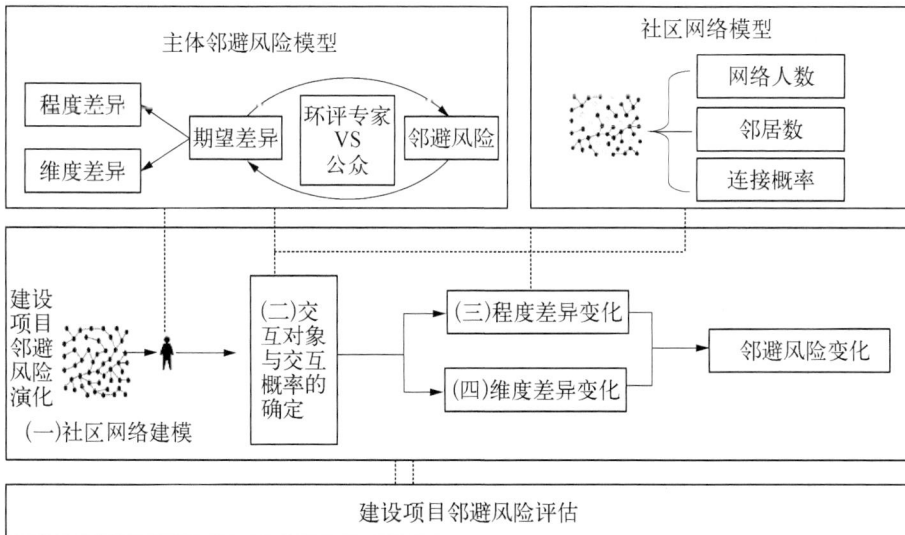

图8-3 建设工程项目邻避风险演化过程

第二节　计算实验演化模型

本节采用多主体建模方法实现建设工程项目邻避风险演化的计算实验模型,具体包括变量定义、社区网络类型构建、主体交互规则建模以及计算实验设计。

一、变量定义

每次情景模拟都可以看作是一个独立的计算实验(盛昭瀚和张维,2011)。每个计算实验都有各自一套固定的参数组合,一类为研究的"状态变量",相当于因变量,主要记录随控制变量(自变量)发生变化而变化的系统状态,包括主体对建设工程项目的邻避风险判断、建设工程项目邻避风险、公众认知差异和邻避风险演化到稳定态所需周期等;一类为研究的"控制变量",相当于自变量,主要为解释复杂邻避现象的因素变量,包括社区网络结构、公众环保意识和主体从众性等。

(一)状态变量

主体对建设工程项目的邻避风险 (a_i):参考谢晓非等(2013)研究,以期望差异 a_i 刻画主体 i 对建设工程项目的邻目风险判断。假设 $0 \leqslant a_i \leqslant 1$,初始状态时在区间 $[0,1]$ 内服从均值为 μ 的均匀随机分布,当 $a_i = 1$ 时,表示主体 i 完全不能接受项目的环境影响评价,期望差异最大,邻避风险最高;当 $a_i = 0$ 时,表示主体 i 对项目的环境影响评价完全可以接受,期望差异为零,无邻避风险。

建设工程项目邻避风险 (x):由于系统演化的动态性以及邻避风险的多变性,一旦超过临界值便可能导致群体性事件转化为社会稳定风险。因此,参考罗植(2015)、王红兵等(2015)研究,本文同时关注系统在稳定态和峰值水平时的建设工程项目邻避风险,以网络中公众邻避风险的平均值定义在 t 时刻网络群体对建设工程项目的邻避风险,有 $x(t) = \sum_{i=1}^{N} a_i / N$,式中, a_i 为主体 i 在时间 t 时的邻避风险, N 为社区网络中公众数量。

公众认知差异 (σ):参考 Fabio 和 Palazzeschi(2013)的相关研究,本文以主体邻避风险的方差值 $\sigma = \sum_{i=1}^{N} (a_i - x)^2 / N$,定义公众与公众之间的认知差异。

邻避风险演化到稳定态所需周期(t_0):基于系统动力学刻画邻避风险演化的系统稳定态(Hosack et al,2009),在邻避风险 x 的状态空间中随着时间 t 增加表现为从自 t_0 点开始的一条轨线处于相对静止时的运动状态,即受扰运动函数对时间 t 的导数接近或等于零,定义差分公式 $(x(t + \Delta t) - x(t))/\Delta t \leqslant \varepsilon$,$\Delta t$ 为时间间隔,ε 为研究者或者管理者认为在系统稳定态下可以允许的波动误差。若对于任意的 $t(t > t_0)$,均满足差分公式则可认为在 t_0 时刻系统达到稳定态。如果达到系统稳定态的时间越长,则应对难度相对容易;反之,如果达到系统稳定态的时间越短,则应对难度越大。

（二）控制变量

公众环保意识 (ρ):以变量 ρ 表征公众环保意识,其取值范围为 $0 \leqslant \rho \leqslant 1$,其中当 $\rho = 1$ 时,表示公众环境保护意识水平高,对建设工程项目的环境等状况十分关注,迫切与所有邻居产生交互,以消除内心的不确定或达成一致意见;当 $\rho = 0$ 时,表示环境保护意识水平较低,对建设工程项目环境状况等并不关注,知道消息后没有意愿与邻居产生交互。在多主体建模中以主体之间的交互概率刻画其内涵。一般来说,公众对建设工程项目的环保意识与项目类型以及所处的社会阶段等有关系,在历史发展初期,公众环保意识较低,随着人们对美好生活向往追求层次的差异,公众环保意识逐步提升(闫国东等,2010),然而当生态环境得到较大改善时,公众对建设工程项目环境表现关注度又会略有降低。

主体从众性(ω):以变量 ω 表征主体从众性,满足 $0 \leqslant \omega \leqslant 1$,当 $\omega = 1$ 时,表示主体从众心理强,自身表现为谨慎与犹豫,每次都会根据对方认知情况修正自己的认知;当 $\omega = 0$ 时,表示主体没有从众心理,即便交互后仍坚持自己的判断。

二、社区网络类型构建

公众网络作为一种典型人与人社会关系的复杂网络,常见形式有无标度网络和小世界网络(Litwin & Stoeckel,2016)。已有研究表明 Barabási 和 Albert 构建的无标度网络的社区结构特征不明显(Sallaberry,2013),而 Watts 和 Strogatz(1998)构建的小世界网络(简称 W−S 模型)具有显著的社区结构。为此,本文选择基于 W−S 模型构建的小世界网络表征建设工程项目邻避风险传播所依存的社区网络。

W−S 小世界网络中主要有 3 个核心参数,分别为网络中的节点数 N、每个节点与周边节点的连边数 k 和每个节点进行重连的概率 p。在本文中,网络中的节点数 N 是表征社区网络中关注建设项目的公众数量,这与邻避设施自身性质以及周边人群分布有较大关系。若 N 值较大意味网络人群较多,表征建设工程项目落地在人群密集区,或者一些十分敏感的建设工程项目引起了人们广泛的关注;若 N 值较小意味网络人群较少,表征一些争议较小的建设工程项目,或者项目建设在人群稀疏区域的情形。网络中的每个节点进行重连的概率 $p(0<p<1)$ 表征人群的信息条件及因建设项目事项新建关系的意愿。p 值较小意味着重连概率较小,表征网络人群信息条件较差,如二十世纪八九十年代受社交媒体等现代互联工具的影响较小情形;或者重连意愿较低,较难形成集体行动,如公众对一些建设项目漠不关心以及有矛盾冲突的村庄部落等情形。p 值较大意味重连概率较大,表征网络人群很容易建立联系或者因建设项目邻避风险事项建立联系的意愿较强,如人群中社交媒体等发达区域以及宗祠观念较强的乡镇,容易形成较为一致的集体行动意愿。k 为社区网络中公众的邻居数,由于哈佛大学心理学教授 Stanley Milgram 发现的"六度分离"现象广泛存在于社区人际联系网,因此本文设定公众的邻居数为六位。基于以上分析,针对 N 和 p 的大小差异,本研究构建四种不同类型的社区网络结构,表征建设工程项目邻避风险演化所依存的社区环境(见表 8-1)。

表 8-1 公众社区网络类型

网络	(1)网络一	(2)网络二	(3)网络三	(4)网络四
参数	N 小,p 小	N 小,p 大	N 大,p 小	N 大,p 大
现实含义	项目建设在人群稀疏区域、互联互通的信息条件较弱或建立联系的意愿较弱的区域,如关系较为冷漠的乡镇区域	项目建设在人群稀疏、互联互通信息条件较强或建立联系意向较强的区域,如宗祠观念强的乡镇区域	项目建设在人群密集、互联互通信息条件较弱或建立联系的意愿较弱的区域,如新城区或流动人口密集的工业园区	项目建设在人群密集区域,互联互通信息条件较好或建立联系的意愿较强,如大学城、人口密度高的老城区
网络示意				

三、主体交互规则建模

主体建模的关键在于确定异质主体之间的互动规则(董志强和李伟成，2019)。主体邻避风险演化源于主体交互之后的期望差异变化，而主体交互对象选择依赖于所处的网络，所以本节详细讨论社区网络的生成以及社区网络中主体之间交互规则。本文借鉴 Song 等(2017)、Xu(2015)等、刘小峰(2013)、刘小峰和张成(2017)等研究成果，对交互对象与交互概率的确定(和谁交互)、认知程度交互规则和认知维度交互规则(如何交互)进行拓展。

(一)交互对象确定规则

由于主体的适应性特征，主体会根据信息条件以及对项目的认知进行交互。交互对象的确定规则主要有三个方面：一为社区网络中的哪些主体参与交互？由于环境污染的外部性，项目建设所造成的大气污染、粉尘污染以及噪声污染等对于社区公众来说都是等同一致的，因此可假定所有的主体都可能参与交互。二为选择什么主体作为潜在的交互对象？一般来说，潜在对象需要满足其交互的网络条件，即彼此相连，因此本文设定潜在交互对象为主体的邻居。三为以何种概率与潜在对象进行交互？已有研究中交互对象选择的依据主要有随机性、主体收益水平，主体影响力以及主体偏好等(Yang et al,2009)。在邻避问题上，由于较难度量出主体的差异性的环境收益或受损水平，同时本文重点研究建设工程项目邻避风险自演化过程，因此本文采用随机性和主体偏好相结合的方法确定主体与邻居之间对于建设工程项目邻避问题的交互概率，对于同一类型同等规模的建设工程项目，公众的交互概率与其环保意识有关，选用公众环境意识水平(ρ)刻画公众对特定建设工程项目的交互概率。

(二)交互规则

对于如何交互问题，基于期望差异理论，本文从认知程度和认知维度两个方面进行规则建模。

1.认知程度交互规则

主体对于项目的邻避风险不仅受到自身判断影响，还受到周边朋友认知的影响，主体与邻居交互后通过学习、试错和模仿等方式修正和改进自己的认知(谢晓非等，2013)。一般而言，如果交互双方关注的风险点一致时，邻避风险高的一方经过交互后会认为"事情没有想象中的那么糟糕"，而邻避风险低的一方经过交互后则会认为"事情比想象中的更糟糕"。主体经过反复比对与信息交换之后达到对邻避风险的客观认识，这反映了人类对陌生事物的认知理性。由于主体的差异，这种认知程度的变化一般与主体从众性(ω)有关

(Bernheim,1994),主体 i 与邻居 j 交互后的邻避风险为:

$$\alpha_i' = \alpha_i - \omega(\alpha_i - \alpha_j) \qquad (8-1)$$

由式(8-1)知,当 $\alpha_i > \alpha_j$ 时, $\alpha_i' < \alpha_i$,邻避风险减弱 $\omega(\alpha_i - \alpha_j)$;当 $\alpha_i < \alpha_j$ 时, $\alpha_i' > \alpha_i$,邻避风险增强 $\omega(\alpha_i - \alpha_j)$ 。 变化后, α_i' 仍满足 $\alpha_i' \in [0,1]$ 。

同理,交互后,主体 j 的邻避风险为:

$$\alpha_j' = \alpha_j - \omega(\alpha_j - \alpha_i) \qquad (8-2)$$

2. 认知维度交互规则

另一方面,如果交互双方初始关注的风险点不一致时,交互时彼此会发现新的风险。例如,主体 i 可能开始只关注到环境污染风险,而主体 j 关注的是健康风险和资产贬值风险,在这种情况下,主体 i 和主体 j 的交互则会进一步扩大期望差异,受主体 j 的影响,主体 i 则在交互后也会对健康风险和资产贬值风险进行关注,交互后主体 i 感觉风险更大。一般而言,关注的风险点差异越大,则影响越大。设集合 M 表示公众对建设工程项目的所有风险关注点,主体 i 和主体 j 关注的风险点集合分别为 M_i 和 M_j ,有 $M_i \in M, M_j \in M$ 。 当主体 i 和主体 j 的交互后,主体 i 关注的风险点变为 $M_i \bigcup M_j$,定义交互后主体 i 的邻避风险为:

$$\alpha_i' = \alpha_i + \left[\frac{card(M_i \bigcup M_j) - card(M_i)}{card(M)} \right] (1 - \alpha_i)\alpha_j \qquad (8-3)$$

式中,$card(M)$——集合 M 的元素数量;

　　$card(M_i \bigcup M_j)$ ——集合 $M_i \bigcup M_j$ 的元素数量;

　　$card(M_i)$ ——集合 M_i 的元素数量。

当主体关注风险点一致时,交互后主体关注的风险点条目数无变化,不一致程度越大,主体关注的风险点条目数增加越多。变化后, α_i' 仍满足 $\alpha_i' \in [0,1]$ 。

同理,交互后,主体 j 的邻避风险为:

$$\alpha_j' = \alpha_j + \left[\frac{card(M_i \bigcup M_j) - card(M_j)}{card(M)} \right] (1 - \alpha_j)\alpha_i \qquad (8-4)$$

需要说明的是,每次交互后,主体的邻避风险由认知程度和认知维度共同决定,风险点条目数变化后其风险程度也必须随之动态变化,即经过认知维度交互后,如果主体认知的风险点条目数增加,还需要进行认知程度交互,该主体的邻避风险仍存在变大、不变和变小三种可能。

四、计算实验设计

根据研究目的和变量定义,本文主要设计了三类计算实验。

(1) 为解释同一类型同等规模的建设工程项目在不同区域所诱发的邻避风险差异这一复杂现象,本文设计了分析网络结构类型与邻避风险结果关系的计算模拟实验,其他参数不变情况下,观察四种不同社区网络结构类型时邻避风险是否存有差异性。

(2) 为解释居高的环评执行率为何没有换来公众较高的环境满意度,是否与公众环保意识有关,本文设计了分析公众环保意识与邻避风险结果关系的计算模拟实验,其他参数不变情况下,观察环保意识变化时邻避风险变化规律。

(3) 已有研究表明主体性从众性越高,危机与风险的异化极化速度越快(王光辉等,2017),认为主体表现出盲从特征时,更容易出现乌合之众,尤其在谣言、明星负面新闻与恐怖信息传播领域(Gadiraju et al,2018)。已有研究主要关注主体从众性对舆论与谣言的传播时间、传播对象以及传播趋势等影响,但较少涉及对谣言或舆论性质判断的改变,很少会演化为群体性集群行为(吴孝灵等,2019),而在建设工程项目邻避风险问题上,不仅需要关注风险扩散时间和趋势,更需要关注与思考主体从众性是否会影响或改变邻避风险的演化结果,即要谨防风险越过阈值朝现实中的抗议行为方向演化。从现实角度分析,很难讲主体从众性在近几十年内发生了显著的变化,但邻避风险的爆发却表现出较大的差异性。为此,本文设计了分析主体从众性与邻避风险结果关系的计算模拟实验,其他参数不变情况下,观察主体从众性变化是否会改变建设工程项目的邻避风险。

第三节　情景模拟与结果分析

一、参数设置

参考刘小峰(2013),刘小峰和张成(2017),Litwin 和 Stoeckel(2016),Sallaberry(2013)等相关研究,模型关键参数如表 8-2 所示。

表 8-2　模型主要参数

参数变量	参数含义	取　值
N	社区网络中的节点数	5 000,30 000
k	社区网络中每个节点与周边节点的连边数	6

参数变量	参数含义	取　值
p	社区网络中每个节点进行重连的概率	$[0.1,0.8]$
M	公众对建设工程项目关注的邻避风险点条目数	4
μ	公众对建设工程项目邻避风险判断的初始值的均值	0.4
ρ	公众环保意识	$(0,1)$
ω	主体从众性	$(0,1)$
Δt	系统稳定态的时间间隔	1
ε	研究者或者管理者认为在系统稳定态下可以允许的波动误差	0.000 5

二、情景模拟过程

(1) 构建公众所处网络,网络中主体以均值 μ 随机赋予初始期望差异以及初始关注的风险点,同时设定其他参数初始值。

(2) 迭代周期开始,所有网络主体按交互对象确定规则选择邻居作为交互对象,若未选择则跳过,若选择了某一邻居作为交互对象,则进入下一环节。

(3) 主体交互,包括获知彼此的期望差异和关注风险点,依据规则进行交互,更新彼此的期望差异和关注风险点。

(4) 网络中所有主体选择与交互完毕后,计算状态变量值;随即进入下一周期,直至状态稳定或者达到设置的最大观察周期。

(5) 重新设置网络和相关参数,对结果进行讨论分析。

三、结果讨论

本文在 MATLAB R2016a 软件平台下运行模拟实验,进行多次计算实验,确定取固定值的参数在合理范围变化并不影响演化结果和模型效度,如社区节点数 N 取值范围在 200 至 10 万、邻避风险点条目数 M 取值在 3 至 6、公众对建设工程项目邻避风险判断的初始值的均值在 0.2 至 0.6,同时未发现演化的多样性特征,结果稳定可靠。

(一) 模拟实验一:网络结构类型与邻避风险演化

图 8-4 记录了网络所有主体随演化周期变化的邻避风险变化情况,横坐标为演化周期,纵坐标为主体邻避风险。图 8-4(1) 至图 8-4(4) 分别代表四

种网络类型下所有社区主体邻避风险的演化情况,表8-3汇总了四种情况下邻避风险演化结果。需要说明的是,限于篇幅,本文仅呈现邻避风险和认知差异的整体水平,未呈现每个主体具体的邻避风险和认知水平,仅呈现处在初始、稳定态、峰值水平周期下的演化结果,未呈现每个周期下的具体演化值。

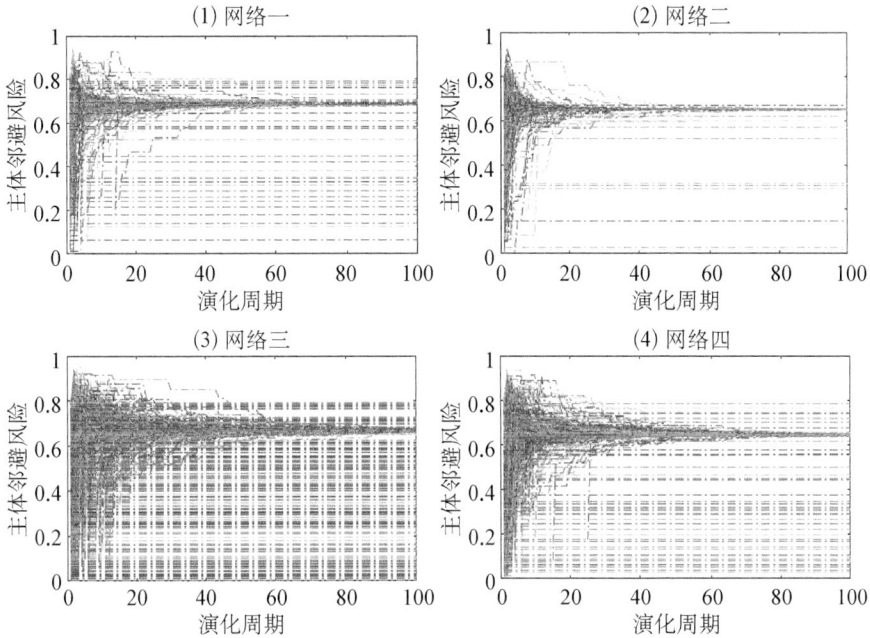

图8-4　网络类型与邻避风险演化

表8-3　网络类型与邻避风险演化结果

网　络	网络一	网络二	网络三	网络四
邻避风险(初始)	0.402 4	0.398 8	0.395 8	0.410 6
邻避风险(稳定态)	0.609 4	0.632 3	0.609 9	0.640 7
邻避风险(峰值水平)	0.611 3	0.632 5	0.610 4	0.640 8
认知差异(初始)	0.244 9	0.224 3	0.230 5	0.231 7
认知差异(稳定态)	0.120 6	0.054 2	0.136 2	0.064 5
稳定态周期	25	18	46	26

本部分的模拟实验结果表明网络结构会影响邻避风险的演化结果。具体结论为:

(1) 社区人口一样情况下(N 值相等),互联互通条件好的网络(p 值大)

邻避风险大,即网络二和网络四的邻避风险分别比网络一和网络三高,这可解释为何同类型的建设工程项目在不同区域的邻避风险有差异,在一些地区相安无事,而在一些地区则爆发群体性事件。也就是说,本研究从社区网络结构差异方面为这种区域性差异现象提供了一种研究解释。

(2) 互联互通条件好的社区网络,更容易达成共识,邻避风险演化到稳定态所需周期也更短,即网络二和网络四的认知差异(稳定态)分别比网络一和网络三高,而稳定态周期则相对小,这对邻避风险的引导和控制来说是双刃剑。

(3) 在四种网络中,多主体经过多次风险交互之后,项目邻避风险(分别为 0.609 4、0.632 3、0.609 9 和 0.640 7)均比初始状态(分别为 0.402 4、0.398 8、0.395 8 和 0.410 6)时高,这说明风险交互是风险扩大的一个重要因素或重要途径。

(4) 在无政府干预或者有煽动者扰乱下,峰值水平分别高出 0.31%、0.32%、0.08% 和 0.02%,即邻避风险的稳定态水平比较接近邻避风险的峰值水平,认知差异水平随演化周期而变小,这表明较难依赖系统的自演化去化解邻避风险,需要外部力量的系统干预,这为政府干预行为的合理性和科学性提供了理论支撑。

(二) 模拟实验二:公众环保意识与邻避风险演化

图 8-5 记录了交互概率变化下建设工程项目邻避风险结果变化情况,横坐标为交互概率,纵坐标为建设工程项目邻避风险,图中虚线表示实验模拟结果值,实线为基于模拟数据的拟合曲线。图 8-5(1) 至图 8-5(4) 分别代表前文构建的四种网络类型下项目邻避风险随交互概率变化的演化情况。需要说明的是,由于邻避风险的稳定态水平比较接近邻避风险的峰值水平,本部分计算实验仅选择了在稳定态下的邻避风险水平。

本部分模拟实验得了非常有价值的研究结果。首先,演化结果表明公众交互概率会影响邻避风险的演化结果。其次,发现建设工程项目邻避风险随公众环保意识增强呈现先增加后平缓下降的倒 U 型演化趋势。由拟合方程可知,四种网络下拟合曲线的导数分别为 $-0.18x+0.1$、$-0.24x+0.22$、$-0.24x+0.13$ 和 $-0.3x+0.2$,由于 x 的取值范围为 $(0,1)$,因此其导数值呈现先大于 0 后小于 0 的规律。进一步,分别令四个拟合方程的导数为 0,可计算得到函数的极值(拐点值)分别为 0.555 6、0.916 6、0.541 6 和 0.666 7。研究结果可为邻避事件的时间性差异现象提供解释证据,即有些建筑项目在历史上未曾发生邻避群体性事件,而在当前可能发生群体性邻避事件,而且在某一时期集中爆发(拐点值附近)。这可能是公众对建设工程项目的环境保护意识从冷漠到关切时，会增加非理性邻避风险，期间有一个集中爆发期，即便是达到环保要求的项目也可能遭人民的抵触与反抗，但随着关切程度的提升，反而会降低非理性邻避风险。也就是说，当公众环保意识越过极值后，邻避问题便不会因为公众环保意识增强而愈演愈烈。

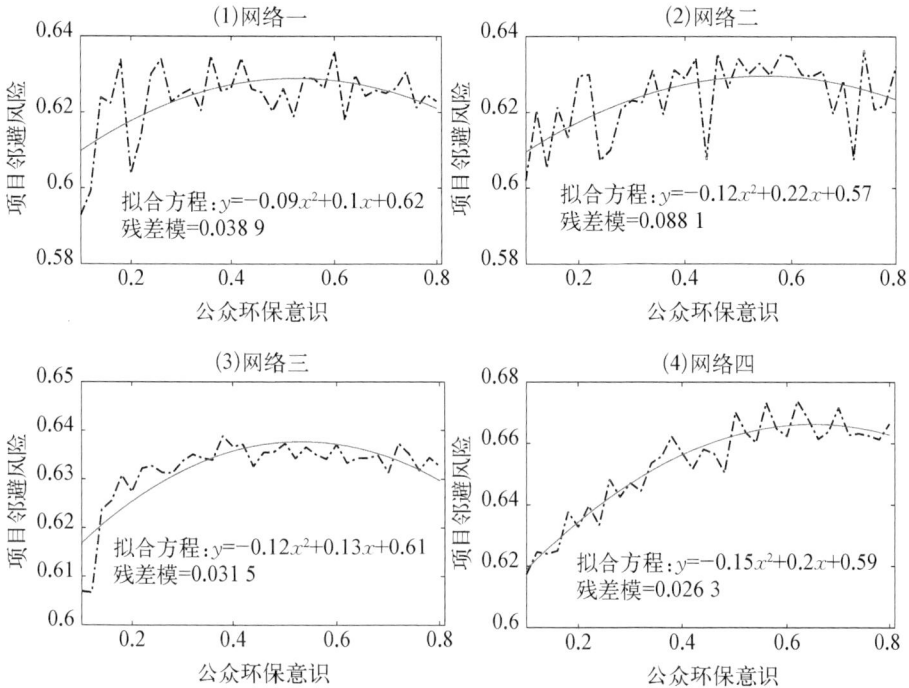

图 8 - 5　公众环保意识与邻避风险演化

本部分研究可给予现实管理者积极的管理启示，随着公众环保意识的普及与提升，公众对建设工程项目的非理性邻避风险将会得到有效的缓解，管理部门不应该抵制公众环保意识的觉醒，而应该因势利导，促使公众更加理性。这一点在公众环保意识较高的发达国家就有证明，合规合法的建设工程项目的新建与运营一般并不会招致民众的反对。典型案例有在 2011 年日本福岛核事故后，法国民调机构"舆论之路"调查结果显示约 62% 的法国民众对核电持欢迎态度，认为不应放弃发展核电(Loaiza et al，2012)；2016 年 10 月德国巴斯夫集团位于路德维希港的化工厂区发生剧烈爆炸，不少民众认为这起爆炸只是一次意外，仍对巴斯夫的生产安全依然保持信心(Fabio et al，2017)。但类似的研究却表明福岛核事故对中国核电站附近居民的核电风险感知产生了较大影响,政府需要通过有效的沟通和交流来促进该类人群对核电的正确了解和判断,避免社会恐慌(Huang et al,2013)。可见,我国近些年出现大规模的邻避冲突,"谈邻色变"恰好表明了前几年民众环保意识正处在一个较高水平的临界区间。无独有偶,闫国东等(2010)基于调查报告研究表明中国公众环境意识呈现类似"环境库兹涅茨曲线"的特征,预计在2008—2017年进入快速上升阶段,2019年将达到较高的稳定水平,从另一方面印证了本文研究结论的可靠性。

四、模拟实验三:从众性与邻避风险演化

图8-6记录了主体从众性变化下建设工程项目邻避风险结果变化情况,横坐标为主体从众性晨读,纵坐标为建设工程项目邻避风险,图中虚线表示实验模拟结果值,实线为基于模拟数据的拟合曲线。图8-6(1)至图8-6(4)分别代表前文构建的四种网络类型下项目邻避风险随主体从众性变化的演化情况。同理,由于邻避风险的稳定态水平比较接近邻避风险的峰值水平,本部分计算实验仅选择了在稳定态下的邻避风险水平。

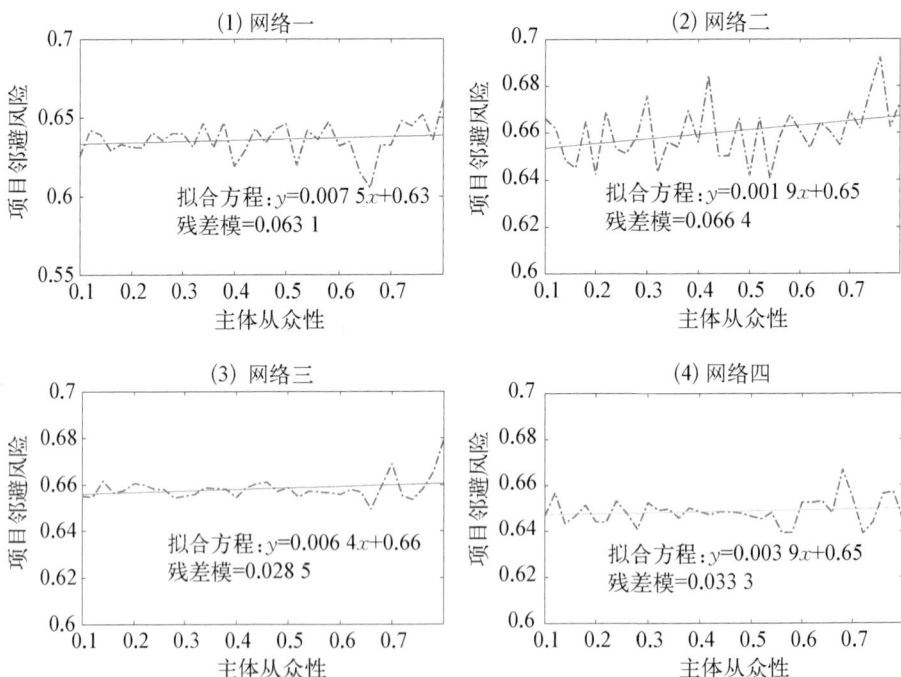

图8-6 主体从众性与邻避风险演化结果

本部分的模拟实验结果得到了与已有研究类似的结果(谢晓非等,2013;辛方坤,2018),如公众从众性会影响风险扩散的速度和公众认知差异,即主体从众性越大,邻避风险演化到稳定态所需周期越短(t_0),公众认知差异(σ)变得更小,本文从计算实验模拟方面给出了研究证据。同时,本部分模拟实验结果进一步丰富了主体从众性对邻避风险演化的影响研究,发现主体从众性并不显著改变邻避风险演化结果(稳定态)。具体而言,尽管线性拟合结果表明主体从众性程度越高,邻避风险演化结果值越大,但其拟合系数仅为 0.007 5、0.001 9、0.006 4 和 0.003 9,在稳定状态下,项目邻避风险的最终演化状态基本围绕方程截距值(分别为 0.63、0.65、0.66 和 0.65)上下波动。这也说明邻避风险的扩大(初始值到稳定态值与峰值)并非公众从性导致的,可能是由于主体风险交互行为导致的。

第四节　本章小结

为解释中国邻避现象之谜,本文以期望差异理论和演化理论为基础,基于多主体建模的计算实验方法研究社区网络结构、公众环保意识水平和公众从众性等因素对邻避风险的影响规律。主要研究贡献有:首先,开拓性地研究了社区网络结构特征对于邻避风险演化的影响,丰富了邻避风险研究;其次,揭示了公众环保意识等因素对建设项目邻避风险演化的非线性影响,为复杂邻避现象提供了一种新的解释证据;最后,基于多主体建模思想,设计了从社区网络到主体交互规则再到系统涌现的计算实验方案,为邻避风险研究提供了新的思路。

本章提出了一个基于多主体建模的建设工程项目邻避风险演化的计算实验模型,来解释区域差异和时间差异等复杂邻避现象。模型中,公众对存在认知差异的建设工程项目进行风险交互。主体风险交互取决于公众所依存的网络结构、环保意识和从众性等主要影响参数。设计了四类差异性网络,来刻画建设工程项目所处区域的差异性的互联互通和人群数量特征。针对风险交互影响因素设计了三类计算实验,以探索建设工程项目邻避风险的演化规律。研究结果发现,主体通过风险交互经过一定周期之后会处在一个稳定的状态,稳定态时的邻避风险水平高于初始状态,这说明风险交互是邻避风险扩大的一个重要因素,而且稳定态水平与峰值水平之间差距较小。这说明这种风险扩大无法通过自演化达到一个较低水平,需要政府的积极干预,政府在应对这类风险时切勿坐视不管,任由邻避风险向邻避冲突转变。更重要的是,研究发现了网络结构以及公众环保意识差异对邻避风险的影响,如互联互通条件越好,邻避风险扩大越明显,公众环保意识与邻避风险之间的关系增强呈现先增加后平缓下降的倒 U 型规律,表明在处在不同网络结构下的社区公众对建设工程项目的邻避风险具有差异性,处在不同阶段的公众对于建设工程项目的邻避风险具有差异性,邻避风险随公众环保意识增强在一定时期内会处在高发状态,但并不会因此而愈演愈烈。同时,发现了公众从众性对于风险演化结果的影响,表明尽管公众从众性会影响邻避风险扩散的时间与公众认知差异,但并不显著影响邻避风险演化结果。

总而言之,本文可以为区域性差异和时间性差异等复杂邻避现象提供一个演化论的解释,为邻避风险演化提供理论逻辑和计算实验模拟证据,从演化视角解释了已达标准的新建项目为何公众的反对声却比以往大得多,环境群体性事件爆发频率比以往高得多这一复杂社会现象。研究为具有邻避风险的建设工程项目从行政许可到公众认可的转变之路提供了新的思路,为邻避冲突机理剖析和邻避冲突解决方案提供了新的研究支持。

在具体建议方面,我们认为:第一,政府和建设工程管理者应对建设项目邻避风险有客观认识,尤其是邻避风险点阶段性和历史性,不应谈邻色变,但也不应放任不管,而应掌握邻避风险的演变规律,依据演变规律主动干预加以引导。第二,丰富邻避风险管理工具箱,不仅从项目环境管理和群体性事件管理入手,还要关注公众对项目的邻避风险的认知情况,关注建设项目所依存的社区网络结构,对网络结构中成员的关联属性进行关注,利用网络结构对邻避风险的影响规律,对网络中的重要成员进行重点引导,尤其党员和社区管理工作人员,发挥这些成员在网络中的正面影响作用。第三,优化风险沟通方法,对于符合环境影响评价的项目,可以适当延长公众对其邻避风险的认知周期,采取多轮多次的风险沟通方法,重点降低甚至消除认知偏差,引导建设项目从行政许可走向公众认可。

本章参考文献

[1] Bernheim, B Douglas. A Theory of conformity[J]. Journal of Political Economy, 1994, 102(5):841 - 877.

[2] Devine P. Renewable energy and the public: from nimby to participation[J]. Journal of Planning Education & Research, 2010, 32(2):247 - 249.

[3] Fabio A, Palazzeschi L. Incremental variance in indecisiveness due to cognitive

failure compared to fluid intelligence and personality traits[J]. Personality and Individual Differences, 2013, 54(2):261－265.

[4] Fabio F, Massimo M, Riccardo T, Analysis of causation of a flour dust explosion in an industrial plant[J]. Industry Applications IEEE Transactions on, 2017, 53(6):5182－5186.

[5] Fan C, Lu L. The average distance in a random graph with given expected degrees [J]. Internet Mathematics, 2004, 1(1):91－113.

[6] Gadiraju U, Demartini G, Kawase R, et al. Crowd anatomy beyond the good and bad: behavioral traces for crowd worker modeling and pre-selection[J]. Computer Supported Cooperative Work, 2018(3):1－27.

[7] Hank J, Howard K. Mitigation and benefits measures as policy tools for siting potentially hazardous facilities: determinants of effectiveness and appropriateness[J]. Risk Analysis An Official Publication of the Society for Risk Analysis, 2001, 21(2):371－382.

[8] Hosack G, Li H, Rossignol P. Sensitivity of system stability to model structure [J]. Ecological Modelling, 2009, 220(8):1054－1062.

[9] Huang, L, Zhou, Y, Han, Y, et al. Effect of the Fukushima nuclear accident on the risk perception of residents near a nuclear power plant in China[J]. Proceedings of the National Academy of Sciences of the United States of America, 2013, 110(49):19742－19747.

[10] Jeong H, Tombor B, Albert R, et al. The large-scale organization of metabolic networks[J]. Nature, 2000, 407(6804):651－654.

[11] Litwin H, Stoeckel K. Social network, activity participation, and cognition: a complex relationship[J]. Res Aging, 2016, 38(1):76－97.

[12] Liu T, Yau Y, Yuan D. Efficacy beliefs, sense of unfairness, and participation in LULU activism[J]. Cities, 2018(83):24－33.

[13] Loaiza P, Brudanin V, Piquemal F, et al. Air radioactivity levels following the Fukushima reactor accident measured at the Laboratoire Souterrain de Modane, France[J]. Journal of Environmental Radioactivity, 2012(114):66－70.

[14] Patrick D. Explaining "nimby" objections to a power line: the role of personal, place attachment and project-related factors[J]. Environment and Behavior, 2013, 45(6):761－781.

[15] Sallaberry A. Model for generating artificial social networks having community structures with small-world and scale-free properties[J]. Social Network Analysis & Mining, 2013, 3(3):597－609.

[16] Song Y, Xie X, Zhang H. Same meaning but different feelings: Different expressions influence satisfaction in social comparisons[J]. Asian Journal of Social

Psychology, 2017, 20(1):63 - 74.

[17] Watts D, Strogatz S. Collective dynamics of 'small-world' networks[J]. Nature. 1998, (393):440 - 442.

[18] Wu Y, Zhai G, Li S, et al. Comparative research on nimby risk acceptability between Chinese and Japanese college students [J]. Environmental Monitoring & Assessment, 2014, 186(10):6683 - 6694.

[19] Xu X, Wang C, Cai C, et al. Evolution and coping research for flood disaster social stability risk based on the complex network[J]. Natural Hazards, 2015, 77(3): 1491 - 1500.

[20] Yang H, Wang W, Wu Z, et al. Diversity-optimized cooperation on complex networks[J]. Physical Review E, 2009, 79(5):1 - 7.

[21] Zhang X, Xu J, Ju Y. Public participation in NIMBY risk mitigation:A discourse zoning approach in the Chinese context[J]. Land Use Policy, 2018, 77:559 - 575.

[22] 董志强,李伟成. 禀赋效应和自然产权的演化:一个主体基模型[J]. 经济研究, 2019,54(1):182 - 198.

[23] 杜健勋. 交流与协商:邻避风险治理的规范性选择[J]. 法学评论,2016(1): 141 - 150.

[24] 侯光辉,王元地. 邻避危机何以愈演愈烈——一个整合性归因模型[J]. 公共管理学报,2014,11(3):80 - 92.

[25] 刘小峰,吴孝灵. 邻避项目的适应性环境影响评价模式研究[J]. 中国行政管理, 2018(8):134 - 138.

[26] 刘小峰,张成.邻避型 PPP 项目的运营模式与居民环境行为研究[J].中国人口·资源与环境,2017,27(3): 99 - 106.

[27] 刘小峰. 邻避设施的选址与环境补偿研究[J]. 中国人口·资源与环境,2013, 23(12):72 - 77.

[28] 罗植,杨冠琼. 整体环境和个体关联对群体性事件产生与演化的影响[J]. 中国管理科学,2015,23(3):159 - 167.

[29] 吕书鹏,王琼. 地方政府邻避项目决策困境与出路——基于"风险-利益"感知的视角[J]. 中国行政管理,2017(4):113 - 118.

[30] Lv S,Wang Q. How to promote nimby project in dilemma:an analysis based on benefit-risk perception theory[J]. Chinese Pubic Administration,2017(4):113 - 118.

[31] 盛昭瀚,张维. 管理科学研究中的计算实验方法[J]. 管理科学学报,2011,14(5): 1 - 10.

[32] 盛昭瀚,张军,杜建国. 社会科学计算实验理论与应用[M].上海:三联书店,2009.

[33] 王光辉,刘怡君,迟钰雪. 舆论危机的异化极化效应研究[J]. 管理科学学报, 2017,20(3):149 - 161.

[34] 王红兵,王光辉.社会事件网络舆情的政府干预机制[J].中国科学院院刊,2015(1):97-104.

[35] 王明远,金峰.科学不确定性背景下的环境正义——基于转基因生物安全问题的讨论[J].中国社会科学,2017(1):126-143+208.

[36] 吴孝灵,刘小峰,周晶.基于公众认知与政府引导的邻避舆情演化模型[J].系统工程理论与实践,2019,39(11):2865-2879.

[37] 谢晓非,胡天翊,林靖,等.期望差异:危机中的风险沟通障碍[J].心理科学进展,2013,21(5):761-774.

[38] 辛方坤.邻避风险社会放大过程中的政府信任:从流失到重构[J].中国行政管理,2018(8):128-133.

[39] 闫国东,康建成,谢小进,等.中国公众环境意识的变化趋势[J].中国人口.资源与环境,2010,20(10):59-64.

[40] 杨芳,何羿,赵志杰.城市市政基础设施的邻避效应评价方法研究[J].北京大学学报:自然科学,2017,53(3):518-524.

[41] 杨雪锋,章天成.环境邻避风险:理论内涵、动力机制与治理路径[J].社会科学文摘,2016(10):81-92.

[42] 张海柱.风险分配与认知正义:理解邻避冲突的新视角[J].江海学刊,2019,321(03):168-175.

[43] 郑卫.邻避设施规划之困境——上海磁悬浮事件的个案分析[J].城市规划,2011,35(2):74-81.

第九章 邻避风险与工程项目运营模式

　　群体性邻避事件的频发折射出我国公民环境意识的觉醒,也反映了目前邻避项目管理正遭受着巨大挑战。为解决日趋复杂的邻避难题,政府出台了一系列有利于邻避项目的政策,然而我国邻避项目仍普遍存在的低收益和居民环境行为转变难两大问题。以污水处理项目为例,由于成本增加,全国大多数省市实行的污水处理费无法满足污水处理企业生存条件。根据国家统计局资料显示,在获得多重政策补贴和利好情形下,2010 至 2012 年污水处理行业资产报酬率仅为 2.42%、4.45% 和 4.21%。即便是在市场中表现良好的环保类上市公司,2012 至 2014 年资产回报率也仅为 8.78%、6.86% 和 5.26%,处在一个相对较低的水平。近两年,受政策驱动,污水处理、垃圾处理、地铁等 PPP 项目如火如荼,但实际签约率不足两成,邻避项目较难获得资本的青睐。另一方面,相关从业人员面临地位和收入双低的窘境。近几年,在广州、南京、东莞、佛山等地环卫工人罢工事件层出不穷,导致垃圾围城臭味弥漫,造成极其恶劣的环境影响。此外,公众的关切也没有及时转化成积极友好的环境行为,居民环境意愿与环境行为之间存在背离和缺口,陈绍军等(2015)通过对宁波市的调查研究,发现有 82.5% 的居民愿意参与垃圾分类,但仅有 13% 的居民实际参与垃圾分类。这让我们思考,该如何看待和解决邻避设施的运营难题?该如何消除公众的邻避心理,促使公众在实际行动中做出环境友好行为?

第一节 计算实验模型构建

　　邻避冲突的根本原因是邻避项目存在负外部性(周亚越和俞海山,2015),若能有效解决其经济性,邻避项目便可能不会因运营困难导致负面环境效应。以住宅小区垃圾处理为例,容易观察出物业费高的住宅小区环境相对较好,垃圾随意摆放和堆积、水体发臭等事件发生的概率较小。高昂的物业费促使业主有理由对物业管理者提出更高的要求,盈利性的有效保证促使物业管理规范化,进而促使相关从业人员更好维护住宅小区环境。物业费低的社区环境质量相对较差,如果业主拖欠物业费的话,那直接后果可能就是垃圾无人处理,导致更糟糕的环境。可见,如果能较好解决垃圾处理等邻避项目的盈利性难题,邻避项目导致的环境事件可以在某种程度上得以控制。如果盈利性较好,甚至还可以反哺社区,促使居民对这些项目的态度从"邻避"走向"迎避"(Jimenez,2005;Petrova,2016)。但邻避项目终究涉及公共性,高收费仅能解决局部问题,仍需要在系统层面思考该如何管理好邻避项目,目前这方面研究主要集中在集中在选址和政府参与方面。例如,Celalettin(2014)基于基本约束和 GIS 测算提出两阶段模式解决垃圾处理站的选址问题。Amy 等(2013)通过数据分析认为参与者的偏好会较大影响邻避设施的选址决策。刘小峰(2013)研究了人口分布、居民收入、资产价值会怎样影响邻避项目的选址和环境补偿。张乐和童星(2014)认为邻避项目运营商应该避免"安全性警觉萎缩",应及时披露风险并承担相应社会责任。Li(2015)研究邻避项目运营与污染物管理政策对建筑业的影响,认为收益是导致建筑垃圾减少的最有效的激励因素。居民环境行为方面,Steg(2014)等认为环境行为需要利益主体在享乐、收益和规范之间做出判断和选择,并往往要承担一些费用以造福环境,因此,人类的环境行为会因个体特征、情景等差异表现出多样性。例如,邓俊(2013)等对北京市 600 个分类示范点居民环境行为进行调查研究发现居民投放和分类正确率分别为 4.5% 和 31.2%,处在一个较低水平。李金兵等(2014)从环境知识、意识、外界和个性因素等方面构建了居民环境行为模型。赵爱武(2015)等认为宣传与教育可以增强消费者绿色购买行为,财政补贴在短期内有显著的促进作用。Huang(2014)研究了垃圾分类、法律约束、社区参与和资本投资等因素对可重复使用材料行为的影响,认为金融投资是关键的因素。Meyer(2015)认为良好的教育会使个人更关注社会福利并采取更环保友好的环境行为。

鉴于以上分析,邻避项目的准公益性决定了分析其运营和居民环境行为必须重点分析政府的角色定位,即政府该如何与运营商达成合作,该如何共同努力影响利益相关者的环境行为朝向可持续发展方向演进,这也是大部分PPP 项目需要面对的重要课题。本文拟通过计算实验方法研究邻避型 PPP项目的运营模式与居民环境行为在不同情景下的动态变化规律,为邻避项目探寻适应性的管理模式,同时也为规范居民环境行为、提升相关从业人员收入和地位提供决策参考。

计算实验方法主要通过情景构建和多主体建模把抽象的社会问题"搬到"

计算机系统中进行可控、可重复的计算机实验,是探讨管理方案选择、系统行为和系统演化的重要方法(盛昭瀚和张维,2011)。本文构建的计算实验模型的主要主体包括居民、邻避项目运营商、邻避项目从业人员和政府。其中,居民排放或投放污染物,其行为受到自身收入、服务价格、整体环境和环境教育与环境辅导等影响;运营商处理污染物,其处理量受到投资资本和居民环境行为等约束,其收益分配行为受到收益模式和价格机制影响;从业人员收集和处理污染物的质量受到收入影响,而收入受到运营商的收益分配行为影响;政府主要任务为约束价格机制、主导环境教育与环境辅导(见图 9-1)。此外,本文构建的计算实验模型还主要包括收益模式、价格机制、主体行为规则和系统输入输出设置等核心内容。

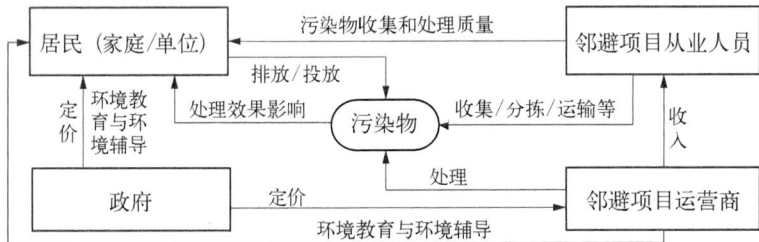

图 9-1　计算实验关系模型

一、收益模式

由于邻避项目大多属于准公益性产品,普遍采用公私合作模式,即 PPP(Public Private Partnership)模式。怎样平衡"公""私"两方利益,保证社会资本在适当盈利前提下鼓励民营企业努力与创新是 PPP 项目成功与否的关键,这关乎收益模式与项目回报机制的设计。在 PPP 模式下,各地政府根据财政等因素,在运营环节中选择自负盈亏或保证收益模式。其中,自负盈亏模式则是政府把邻避项目的经营权全部移交给企业,政府仅对价格进行管制。根据2014 年财政部颁布的《政府和社会资本合作模式操作指南》,PPP 项目可采取政府付费、使用者付费和可行性缺口补助(Viability Gap Funding)方式保证社会资本回报,即收益保证模式。对于邻避型 PPP 项目,一般采取可行性缺口补助模式,当使用者付费不足以满足社会资本或项目公司成本回收和合理回报时,由政府以财政补贴、股本投入、优惠贷款和其他优惠政策等形式,给予社会资本以经济补助。具体可分为两类,一类为最小收益保证(Minimum Revenue Guarantee,MDG)或最小需求保证(Minimum Demand Guarantee,

MDG)(Liu et al 2014)，本文选择最小收益保证模式，假定政府仅保证项目公司收回成本，若邻避项目在运营过程中发生亏损，则运营商获得与亏损额度相等的财政补贴收入，如合肥王小郢污水处理项目；第二类为保证项目公司投资回报率(Bognetti & Obermann，2008；Monteduro，2014)，如果项目收益不足以保证投资收益率，则通过财政或基金来补充以保证投资人的收益，但如果收益超过给定的收益率，则进入特别基金或进行追加投资。目前，这种 PPP 项目一般通过发行项目收益类债券等来设计其收益与回报机制，如广州第四资源热力电厂垃圾焚烧发电项目。照国家发改委和建设部联合颁布的建设项目经济评价方法与参数的相关指导意见，若邻避项目采取固定收益率模式，则设定其固定收益率为每年 8%。若项目每期资产回报率超过 8%，超出部分仍用于邻避项目运营或投资。不同收益模式下，项目收益的分配次序分别为：

（1）自负盈亏模式：若亏损则不分配，若盈利，首先弥补前期亏损，若还有盈余，则提取比例 b_{11} 用于改善从业人员收入，比例 b_{12} 用于追加投入工程、技术或设备升级中，比例 b_{13} 用于辅助环境教育和环境辅导，剩余部分$(1-b_{11}-b_{12}-b_{13})$作为利润回报。

（2）最小收益保证模式：，若亏损则获得政府财政补贴，若盈利，提取比例 b_{21} 用于改善从业人员收入，比例 b_{22} 用于追加投入工程、技术或设备升级中，比例 b_{23} 用于辅助环境教育和环境辅导，剩余部分$(1-b_{21}-b_{22}-b_{23})$作为利润回报。

（3）固定收益率模式：若盈利没有达到固定收益率水平，则获得政府财政补贴，否则提取比例 b_{31} 用于改善从业人员收入，比例 b_{32} 用于追加投入工程、技术或设备升级中，比例 b_{33} 用于辅助环境教育和环境辅导，满足 $b_{31}+b_{32}+b_{33}=1$。

根据收益模式的差异，参数之间的关系有 $b_{11}\leqslant b_{21}\leqslant b_{31}$，$b_{21}\leqslant b_{22}\leqslant b_{32}$，$b_{13}\leqslant b_{23}\leqslant b_{33}$。

二、价格机制

由于大多邻避项目涉及公益性，价格一般被政府管制。如果定价太高，会导致中低收入家庭的支付负担，甚至选择违规，加剧环境污染；如果定价太低，价格机制无法调节利益相关主体的行为，可能会导致资源浪费，而且影响邻避项目的盈利性(刘小峰，2013)。对于一般性的邻避项目服务，包括污水处理费、垃圾处理费等，目前政府与项目运营商一般采取统一价格模式或阶梯价格模式。统一价格模式指所有服务对象采取统一的价格，比如北京市 2011 年垃圾处理收费标准为 3 元/月/户，广州市 2014 年垃圾处理费收费标准为5元/

月/户,城市商户是按级别统一收费,本文把这种模式下服务价格定为 y。

阶梯价格可根据用户特征的差异制定不同的价格方案,在自来水、天然气等准公共产品中有较为普遍的运用,但在垃圾处理费征收上应用较少,仅有部分城市开始进行一些新的尝试,比如杭州 2016 年实行垃圾处理阶梯收费,垃圾量超过年度生活垃圾总量控制目标 2% 的,对超过 2% 不超过 4% 的部分,按垃圾处理费结算价的 1.5 倍支付;对超过 4% 不超过 6% 的部分,按垃圾处理费结算价的 2 倍支付;对超过 6% 的部分,按垃圾处理费结算价的 3 倍支付。若项目采取阶梯价格模式,本文假设系统中有 N 个家庭或单位,其服务价格分为三级。其中,收入在后 70% 的家庭或单位按统一价格 y 缴纳费用,收入最高的 10% 按统一价格的 2 倍支付,介于两者之间的 20% 按统一价格的 1.5 倍支付。对于收入的刻画,参考张萌旭等(2013)的研究,假定城镇居民的收入服从对数正态分布,假设 x 为收入,其分布函数为:

$$f(x) = \frac{1}{\sqrt{2\pi}\sigma x} \exp\left[-\frac{\ln^2(x/\mu)}{2\sigma^2}\right], \quad x \in (0, \infty) \qquad (9-1)$$

根据张萌旭等(2013)研究成果,本文选用拟合效果较好的数据,式中 μ 和 σ 取值分别为 10.526 和 0.334。

三、主体变化规则

系统主要有居民、邻避项目的运营商、邻避项目的从业人员和政府等参与主体。每种主体均会根据自身属性、所处情景、交互信息做出与自身目标相匹配的决策。

(一)居民环境行为

居民环境行为主要通过家庭的污染物量来测量,本文假定家庭排放的污染量主要与收入(x)、排污费(y)、邻避效应(k_1)和环境教育效果(k_2)等因素相关。认为收入高的家庭,财富支出相对较大,购买的产品和服务相对较多,对应的污染物和废弃物相对较多;排污费越低或收入越高,居民越不敏感,排污费越高或收入越低,居民越敏感;周遭整体环境水平越糟糕,邻避效应越大,k_1 值越大,居民的环境行为越不受约束;环境教育与环境辅导做得越好,k_2 值越小,居民的环境行为越规范合理,排污量越少(Prokop & Kubiatko,2014)。基于以上分析,本文定义家庭 i 的污染量函数关系为:

$$q_i = q_0 + \frac{k_1}{r_1 y} + k_2 e^{r_2 x} \qquad (9-2)$$

式中，r_1，r_2——常系数；

　　q_0——居民最低排污量，单位为 kg。

（二）邻避项目运营商

邻避项目运营商主要基于预设的收益模式和项目的财务表现按规则进行利润分配。由于邻避项目的公益性特征，假定项目可以享受免征国家税收的优惠政策。考虑到项目运营商未必能够完全处理全部的污染物，设定项目运营商每期可以处理的污染物量为 Q_M，污染物处理成本为 C，则在统一价格模式下，项目每期的收益函数（E）为：

$$E = N \times y \times \min\left\{Q_M, \sum_{i=1}^N q_i\right\} / \sum_{i=1}^N q_i - \min\left\{Q_M, \sum_{i=1}^N q_i\right\} \times C \quad (9-3)$$

由于在污染物处理过程中，前期的分拣和运输所耗成本最多，如果居民拥有良好的投放分类习惯，不仅可以降低处理成本，还可以增加污染物的处理效率和效果。基于此，本文认为 Q_M 主要与项目投入和环境教育效果（k_2）等因素相关，假定初始投资（I_0）下处理能力为 Q_d，有：

$$Q_M = (1 + \Delta I / I_0) \times (1 + \delta / k_2) Q_d$$

式中，ΔI——追加投资；

　　δ——常系数。

污染物处理成本（C）与环境教育效果（k_2）相关，环境教育效果越好，居民环境行为越规范，污染物处理成本越低，假定初始情景下污染物处理成本为 C_0，有 $C = (1 - \delta / k_2) C_0$。

在阶梯定价模式下，运营商优先处理收费高的污染物，且保证在处理能力之内，项目每期的收益函数（E）为：

$$E = N \times y \times \left[(10\% \times 2 + 20\% \times 1.5 + 70\%\left(Q_M - \sum_{i \in \Omega} q_i\right) / \sum_{i=1}^N q_i) \right] -$$

$$\min\left\{Q_M, \sum_{i=1}^N q_i\right\} \times C \tag{9-4}$$

式中，符号 Ω 表示排污费按统一价格的 2 倍支付和排污费按统一价格的 1.5 倍支付的家庭或单位。

（三）邻避项目的从业人员

一直以来，邻避项目的从业人员面临地位和收入双低的窘境，在一定程度上也制约了环境质量的提升。本文基于收费差异的社区环境水平差异，认为从业人员收入越高,越多的人愿意从事该行业,竞争越激烈,便可以招募到工作技能和态度更好的员工,污染物的收集和处理质量越高。污染物的收集和处理质量(W)与邻避项目的从业人员的收入(S)相关。此外,还与居民的投放分类习惯有关,即与环境教育效果(k_2)相关。设邻避项目的从业人员的基准收入为S_0,邻避项目的从业人员数为H,在基准收入下污染物的收集和处理质量为W_0,有$W=(1+\Delta S/S_0/H)\times(1+\gamma/k_2)W_0$,$\Delta S$为增加收入,$\gamma$为常系数。

(四)政府

在本文构建的系统中,政府的主要功能体现在收益模式和价格机制中,需要通过行政的力量征收用户的排污费,同时借助财政税收工具在最小收益保证和固定收益率情形下根据规则给运营商补贴。最小收益保证模式下,若第j期的项目收益为$E_j<0$,则第j期的政府给运营商的补贴额为$-E_j$;固定收益率模式下,若第j期的项目收益为$E_j<I_{j-1}\times8\%$,则第j期的政府给运营商的补贴额为$I_{j-1}\times8\%-E_j$,式中,I_{j-1}为第$j-1$期运营商的累积投资额,

$$I_{j-1}=I_0+\sum_{k=1}^{j-1}\left[(b_{32}\cdot E_k)\,|\,(E_k>I_{k-1}\times8\%)\right]。$$

四、系统输入输出设置

系统输入是系统初始状态的描述,是计算实验开始计算的初始条件,主要包括情景模式设置、输入变量设置。系统输出是计算实验结果,是导出研究结论的重要环节,主要涉及输出变量的设置。

(一)情景模式

对于复杂性的环境问题,著名生态学家Schellnhuber(1999)认为预测和提炼不同情景下系统"将会怎样"是一个重要的分析思路。本文根据邻避项目的收益模式和价格机制的差异,构建六种不同的初始计算实验情景。情景1:收益模式采取自负盈亏,价格机制选择统一价格;情景2:收益模式采,价格机制选择统一价格;情景3:收益模式采取固定收益率,价格机制选择统一价格;情景4:收益模式采取自负盈亏,价格机制选择阶梯价格;情景5:收益模式采取最小收益保证,价格机制选择阶梯价格;情景6:收益模式采取固定收益率,价格机制选择阶梯价格。

(二)输入变量设置

系统输入变量取值主要基于广州市某垃圾处理项目的运营状况(见表9-1)。同时,还需要定义一些整体变量,主要包括污染物总量(Q)、邻避效应(k_1)、环境教育效果(k_2)和政府财政总支出(G)。

（1）污染物总量是指整个系统内居民的总排污量，有 $Q=\sum_{i=1}^{N}Q_i$。

（2）邻避效应，周遭环境质量低下是居民滋生邻避行为的主要原因，主要受到污染物的未处理量（$Q-Q_M$）、污染物的收集和处理质量（W）的影响，有 $k_1=1+(Q-Q_M)/Q+(W_0-W)$，k_1 值越小，邻避效应越小，表明整体环境质量越高；k_1 值越大，邻避效应越大，表明整体环境质量越糟糕。

（3）环境教育效果（k_2）主要与项目运营商在这方面的累计投入相关。k_2 值越小，表明环境教育效果越高，整体环境质量越高；k_2 值越大，表明环境教育效果越差，整体环境质量越糟糕假。设第 j 期的项目收益为 E_j，在第 T_N 实验周期，若采取自负盈亏模式，有 $k_2=1-\sum_{i=1}^{T_N}[(b_{13}\cdot E_j)/(j\cdot I_0)\,|\,E_j>0]$；若采取最小收益保证模式，有 $k_2=1-\sum_{j=1}^{T_N}[(b_{23}\cdot E_j)/(j\cdot I_0)\,|\,E_j>0]$；若采取固定收益率模式，有 $k_2=1-\sum_{j=1}^{T_N}[(b_{33}\cdot E_j)/(j\cdot I_0)\,|\,E_j>I_{j-1}\times 8\%]$。

（4）在采取最小收益保证和固定收益率模式下，政府财政需要支出，假设第 j 期的支出额为 G_j，总的计算实验周期为 T，则政府财政总支出 $G=\sum_{j=1}^{T}G_j$。

系统主要输入参数及其含义、取值如表 9-1 所示。

表 9-1　系统主要输入参数

参数	含　义	取值	参数	含　义	取值
N	系统内总家庭（居民）数	5e+5	b_{32}	固定收益率模式下追加投资比例	45%
b_{11}	自负盈亏模式下收入比例	10%	b_{33}	固定收益率模式下环境教育比例	25%
b_{12}	自负盈亏模式下追加投资比例	20%	T	计算实验周期（项目运营期：月）	120
b_{13}	自负盈亏模式下环境教育比例	10%	H	邻避项目从业人员数	300
b_{21}	收益保证模式下收入比例	20%	y	污染物的处理费（元/月/户）	10
b_{22}	收益保证模式下追加投资比例	30%	x	居民收入（万元/年/户）	$(0,\infty)$
b_{23}	收益保证模式下环境教育比例	15%	r_1	影响居民环境行为的价格常系数	5e-3
b_{31}	固定收益率模式下收入比例	30%	r_2	影响居民环境行为的收入常系数	1e-4

参数	含　义	取值	参数	含　义	取值
C_0	污染物的初始处理单位成本(元/t)	240	δ	影响项目处理能力的常系数	5e—4
q_0	居民最低排污量(kg/月)	10	γ	影响污染物处理质量的常系数	3e—3
S_0	从业人员的基准收入(元/月)	2 600	Q_d	初始投资下处理能力(t/月)	15 000
I_0	邻避项目初始资本投入(万)	3 000	W_0	初始污染物的收集和处理质量	0.6

第二节　模型计算与结果分析

一、模型计算实验结果

计算实验是研究系统行为与系统演化的重要方法,依据上述构建的规则,基于 Multi-Agent 技术在计算机上实现邻避项目的运营模式与居民环境行为模型,观察相关变量的系统演化情况,得到如下主要结果。图 9-2 和图 9-3 刻画了不同情景下邻避效应和居民排污的演变情况;图 9-4 和图 9-5 描述了不同情景下的环境教育效果和从业人员收入的演变情况;图 9-6 和图 9-7 反映了不同情景下项目收益和运营商利润的演变情况。

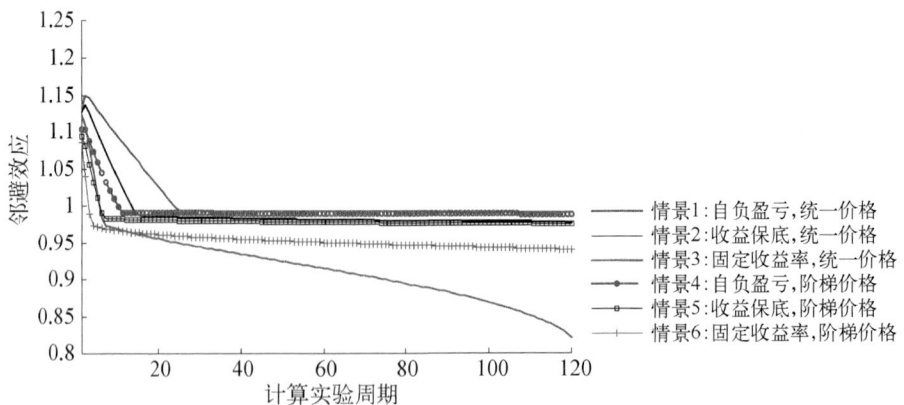

图 9-2　不同情景下的邻避效应演变图

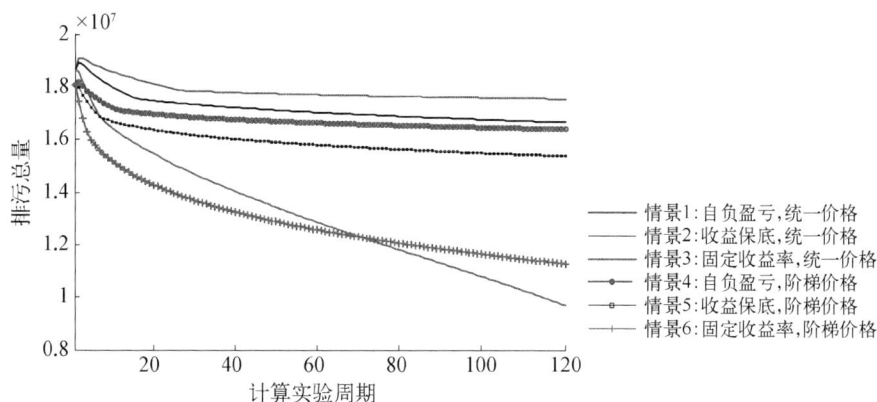

图 9-3　不同情景下的居民排污总量演变图

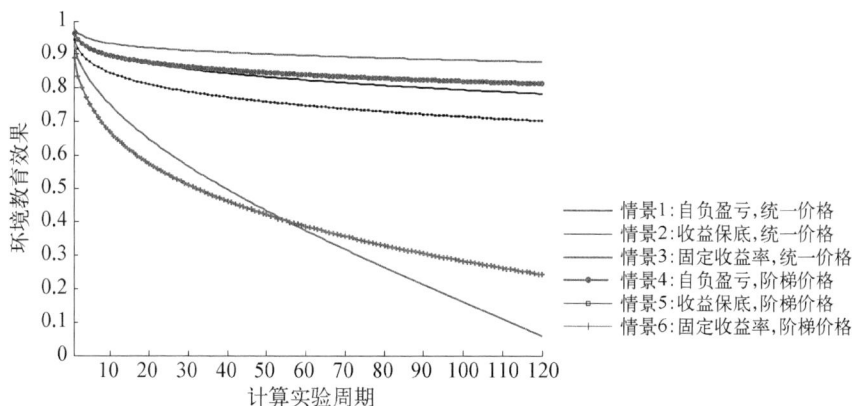

图 9-4　不同情景下的环境教育效果演变图

（1）价格机制差异分析：是统一价格好还是阶梯价格好？从不同情景的系统演化趋势来看，并没有绝对的答案。从邻避效应、排污量、从业人员收入等核心因素考虑，实验前期采取阶梯价格机制较好，可以短期内缓解邻避项目运营难问题，增加项目收益，进而改善环境效果和从业人员收入；但从长远来看，统一价格机制更为有效，统一价格机制可以约束范围更广的居民，协助更多居民改善环境行为，减少排污量，降低治理成本，提高项目收益。

（2）收益模式差异分析：是采纳自负盈亏模式好，还是采取最小收益保证模式，抑或是固定收益率模式？从演化趋势来看，有较为清晰的结论。最小收益保证模式和固定收益率模式均优于自负盈亏模式，这表明我国目前积极推进邻避项目的 PPP 模式，加快城市邻避设施管理的管理创新是一个正确的选择。最小收益保证模式和固定收益率模式相比，固定收益率模式在降低邻避效应、改变居民环境行为、改善从业人员收入方面均有一定的优势,但该模式也让地方政府财政承担了较大的压力,财政补偿额度为最高,比较适合在发达地区和国家。

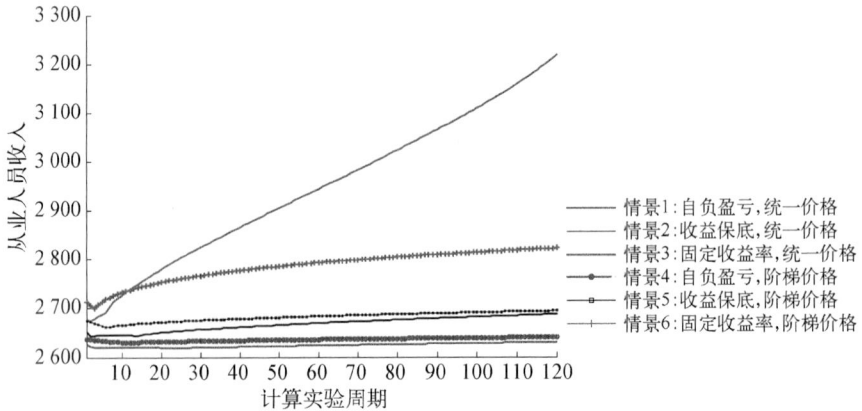

图 9-5 不同情景下的从业人员收入演变图

(3)项目运营状况分析:从图9-4发现,邻避项目的收益与邻避效应、改善从业人员收入的演变趋势类似,最早的15个实验周期中情景6为最优方案,而之后情景3为最优方案;而情景1为最不理想的方案。此外,项目的收益和运营商的受益并不同步,尽管情景1和情景4在项目收益上表现糟糕,但运营商收益却保持在较高水平,这反映了市场在邻避项目上无法完全发挥调节机制的作用,运营商的逐利行为会影响环境治理的最优效果的实现。情景2和情景5在所有指标中的表现均为中等,这表明目前我国城市邻避项目主推的最小收益保证方案是一个兼顾多方、相对稳妥可行的选择。

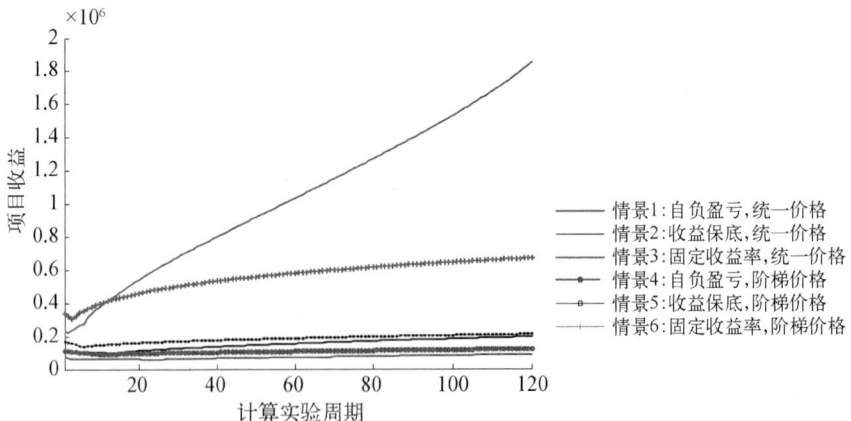

图 9-6 不同情景下的项目收益演变图

（4）居民环境行为分析：从图9-2至图9-4发现，居民的排污量变化和环境教育效果存在与邻避效应和项目收益方面类似的演化趋势，实验初期情景6为最优方案，而之后情景3为最优方案，情景1为最不理想的方案，但存在明显的时间延迟，环境教育效果最优方案的转换发生在第55周期，而居民的排污量变化最优方案的转换发生在第70周期，这表明环境教育和环境辅导的投入教育效果再到居民环境行为，均需要一定的时间，这也解释了目前存在的环境投入—环境意愿—环境行为之间的缺口不对称现象。

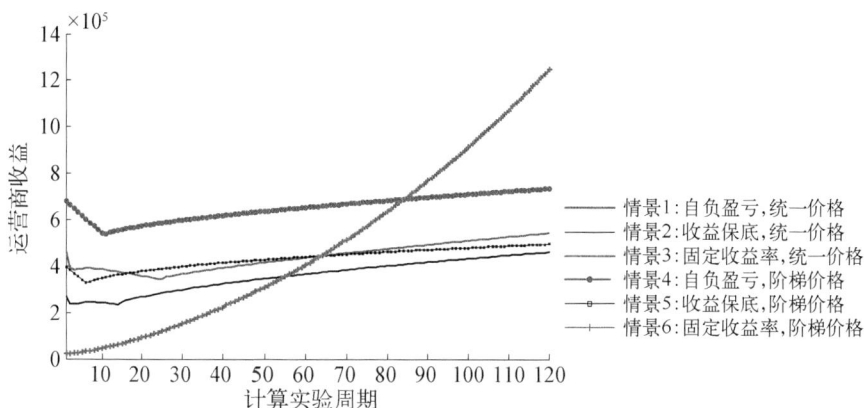

图9-7　不同情景下的运营商收益演变图

二、结论分析

本文基于计算实验方法，分别对自负盈亏和统一价格、最小收益保证和统一价格、固定收益率和统一价格、自负盈亏和阶梯价格、最小收益保证和阶梯价格、固定收益率和阶梯价格六种情景下邻避项目的运营和居民环境行为进行了演化模拟，并对"涌现"的邻避效应和环境教育效果等系统变量进行动态评估，探索了邻避项目的和居民环境行为的演化规律，得到如下结论和管理启示：

（1）方案选择方面：如果考察邻避效应和排污量等核心因素，自负盈亏和统一价格方案（情景1）为最不理想。这说明目前受限于财政和政府公共管理的经验，一些城市采取的自负盈亏与统一价格的方案并不是一个科学合理的选择，较难系统改善环境状况和居民环境行为，具有潜在的邻避风险，研究也从某种角度解释了我国当前邻避现象频发的现状。若采纳阶梯价格与自负盈亏方案（情景4），仅能稍微有所改观，其表现仍然不理想，表明通过运营商的自主行为和政府的适度的价格机制调整,仅能解决局部问题,较难系统解决问题。固定收益率与统一价格方案(情景3)相对较优,但对政府的要求较高。其他方案(情景2、情景5和情景6)为折中方案。

(2)收益模式选择方面:自负盈亏模式并不是邻避项目管理的理想选择,运营商的逐利行为会影响环境效果和居民环境行为的优化。最小收益保证模式是一个兼顾多方、相对稳妥可行的方案,而对于经济发达和财政富足的地区可以尝试固定收益率模式。

(3)价格机制方面:阶梯价格可以在短期内改善邻避项目的运营状况,但从长远来看,受限于项目的准公益性,统一价格机制为更优选择。同时需要强调的是,靠价格机制无法协调邻避型PPP项目目前存在的矛盾与冲突。

(4)改善居民环境行为和管理邻避项目是一个复杂的系统工程问题。从相关资本投入环境教育和环境辅导再到环境行为,存在明显的时滞效应。这说明改善居民环境行为不仅需要投入和教育,还需要耐性。管理邻避项目不仅需要考虑价格机制和收益模式,还需要统筹考虑利益相关者的特征和行为变化。

第三节　本章小结

针对邻避项目存在的低收益和居民环境行为转变难两大问题,本文基于计算实验理论与方法构建邻避型PPP项目的运营模式与居民环境行为模型。通过对利益相关主体的社会属性与行为变化规律分析,进而设计运营商、政府、居民和从业人员等主体的计算实验交互规则。模型与计算实验研究了邻避型PPP项目的运营状态和居民环境行为在自负盈亏与统一价格、最小收益保证与统一价格、固定收益率与统一价格、自负盈亏与阶梯价格、最小收益保证与阶梯价格、最小收益保证与阶梯价格以及固定收益率与阶梯价格等六种情景下的演变规律。研究发现:① 阶梯价格能在短期内改善邻避型PPP项目的运营状况,统一价格机制更有利于项目长远发展;② 自负盈亏并不是邻避型PPP项目的一个理想方案,收益担保是一个相对稳妥可行的选择,而固定收益率是一个对政府财政有高要求的优化模式,可优化居民环境行为并降低PPP项目的邻避效应;③ 自负盈亏模式下运营商无心开展环境教育和提高从业人员待遇,固定收益率模式有利于推行环境教育并提高从业人员待遇;④ 邻避型PPP项目的环境投入—环境意愿—环境行为之间存在时滞效应。

这意味着,较难通过收益模式与价格机制的调整实现系统的最优化,市场的力量无法协调邻避型 PPP 项目目前存在的矛盾与冲突,需要政府统一管理价格并保证社会资本的回报。同时,改善居民环境行为和管理邻避项目是一个复杂系统工程,需要有系统的筹划与长期时间的积累。

本章参考文献

[1] 陈绍军,李如春,马永斌.意愿与行为的悖离:城市居民生活垃圾分类机制研究[J].中国人口·资源与环境,2015,25(9):168-176.

[2] 周亚越,俞海山.邻避冲突、外部性及其政府治理的经济手段研究[J].浙江社会科学,2015,(2):54-59.

[3] Jimenez L. From Nimby to Yimby:understanding community opposition to special needs residential facilities in Vancouver[D]. Simon Fraser University, 2005.

[4] Petrova M A. From NIMBY to acceptance:Toward a novel framework—VESPA—For organizing and interpreting community concerns [J]. Renewable Energy, 2016, 86:1280-1294.

[5] Celalettin S, Alper E, Orhan G, Nurcihan T. An improved landfill site screening procedure under NIMBY syndrome constraints[J]. Landscape and Urban Planning, 2014, (132):1-15.

[6] Amy P, Max N. Preferences of Wyoming residents for sitting of energy and residential development[J]. Applied Geography, 2013 (43):45-55.

[7] 刘小峰.邻避设施的选址与环境补偿研究[J].中国人口·资源与环境,2013,23(12):70-75.

[8] 张乐,童星."邻避"冲突管理中的决策困境及其解决思路[J].中国行政管理,2014,4:109-113.

[9] Li R Y M, Du H. Sustainable construction waste management in Australia: a motivation perspective [M]//Construction Safety and Waste Management. Springer International Publishing, 2015:1-30.

[10] Steg L, Bolderdijk J W, Keizer K, et al. An integrated framework for encouraging pro-environmental behaviour: The Role of Values, Situational Factors and Goals[J]. Journal of Environmental Psychology, 2014, 38(3):104-115.

[11] 邓俊,徐琬莹,周传斌.北京市社区生活垃圾分类收集实效调查及其长效管理机制研究[J].环境科学,2013,34(1):395-400.

[12] 李金兵,唐方方,白晨.城市居民环境行为模型构建:基于北京城市居民的调研数据分析[J].技术经济与管理研究,2014 (2):107-113.

[13] 赵爱武,杜建国,关洪军.基于计算实验的有限理性消费者绿色购买行为[J].系统

工程理论与实践,2015,35(1):95－102.

［14］Huang W, Wang J, Dai X, et al. More than financial investment is needed:food waste recycling pilots in Shanghai, China［J］. Journal of Cleaner Production, 2014, 67:107－116.

［15］Meyer A. Does education increase pro-environmental behavior? Evidence from Europe［J］. Ecological Economics, 2015, 116:108－121.

［16］盛昭瀚,张维.管理科学研究中的计算实验方法［J］.管理科学学报,2011,14(5):1－10.

［17］Liu J, Yu X, Cheah C Y J. Evaluation of restrictive competition in PPP projects using real option approach［J］. International Journal of Project Management, 2014, 32(3):473－481.

［18］Bognetti G, Obermann G. Liberalization and privatization of public utilities:origins of the debate, current issues and challenges for the future［J］. Annals of Public and Cooperative Economics, 2008, 79(3):461－485.

［19］Monteduro F. Public-private versus public ownership and economic performance:evidence from Italian local utilities［J］. Journal of Management & Governance,2014,18(1):29－49.

［20］张萌旭,陈建东,蒲明.城镇居民收入分布函数的研究［J］.数量经济技术经济研究,2013,30(4):57－71.

［21］Prokop P, Kubiatko M. Perceived vulnerability to disease predicts environmental attitudes［J］. Eurasia Journal of Mathematics, Science & Technology Education, 2014, 10(3):3－11.

［22］Schellnhuber H J. "Earth system" analysis and the second Copernican revolution ［J］. Nature, 1999, 402(2):19－23.

第十章 邻避风险与工程服务定价

较一般性项目,具有公共服务功能的邻避工程项目需要承担更多的社会责任。第一,需要管理好邻避风险,以防演变为社会稳定风险。第二,需要考虑民生进行价格管制,一般不允许高价服务。第三,需要承担由经济外部性导致的投入成本管控难题。第四,需要通过良好的运营来引导利益相关者建立可持续发展的绿色行为。本章以典型邻避工程——污水处理项目为例,重点研究邻避风险与工程服务定价问题。

第一节 问题的提出

我国是一个水资源紧缺的国家,我国水资源总量 28 000 亿立方米每年,居世界第六,人均水量 2 730 立方米每年,居第 88 位,人均水资源占有量为世界人均占有量的 1/4,被列为 12 个贫水国家之一。更为糟糕的是,据 2000 年数据统计,我国七大水系干流中,只有 57.7% 的断面达到或优于国家地表水环境质量标准Ⅲ类,城市河段污染突出。各大淡水湖泊和城市湖泊均受到不同程度的污染,一些湖泊呈富营养化状态。沿海河口地区和城市附近海域污染严重,赤潮发生频次增加,面积扩大。在这样的背景下,污水处理行业成为新兴产业,目前与自来水生产、供水、排水、中水回用行业处于同等重要地位。近年来,我国污水处理行业突飞猛进,整体发展处于快速成长期,主要表现在污水处理能力迅速扩张、污水处理率稳步提高、污水处理量快速增长等方面。国际上,大规模的水污染治理是在第二次世界大战后,随着 20 世纪 50 年代经济的蓬勃发展带来的 60 年代日益严重性的环境污染而展开的。至 70 年代末,美国投入了数千亿美元兴建了 18 000 余座城市污水处理厂,目前已有 2 万余座;英国、法国、德国各耗费了巨额资金兴建了 7 000 至 8 000 座城市污水处理厂,污水处理率和污水管网的普及率都在 90% 以上(二级处理 80%~90%)。根据国家发展改革委、住房和城乡建设部印发的《"十三五"全国城镇污水处理及再生利用设施建设规划》,到 2020 年年底,我国实现城镇污水处理设施全覆盖,城市污水处理率要达到 95%。

一、我国污水处理行业分析

污水处理行业和其他环保行业一样,某种意义上说是在富裕国家才能得到快速发展的行业。随着我国经济快速增长的势头以及我国加强基础设施建设积极的财政政策,我国城市污水处理建设在未来会得到极大的发展。在这种变化过程中,也会涌现出一些新的问题。特别是目前污水处理行业运营效率低下,排污者行为受多因素影响,表现出复杂性特征,给污水项目运营与污水污染控制带来较大的困难,污水处理项目运营与排污者行为仍是我们需要关注的重要方面。

从微观层面分析,目前我国主要存在三种形式的污水处理设施,第一种为自来水供应公司承建与运营的污水处理设施,一般采用一体化运作模式,其投资和运营费用由自来水企业承担,可从自来水供应的收益中拿出部分收益来填补费用;第二种为大型企业自备的污水处理设施,如宝钢各生产单元均取得相应环境管理体系认证,能实现废弃物的全程跟踪管理和处理;第三种为带运营性或公益性的污水处理设施,主要为居民和中小企业服务。这类污水处理设施主要有以下特点:

(1)我国大部分污水处理厂仍然是“纯”事业单位,这些单位缺乏经营意识,对成本和收益的控制能力较差,全国污水处理厂大多都处在亏损运行的状态,这给当地政府,尤其是不发达地区政府造成沉重的财政负担。有人统计,在建成的污水处理设施中,约 1/3 运营正常,1/3 勉强维持,1/3 停产或关闭(黄春蕾,2004),不少污水处理厂仍然是国有事业单位,经营意识不强,较难形成对成本和收益的有效控制,处理率越高,赔钱越多,即使不开,政府还要负责人员工资、设施维护费用。

(2)污水处理项目的市场化条件较弱,大多数城市污水处理费开征面小、标准偏低、收缴率不高,即便完全开征收费区域,也是坚持项目运营的保本微利原则。此外,管网、污泥处理配套工程建设滞后,严重影响污水处理厂的正常进水量。

(3)各省区差异化较大,东部省市设施较为完善,市场化进程较高,中西部地区相对较为落后。工艺水平参差不齐,不少污水处理项目以简单实用的处理工艺为主。

二、污水处理服务的市场定价

价格机制是市场机制中的基本机制。价格的形成与调节机制是市场有效的重要保障。同时，价格机制还是市场机制中最敏感、最有效的调节机制，价格的变动对整个社会经济活动有十分重要的影响。商品价格的变动，会引起商品供求关系变化；而供求关系的变化，又反过来引起价格的变动。在企业或项目经营层面，产品或服务的定价也是其运作的关键。从经济学分析，之所以污水处理项目运营效率低下，一个重要的原因就是产品或服务价格未能促使市场发挥效力，市场存在一定程度上的失灵。政府（或为污水处理运营商）收取的水费仅仅是供应成本的一小部分，水费无法反映出应有的成本。尽管如此，我国水费的征收依然是一个极大的社会问题，水费难收是不少地区面对的行政难题。在这种价格机制下，从经济学上分析，是在一定程度上鼓励过度使用宝贵的水资源而不做任何保护，加剧了水资源的稀缺（Glover，2011），使得水资源的供应得不到长期有效的保证，进而可能会损害社会的可持续性。

如果按照市场机制，水价包含供应水和处理污水的全部费用，同时包含水资源价值和服务提供商的合理利润。那么高水价将会抑制浪费，并激励开发节水技术，水价提高增加的收入可以用于维护供水基础设施以及保护水环境。这是在经济学分析框架下可以向决策者提供的有效解决方案。但我们还可以发现，污水处理项目运营（定价）并不仅仅是一个经济问题，即便在现行的低价机制下，仍然有不少贫困家庭觉得水费过高，在改革开放的初期，为少缴或不缴水费，不少居民还偷用自来水。如果完全按照市场定价，势必会引发社会问题，甚至政治问题，这是系统的涌现特征，是系统复杂性的体现。也就是说，系统在运行过程中，可能会朝向我们无法预料的情景发展，涌现出难以预测与把握的局面。

不仅仅是水价如此，涉及普通民众生活的多个方面，都或多或少无法直接用自由市场的规则来解决，典型的领域还有能源、农业等。对于这一类问题的分析，依然要充分考虑参与主体的适应性特征，充分考虑问题的系统复杂性。

第二节　邻避工程服务定价模型

在水资源紧缺和水环境污染的双重压力下，近几年我国污水处理事业获得了快速的发展，污水处理总量逐年增加，城镇污水处理率不断提高。然而，由于发展起步较晚,加上管网、污泥处理等配套设施建设相对滞后,我国污水处理事业仍处于发展阶段;同时,不少污水处理项目面临运营不力的窘境,调查的 115 家污水处理集团 2004—2007 年销售利润率分别为 4.7%、0.51%、3.71%和-2.65%,污水处理项目的盈利水平较低。项目的高风险、低收益以及排污者行为控制难两大问题已成为制约污水处理行业进一步发展的重要因素。

对于污水处理项目的运营、排污者行为控制问题已有不少学者也进行了相关的研究,主要体现在污水处理项目市场化和产业化是否有效(宋国君等,2004;黄春蕾,2004)、污水处理价格的制定与变化(刘月芹,2007;杨卫华等,2008;王希希等,2009)、项目风险的识别与控制(Borger,1995;Chakraborty et al,2004;苏魏等,2005)、政府与偷排企业的博弈和公众参与(Wiedemann & Femers,1993;Benedettia et al,2010;曾贤刚等,2009;曾思育等,2010)等。其中,如宋国君等(2002)认为污水处理项目应该由中央政府集中投资。而张燎(2006)认为积极引入市场化机制,重新规划水资源、城市供水、污水处理、管网建设、污染控制等水务相关职能部门的权责关系,完善相应法规和监管体系。对于污水处理项目面临的风险,刘月芹(2007)通过分析贵阳小河污水处理厂的运行,认为可以通过水价调整规避风险,以达到政府、企业双赢的目的。常杪和林挺(2006)对我国城市污水处理厂 BOT 项目建设现状进行了分析,认为东部沿海发达地区项目较多、总体规模较小、直辖市和东部地区处理收费较高。周耀东和余晖(2005)认为资本回报率是给定目前政府承诺缺失条件下无奈的选择,建立正式的法律、独立管制机构等才是解决政府与被管制企业之间风险分担问题的根本途径。Borge(1995)认为失业率、预算以及政治环境等宏观因素对污水处理项目的影响较大。Chakraborty 等(2004)探讨了在不确定环境下削减污染与投资计划问题。Sarkar 等(2010)分析了环境动态变化对污水处理的影响。Benedettia 等(2010)从多个角度分析不同情景下的项目设计与运营控制。另外,动态环境下政府、企业和公众的行为也是人们关注的重要方面。曾贤刚等(2009)分析了信息不对称对企业排污选择与政府监管的影响,Wiedemann 等(1993)研究了公众参与对水环境管理的影响,Yang 等(2008)分析了运营企业的动态行为变化。研究方法多为定性分析、优化或博弈分析以及实证研究,对污染企业、居民、地方政府与运营商两两之间关系分析得比较清楚,但一般要求主体的信息对称且外部环境可度量。

本节在已有研究基础上,采取计算实验的方法来研究这个问题,从以下两方面做进一步的研究:一是将涉及的多方主体放在一个场域中进行研究,假定主体依照自身属性和历史经验在信息不对称条件下做出决策,系统分析运营商、居民、企业和地方政府等多方利益的动态冲突与协调;二是分别考虑静态和动态的价格机制以及外部环境,分析不同情景对污水处理项目运营和排污者行为的影响,探究污水处理系统不同的未来,预测和提炼系统在不同情景下"将会怎样"(刘小峰等,2010)。其思路为利用基于多主体建模方法,产生系统内的相关参与主体,通过参与主体的交互作用,自下而上地"主动"产生系统的各种行为和现象,实现可控制可复现的可计算实验模拟污水处理系统各成员的相互作用及其整体现象,抽取和分析我们感兴趣的参数变化,分析污水处理项目运营水平及排污者行为规律,并根据变化规律得到积极的管理启示。

一、研究问题描述

本章研究的污水处理项目服务对象包括区域内居民和没有完备污水处理设施的中小企业。区域管网建设采用的是分流制排水管道系统,而非合流制排水管道系统,在日常的运营中,没有"混合下水道溢流"问题①(Ortolano L,1997),管网覆盖整个服务区域。排污收费符合国际性政策原理中的"污染者负担原则②"(Roland C S,1986;柯坚,2010)。污水处理系统的参与主体包括污水处理项目运营商、区域居民、没有完备污水处理设施的中小企业、政府监管机构及政府协调机构。其中,政府监管机构监管区域内的中小企业是否违规偷排,若偷排,则进行处罚。政府协调机构主要代表居民和中小企业的利益与污水处理运营商进行协调定价。居民根据协定的排污费的多少选择适合自己的生活方式。中小企业根据自身特点综合考虑污水处理费、政府监管及公众约束等因素后做出适合自身排污行为选择。污水处理运营商为区域居民和企业提供污水处理服务同时获得污水处理费用。公众通过集体意见和舆论对政府监管策略和企业排污行为产生影响。系统中,污水处理的定价同时受到

---

①　混合下水道溢流问题:雨污未分离,雨水与污水混合,以及饮用水和下水道的水混合等问题,即需要处理的污水不仅仅是污水自身,还含有其他类型的水体。

②　污染者负担原则:污染和破坏环境造成的损失由排放污染物和造成破坏的组织或个人承担的环境管理的费用。在本研究中,认为居民和企业是污染的制造者,那么污水治理费主要由这两大主体负责。该原则的提出因为反对环境治理全部由政府财政支出,认为这样做无异于把污染者应该承担的经济责任大部分转嫁给全体纳税人,既不合理,也不利于保护环境和资源。该原则是经济合作与发展组织环境委员会在 20 世纪 70 年代初首先提出的。

运营商、居民、中小企业排污行为以及政府监管策略的影响(见图 10-1)。

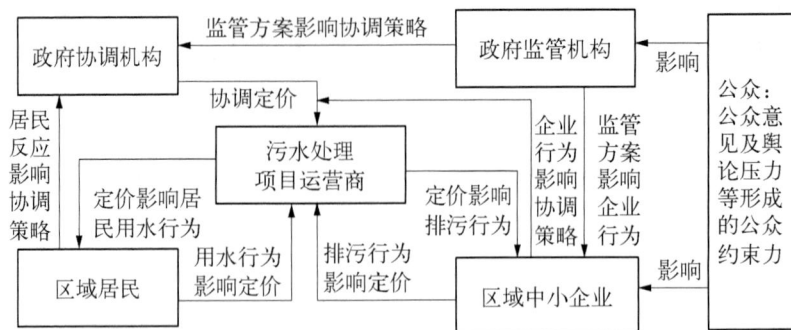

图 10-1 系统多方参与主体简要关系描述

二、计算实验模型

我们采取计算实验的方法来研究这个问题,聚焦污水处理项目系统,利用基于多主体建模方法,产生系统内的相关参与主体,通过参与主体的交互作用,自下而上地"主动"产生系统的各种行为和现象,实现可控制可复现的可计算实验(盛昭瀚等,2009),模拟污水处理系统各成员的相互作用及其整体现象,抽取和分析我们感兴趣的参数变化分析污水处理项目运营水平及排污者行为规律。其思路主要为:首先,我们对污水处理系统涉及的主体进行分析与计算建模,然后基于复杂自适应系统,对其环境、企业属性、交互规则、相互关系进行合理的设置;接着利用 Multi-Agent 方法对其计算实现,重点分析污水处理系统在不同情景下各种动态变化特征;最后,总结出污水处理系统中运营商和排污者的动态变化结论,并给运营商、政府主体以参考意见。

Multi-Agent 技术的自治性、移动性、代理性、智能性等特点正适合于跨越企业边界的、处于混合环境的污水处理项目的管理。基于 Multi-Agent 技术开发的污水处理项目系统具有便于系统中的各 Agent 之间的协调的优点。对污水处理项目系统中因居民、企业及政府涉及的运营等活动的动态改变,Agent 可以共同协调去改变原计划、调度或决策。更重要的是,基于 Multi-Agent 技术在污水处理项目系统模型所需的抽象程度上是一种非常有效的方法。

(一)政府主体

政府主体主要包括政府监管主体和协商主体,监管主体对企业排污行为进行周期性随机监管,其基本信息有:

（1）监管比例 $\eta,\eta \in (0,1)$；

（2）监管对象 $R = \{R_1,\cdots,R_{j1},\cdots,R_{j2},\cdots,R_{[\eta\cdot N]}\},R_j \in \{1,2,\cdots,N\}$，且 $R_{j1} \neq R_{j2}$。政府协调机构主体主要是约束运营商定价时需要综合考虑系统中的各个因素。

（二）区域居民主体

区域居民主体的信息周期性发生变化。第 i 周期，区域人口为 y_i，变化率为 r_i。根据人群对排污费变化是否敏感，区域内人口分为两类，一类为不敏感者，不会因为排污费的变化而改变用水习惯，用符号 Ω_1 表示，人均排污量为 Q_f，占人群比例 ε_i；另一类为敏感者，会因排污费的变化而改变其用水习惯，用符号 Ω_2 表示，人平均月排污量为 Q_i，占人群比例 $1-\varepsilon_i$。

（三）区域中小企业主体

设定区域内没有完备污水处理设施的中小企业有 N 家，根据其社会属性不同分为两类，一类为社会责任者，在经营过程中是守法的，尽管自身没有完备的污水处理设施，但会把污水通过管道排入污水处理厂处理并缴纳处理费；另一类为经济理性者，在经营过程中追求利益最大化，在综合判断出有利可图时会选择违规偷排。模型中，企业的社会属性并不是一成不变的，在某些条件会转换。第 i 周期，企业 $j(j \in \{1,2,\cdots,N\})$ 的基本信息有：

（1）社会属性 $\xi_{ij},\xi_{ij} \in \{A_1,A_2\}$，$A_1$ 为社会责任者，A_2 为理性经济者；

（2）排污量 ψ_{ij}，主要受企业经营状况和社会技术水平影响；

（3）排污行为选择 $\pi_{ij},\pi_{ij} \in \{B_1,B_2\}$，$B_1$ 为守法排污，B_2 为违法偷排，排污行为主要受污水处理费、政府监管与惩罚及公众约束因素影响；

（4）被监管信息 $\bar{\omega}_{ij},\bar{\omega}_{ij} = \dfrac{k}{i}$，式中，$k$ 为从第 1 周期到第 i 周期，企业 j 被政府监管的次数。

（四）污水处理运营商主体

污水处理运营商每个周期的固定运营成本为 C_0，处理生活污水和企业的单位变动成本分别为 C_1 和 C_2。第 i 周期，获取的单位居民排污费（居民排污费一般计算在水费中，水费包括水资源费和污水处理费）为 β_i，单位企业排污费为 γ_i。容易计算出第 i 周期，污水处理项目的收益为：

$$E(i) = y_i[\varepsilon_i Q_f + (1-\varepsilon_i)Q_i](\beta_i - C_1) + \sum_{\pi_{ij}=B_1} \psi_{ij}(\gamma_i - C_2) - C_0$$

$$(10-1)$$

（五）计算实验情景设计

依据排污者信息和排污价格的波动与否,本研究构建 4 种计算实验情景,见表 10-1。情景分析(Verspagen,2010)是对某些问题所处的宏观环境进行分析的一种特殊研究方法。本研究主要采用情景分析对污水处理系统所面临的环境进行界定,以便更好地识别影响研究主体行为变化的外部因素,模拟外部因素可能发生的多种交叉情景分析和预测各种可能结果。需要说明的是,居民人数和企业排污信息的变化与否共有 4 种组合情景,考虑到居民和企业排污的相对独立性,即一般而言,居民的排污行为与企业的排污行为关联度不大,固定居民人数和动态企业排污以及动态居民人数和固定企业排污这 2 种组合情况本研究不进行分析。

表 10-1　计算实验情景

实验情景	静态排污价格	动态排污价格
居民人数稳定不变 企业排污稳定不变	情景 1: $\beta_i = \beta_0, \gamma_i = 0, y_i = y_0, \psi_{ij} = \psi_j; \beta_0 \cdot r_0 \cdot y_0 \cdot \psi_j$ 为常数	情景 3: β_i 与 γ_i 随历史经营状况周期发生变化; $\psi_{ij} = \psi_j; r_0 \cdot y_0 \cdot \psi_j$ 为常数
居民人数随机波动 企业排污随机波动	情景 2: $\beta_i = \beta_0, y_i, \psi_{ij}$ 受外部因素影响动态发生变化	情景 4: β_i 随历史经营情况周期变化; y_i, ψ_j 受外部因素影响动态发生变化

三、污水处理定价分析

污水处理价格是污水项目运营与排污者行为动态变化的一个核心的问题,涉及政府、运营商、居民和服务企业的多方博弈。由前文分析可知,污水处理定价并不是一个单纯的市场问题,而是一个涉及政治和社会的复杂系统问题。在现实中,如果定价太高,既影响中低收入家庭的正常用水,又使得企业排污成本太大,选择偷排的概率大,政府监管难,公众舆论压力大;如果定价太低,使得部分居民和企业无节制用水排污,造成水资源浪费和水环境压力,而且处理费难以支付污水项目的日常运营支出,影响运营商的合理利润和项目的正常运营,若采取财政补贴,又给地方政府造成较大的财政压力。因此,政府和运营商一般希望协定出一个兼顾各方利益的平衡价格。综合而言,一个合理的价格 γ_i 和 β_i 需要考虑以下 3 个方面:一是在不影响居民正常用水情况下促使居民节水减排;二是实现有效且低成本的政府监管,在价格和监管双重机制下促使工业企业守法排污;三是保证污水项目运营商的合理利润。

在实验设计中,情景 1 和情景 2 的 γ_i 和 i 由决策者初始决定,不因历史经营状况发生周期性变化;情景 3 和情景 4 的 β_i 和 γ_i 根据历史经营状况发生周期性变化,污水项目运营商采用满意定价策略[①]。在制定价格的过程中,运营商并不能准确获得居民和企业的排污信息,需要预测每个周期居民和企业的排放量。本研究设定运营商采用指数平滑法,这种方法因具备计算简单、样本要求量较少、适应性较强、结果稳定等优点广泛地应用于许多领域的商业预测及相关研究(McKenzie,2010),在第 a_1 周期,运营商对下一周期居民和企业的排污量预测分别为:

居民排污量:

$$F_{i+1}=\begin{cases} a_1[\varepsilon_i Q_f+(1-\varepsilon_i)Q_i]+(1-a_1)F_i, & i\geqslant 1 \\ \varepsilon_1 Q_f+(1-\varepsilon_1)Q_i, & i=0 \end{cases} \quad (10-2)$$

企业排污量:

$$L_{i+1}=\begin{cases} a_2\sum_{\pi_{ij}=B_1}\psi_{ij}+(1-a_2)L_i, & i\geqslant 1 \\ \sum_{\pi_{1j}=B_1}\psi_{1j}, & i=0 \end{cases} \quad (10-3)$$

式中,a_1,a_2 为平滑常数,$a_1\in[0,1],a_2\in[0,1]$。

设定运营商对居民和企业污水处理的满意利润分别为 $\theta_1,\theta_2,\theta_1>0$,$\theta_2>0$,则第 $i+1$ 周期居民排污价格 β_{i+1} 和企业排污价格 γ_{i+1} 分别满足:

$$F_{i+1}\beta_{i+1}=(F_{i+1}C_1+\mu C_0)(1+\theta_1) \quad (10-4)$$

$$L_{i+1}\gamma_{i+1}=[L_{i+1}C_2+(1-\mu)C_0](1+\theta_2) \quad (10-5)$$

μ 为常系数,代表生活污水处理固定成本占总固定成本的比例,计算得:

$$\beta_{i+1}=\frac{(F_{i+1}C_1+\mu C_0)(1+\theta_1)}{F_{i+1}} \quad (10-6)$$

$$\gamma_{i+1}=\frac{[L_{i+1}C_2+(1-\mu)C_0](1+\theta_2)}{L_{i+1}} \quad (10-7)$$

---

① 满意定价策略:即对某种产品或服务提出一个既不高也不低的价格,兼顾经营者和消费者的利益,使各方面处于一个相对满意的状态。本研究中,假定在动态定价过程中满意的定义使得污水处理项目运营有一个不高但稳定的收益率。

同时考虑排污费对居民和企业的经济影响,在满意定价策略下还应对 β_i 和 γ_i 进行限制,得下列定价方式:

$$\beta_{i+1} = \min\left\{\frac{(F_{i+1}C_1 + \mu C_0)(1+\theta_1)}{F_{i+1}}; \beta_i(1+\theta_3)\right\} \qquad (10-8)$$

$$\gamma_{i+1} = \min\left\{\frac{[L_{i+1}C_2 + (1-\mu)C_0](1+\theta_2)}{L_{i+1}}; \gamma_i(1+\theta_4); 2q\eta\right\} \qquad (10-9)$$

式中, θ_3, θ_4 为政府对生活排污费和企业排污费涨幅的最大限额。$2q\eta$ 为运营商在理性情况下的最高定价,这一点将在后续的研究中进一步分析(结论2)。

四、居民排污行为变化

引入需求价格弹性(Samuelson,2009)来表示人群 Ω_2 对排污价格的敏感程度,当排污价格较低时,需求价格弹性较大,反之当排污价格较高时,需求价格弹性较小,其函数关系定义为:

$$Q_i = Q_0 + \frac{b_1}{e^{c_1\beta_i}} \qquad (10-10)$$

式中, Q_0 为人均最低排污量, b_1 和 c_1 为常系数,当污水价格为 β_i 时,需求价格弹性为 $\dfrac{\mathrm{d}Q_i/Q_i}{\mathrm{d}\beta_i/\beta_i} = \dfrac{-b_1 c_1 \beta_i}{b_1 + Q_0 e^{c_1\beta_i}}$ (见图10-2)。

另一方面,受排污价格的波动,人群 Ω_1 和 Ω_2 在区域人群中的比例也会随之发生变化,单位排污费 β_i 越高, ε_i 越小,排污费 β_i 越低; ε_i 越大,满足函数:

$$\varepsilon_i = \varepsilon_0 + \frac{b_2}{e^{c_2\beta_i}} \qquad (10-11)$$

式中, ε_0 为不敏感占人群的最低比例, b_2 和 c_2 为常系数,如图10-3所示。

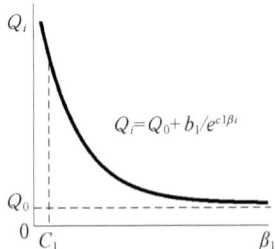

图 10-2 排污量敏感函数

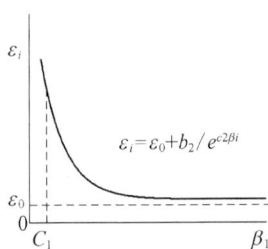

图 10-3 敏感人群转换函数

考虑环境保护、居民和运营商 3 方利益,由式(10－11)知,排污费 β_i 越高,有利于促使居民节水减排,但有可能影响中低收入居民的承受能力,反之亦然。当 β_i 满足 $\dfrac{\partial E(i)}{\partial \beta_i} > 0$ 时,涨价既有利于促使居民节水减排,又能增加运营商的收益;当 β_i 满足 $\dfrac{\partial E(i)}{\partial \beta_i} < 0$ 时,涨价有利于促使居民节水减排,但会影响运营商的收益。

当 $\partial E(i)/\partial \beta_i > 0$ 时,由(10－1)可求得,

$$(\varepsilon_0 Q_f - \varepsilon_0 Q_0 + Q_0)e^{(c_1+c_2)\beta_i} + b_2(Q_f - Q_0)(1 - c_2\beta_i + c_1 c_2)e^{c_1\beta_i} + b_1(1 - \varepsilon_0)(1 - c_1\beta_i + c_1^2)e^{c_2\beta_i} + b_1 b_2[(\beta_i - c_1)(c_1 + c_2) - 1)] > 0$$

$$(10-12)$$

这是一个超越不等式,很难得到其解析解,但在实务和计算实验中可以通过计算其值是否满足式(10－12),以检验定价是否能达到预定的目标。

四、企业排污行为变化

企业社会属性 ξ_{ij} 在一定条件下会发生迁移。经济理性者主要受两方面的影响,一为社会影响,用容忍度①来衡量(Schelling T C,1978),即区域居民、政府对偷排者的承受程度,社会越是难以容忍,则企业受到的社会影响越大,守法排污的可能性越大,反之亦然;二为经济影响,如果排污费越高,企业选择成为经济理性者的可能性就越大,反之亦然。本研究用 δ_1 代表社会影响力, δ_2 代表经济影响力。δ_1 呈如下特征,当区域内所有 N 家企业都偷排或只有 1 家企业偷排时,社会对其容忍度最低,为 0,即无法容忍;当偷排企业占均数时,社会对其容忍度为最高,设定为 1,此时企业行为受社会的影响最小,函数关系为:

---

① 容忍度的概念引自 2005 年诺贝尔经济学奖得主 Thomas C. Schelling 的著作 *Micromotives and Macrobehavior*,著作中用来说明两种肤色人群相互容忍的累积频率分布。他与罗伯特·奥曼(Robert Aumann)分享当年的诺贝尔经济学奖。其代表作包括《冲突的战略》(1960)以及《微观动机与宏观行为》(1978)。与传统上大量运用数学的博弈论不一样,其主要研究领域被称为"非数理博弈",也正因为如此,他又被认为是西方非主流经济学家。主要理论包括代议和冲突管理理论、相互依存的选择和行为理论以及自我控制理论。从非数理博弈论的角度研究人类之间的交互及其影响,是谢林学术贡献的主线。在本书中,有不少内容分析得益于非数理博弈的理念与思想。

$$\delta_1 = -\frac{4}{(N-3)(N+1)}x^2 + \frac{4}{(N-3)}x - \frac{4N}{(N-3)(N+1)}$$

$$(10-13)$$

其中,x 为偷排的企业数($1 \leqslant x \leqslant N$),如图 10-4 所示。容忍度刻画了社会对偷排者的态度,当水环境很好或逐渐变好时,人们无法容忍极少数的偷排者破坏环境,这种无法容忍也足以转化为社会力量抵抗极少数的偷排者;此外,当所有企业都偷排时,水环境变得非常糟糕,社会对企业的偷排行为忍无可忍。以上两种情况,企业行

图 10-4 社会容忍度函数

为受社会的影响最大,δ_1 值最小;而当偷排企业占均数时,偷排企业已经形成一定规模,力量能与社会形成制衡,社会对企业偷排行为被迫选择容忍,δ_1 值最大。

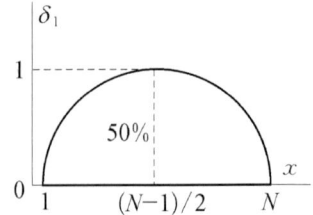

δ_2 刻画的则是企业选择偷排或守法排污在经济上的度量,当企业判断出守法经营比偷排成本更高时,排污费对其的影响较大,反之影响较小,其函数关系为:

$$\delta_{2j} = \frac{\gamma_i - q\bar{\omega}_{ij}}{q\bar{\omega}_{ij}}$$

$$(10-14)$$

式中,q 为政府对偷排者的单位罚款额度。δ_1 反映的社会对区域所有企业排污行为的整体影响,δ_{2j} 反映的是排污费和监管对区域 j 企业的具体影响。

企业的属性和行为随政府监管、排污费、社会影响发生变化。当 $\delta = \delta_1 + \delta_{2j} \leqslant 1$ 或 $\delta_1 = 0$ 时,理性经济者面临的经济压力小或社会压力大,选择变成社会责任者;当 $\delta = \delta_1 + \delta_{2j} > 1$ 时,理性经济者面临的经济压力大或社会压力小,选择保持属性不变,即:

$$\xi_{ij} = \begin{cases} A_1, & \delta \leqslant 1 \text{ or } \delta_1 = 1 \\ A_2, & \delta > 1 \end{cases}$$

$$(10-15)$$

对于理性经济者,行为选择判断比较简单,函数为:

$$\pi_{ij} = \begin{cases} B_1, & \gamma_i \leqslant q\bar{\omega}_{ij} \\ B_2, & \gamma_i > q\bar{\omega}_{ij} \end{cases}$$

$$(10-16)$$

社会责任者不会受到社会的压力,其属性的变化原因来自经济的压力,其判断函数为:

$$\xi_{ij} = \begin{cases} A_1, & \delta_{2j} \leqslant 1 \\ A_2, & \delta_{2j} > 1 \end{cases} \tag{10-17}$$

在情景 1 和情景 2 中，β_i 和 γ_i 都是固定的，Q_i 和 ε_i 也是固定不变的，由于 β_i 恒定不变，故 ε_i 也恒定不变，居民用水排污行为表现仅受初始值影响。企业的社会属性 ξ_{ij} 和排污行为 π_{ij} 受政府随机监管影响，主要有以下两个结论。

结论 1：若排污价格满足：

$$\gamma_0 \leqslant \frac{4q\eta}{(N-3)(N+1)} x_1^2 - \frac{4q\eta}{(N-3)} x_1 + \frac{4Nq\eta}{(N-3)(N+1)} + 2q\eta$$

x_1 为初始偷排者，则价格制定者可以预估工业企业都会选择成为社会责任者，选择不偷排。

证明：对于区域内的工业企业，容易计算出 $\bar{\omega}_{ij}$ 的期望值 $E(\bar{\omega}_{ij}) = \eta$，若要保证工业企业的守法排污，首先要保证社会责任者不改变社会属性，满足：

$$E(\delta_{2j}) = E\left(\frac{(\gamma_i - q\bar{\omega}_{ij})}{q\bar{\omega}_{ij}}\right) \leqslant 1$$

即

$$\gamma_i \leqslant 2qE(\bar{\omega}_{ij}) = 2q\eta \tag{10-18}$$

其次要保证理性经济者不偷排或改变社会属性，满足：

$$\gamma_i \leqslant qE(\bar{\omega}_{ij}) = q\eta \tag{10-19}$$

或

$$E(\delta) = E\left(\frac{\gamma_i - q\bar{\omega}_{ij}}{q\bar{\omega}_{ij}}\right) + E\left(-\frac{4}{(N-3)(N+1)} x^2 + \right.$$
$$\left. \frac{4}{(N-3)} x - \frac{4N}{(N-3)(N+1)}\right) \leqslant 1$$

即

$$\gamma_i \leqslant \frac{4q\eta}{(N-3)(N+1)} x^2 - \frac{4q\eta}{(N-3)} x + \frac{4Nq\eta}{(N-3)(N+1)} + 2q \cdot \eta \tag{10-20}$$

另外，对于任意 $1 \leqslant x \leqslant N$，有：

$$0 \leqslant -\frac{4}{(N-3)(N+1)}x^2 + \frac{4}{(N-3)}x - \frac{4N}{(N-3)(N+1)} \leqslant 1$$

则

$$\gamma_0 \leqslant \frac{4q\eta}{(N-3)(N+1)}x_1{}^2 - \frac{4q\eta}{(N-3)}x_1 +$$

$$\frac{4Nq\eta}{(N-3)(N+1)} + 2q\eta \leqslant 2q\eta$$

即同时满足(4-18)与(4-20),故价格制定者可以预估区域企业都会成为社会责任者,也即选择不偷排。

结论 2: $\gamma_i = 2q\eta$ 是价格制定者预估企业社会属性发生改变的临界值。

证明:(1)第 i 周期,若 $\xi_{ij} = A_1$:

当 $\gamma_i \leqslant 2q\eta$ 时, $E(\delta) = E(\delta_1) + E(\delta_{2j}) = E(\delta_{2j}) \leqslant 1$,由式(10-17)有,第 $i+1$ 周期, $\xi_{ij} = A_1$,属性保持不变。

然当 $\gamma_i \to 2q\eta^+$ 时, $E(\delta) = E(\delta_1) + E(\delta_{2j}) = E(\delta_{2j}) > 1$,由式(10-17)有,第 $i+1$ 周期, $\xi_{ij} = A_2$,属性发生变化。

(2)第 i 周期,若 $\xi_{ij} = A_2$:

① 当 $x_1 \neq N$,当 $\gamma_i = 2q\eta$,有 $E(\delta) = E(\delta_1) + E(\delta_{2j}) > 1$,由式(10-17)知第 $i+1$ 周期, $\xi_{ij} = A_2$,企业属性保持不变。

然当 $\gamma_i \to 2q\eta^+$ 时,若企业满足 $\xi_{ij} = A_2$,则保持属性不变;若企业满足 $\xi_{ij} = A_1$,则由上分析知,企业属性发生改变,又因为 $\gamma_i > q\bar{\omega}_{ij}$,由式(10-5)~式(10-16)有 $E(\pi_{ij}) = B_2$,则 $E(x_1) = N$,那么第 $i+1$ 周期, $E(\delta_1) = 0$, $\xi_{ij} = A_1$,属性发生变化。

② 当 $x_1 = N$,有 $\delta_1 = 1$,则由式(10-15)知:第 $i+1$ 周期, $\xi_{ij} = A_1$,属性发生变化。

第三节　实验结果分析

本研究以太湖流域无锡某城镇污水处理系统为例,基于上述构建的模型与规则,运用计算实验方法对污水处理项目的运营与排污者行为进行动态分析。初始参数取值主要有:初始服务居民 $y_1 = 8$ 万, $\varepsilon_1 = 0.6$, $Q_f = 10$, $Q_1 = 6$,企业数 $N = 30$ 家,情景 2 和情景 4 的排污数据来自近 3 年的历史统计值,情景 1 和情景 3 为其平均值,排污费初始定价分别为 $\beta_1=1$,$\gamma_1=1.6$,政府监管频率 $\eta=0.2$,单位罚款 $q=8$。采取多主体建模实现方法,基于 MATLAB R2009a 运行平台,计算实验得如下结果。

一、情形 1 和情景 2

在情景 1 和情景 2 下,计算实验结果见图 10‑5。主要结果有:

(1)当 $\gamma_1<q\eta=1$ 和 $\gamma_1=q\eta=1.6$ 时,市场价格和政府监管机制有效,偷排现象得到了很好的控制,但 $\gamma_1<q\eta=1$ 时,项目的盈利水平极低,处于亏损状态,而 $\gamma_1=q\eta=1.6$ 时,项目的盈利水平有明显改善。

(2)当 $q\eta<\gamma_1=2<2q\eta$ 时,存在一定的偷排现象,项目盈利水平最高。

(3)当 $\gamma_1=2q\eta=3.2$ 和 $\gamma_1=4>2q\eta$ 时,偷排现象较为明显,但仍有部分企业守法经营,项目盈利居中。

(4)情景 1 和情景 2 中,偷排企业数目走势基本保持一致;而对于运营商的盈利水平而言,情景 2 比情景 1 波动大。

(5)经济影响和社会影响对各种情形下的偷排现象控制效果不一样。当 $\gamma_1<q\eta=1$ 时,经济影响发挥主要功效;当 $\gamma_1=4>2q\eta$ 时,社会影响发挥了主要功效;当 $1.6=q\eta\leqslant\gamma_1=2\leqslant2q\eta=3.2$ 时,经济影响和社会影响都发挥了一定的功效;当 $q\eta<\gamma_1=2<2q\eta$ 时,运营商很好地运用了社会影响以及价格和监管机制的积极效应;但在各种情形下均无法完全消除企业的偷排现象。

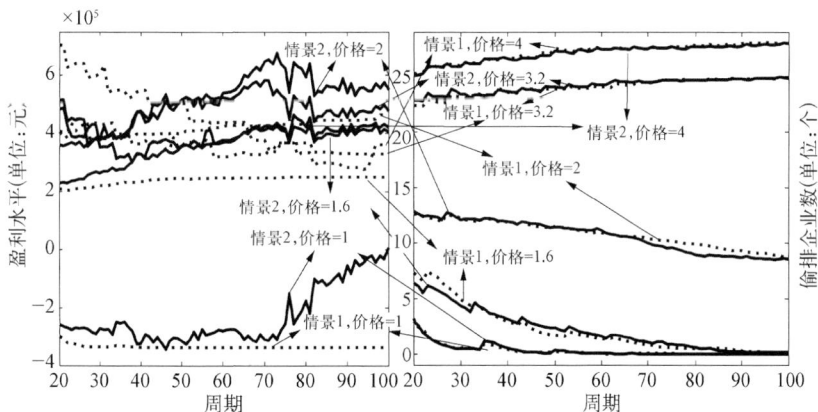

图 10‑5　情景 1 和情景 2 下项目盈利水平偷排企业变化图

二、情形 3 和情景 4

在情景 3 和情景 4 下,计算实验结果见图 10‑6 至图 10‑8。主要结果有:

(1) 当采用动态定价方法后,居民用水和企业排污信息确定时(情景 3),工业污水处理价格低,波动小,偷排企业少,运营商盈利水平高,价格和监管机制积极有效。

(2) 居民用水和企业排污信息动态变化时(情景 4),工业污水处理价格逐步走高,偷排企业数量多,运营商盈利水平低,价格和监管机制作用受到限制,反映了单纯的市场机制在外部环境动态变化下较难消除污水处理项目的运营风险,也较难控制偷排现象。

(3) 由图 10 - 5 到图 10 - 8 可见,运营商的逐利行为有可能通过降低污水处理费来获取更高的投资回报,由式(10 - 12)分析也知:通过市场行为来推行居民节水减排未必可行。

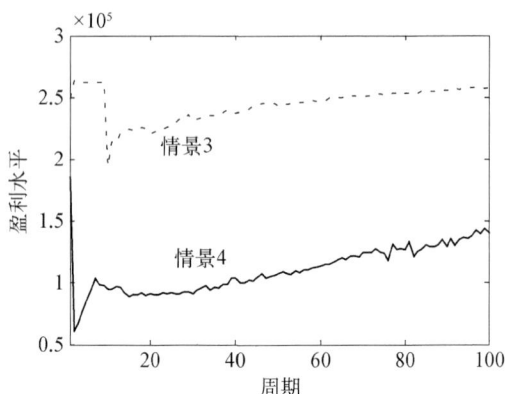

图 10 - 6　项目盈利水平变化图

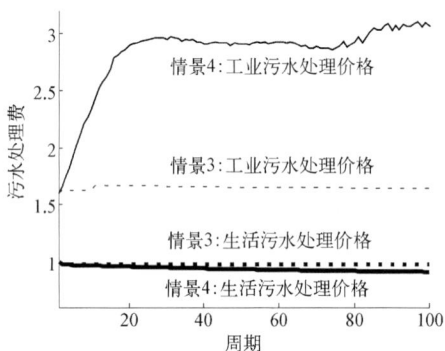

图 10 - 7　污水处理价格变化图

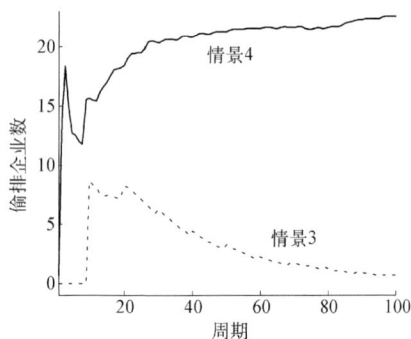

图 10 - 8　偷排企业数目变化图

进一步分析政府监管频率对项目盈利水平及偷排企业情况的影响,研究发现:在四种情景下,加大监管频率均可以提高项目收益并控制企业偷排情况。而在情景 3 和情景 4 下,当监管频率达到 0.4 时(见图 10 - 9、图 10 - 10),偷排企业得到有效控制,同时项目的平均收益处于一个较高水平;当继续加大监管频率时,既不能提高项目的收益,也无法减少偷排企业,即在本研究构建的计算实验中,政府监管频率＝0.4 是一个最佳监管频率。

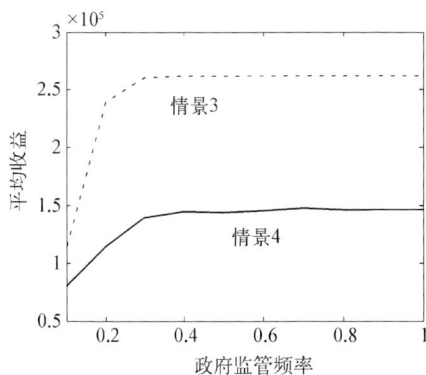

图 10-9 政府监管频率与项目收益情况

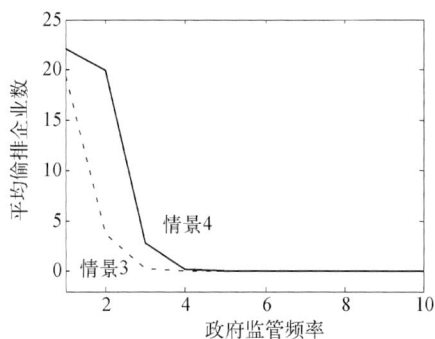

图 10-10 政府监管频率与企业偷排情况

综合比较 4 种情景可以发现,对于营运商而言,无论外部环境波动与否,存在一些固定的价格(如 $\gamma_1 = 2, \gamma_1 = 3.2$)使得运营商的收益比较动态定价高。合理的静态排污价格要优于动态定价策略。在动态排污价格情景下,外部环境的波动与企业偷排的控制表现出很大的差异。情景 1 和情景 2(见图 10-5),运营商的盈利水平和偷排企业数目走势基本保持同步,波动较小,而在情景 3 和情景 4 中(见图 10-6~图 10-8),运营商的盈利水平和偷排企业数目走势表现出了较大的差异。动态的排污价格给运营商的运营带来很大的波动,也给政府控制企业偷排带来不便。

三、计算实验结论

本部分研究分别针对外部环境静态和动态两种情况,分析了污水处理项目的运营与排污者行为动态演化过程,构建了排污价格制定和排污者行为动态变化规则,探讨了污水处理系统在 4 种情形下的变化规律,参考历史数据,运用计算实验方法对实例进行了数值分析,得到如下主要结论:

(1)无论是静态的还是动态的外部环境,合理的静态定价策略要优于运营商动态定价策略。在信息不对称情况下,运营商独自决策未必能提高自身收益,更不能积极影响排污者行为。这说明对于环境问题,市场的力量不足以解决问题。

(2)在动态定价策略下,动态的外部环境使得企业偷排现象很难控制,项目的收益也处于一个较低水平。动态的外部环境给污水处理项目的运营和企业偷排控制带来了困难。而在静态定价策略下,运营商的盈利水平和企业偷排现象表现基本一致,合理的静态定价策略在某种程度上可以消除由于外部不确定性带来的波动。

(3)单纯的市场价格机制或者政府监管机制较难控制偷排现象,也较难实现居民的节水减排,企业和运营商的逐利行为可能使得目标落空。企业的偷排现象需要通过市场价格机制、行政监管和公众参与等多方努力,才可能有更积极的效果。

不过,由于行政监管受法规、技术、经济、社会等多方面因素影响,尚未考虑地方政府在动态监管条件下,如采取举报机制、政府智能监管,多主体之间的互动关系以及对项目运营和偷排现象的控制影响,这是需要进一步研究的课题。

第四节　本章小结

针对污水处理项目运营风险高、企业偷排行为控制难问题,首先依据排污信息和排污价格的波动与否,构建了四种计算实验情景;然后针对各种情景分别设计了污水处理价格形成机制、居民和企业社会属性与行为的变化规则,分析了经济压力、社会影响以及政府监管对排污价格形成、排污者行为变化的影响;最后运用计算实验方法模拟了污水处理项目运营与排污者行为在四种情景下的动态变化。结果表明:合理的静态定价策略要优于运营商动态定价策略;动态外部环境既给污水处理项目的运营带来风险,又给政府对企业的监管带来不便;单纯的市场价格机制或政府监管机制很难有效控制偷排现象,也不一定能实现居民的节水减排,企业和运营商的逐利行为可能会使得目标落空。

本章参考文献

[1] Benedettia L, Baetsb B D, Nopensa I, Vanrolleghemc P A. Multi-criteria analysis of wastewater treatment plant design and control scenarios under uncertainty [J]. Environmental Modelling & Software, 2010, 25(5):616 – 621.

[2] Borger B D. The Behavior of Public Enterprises Offering a Quasi-public Good[J]. European Journal of Political Economy, 1995, (11):265 – 290.

[3] Chakraborty A, Malcolm A, Colberg R D, Linninger A. Optimal waste reduction and investment planning under uncertainty[J]. Computers & Chemical Engineering, 2004, 28(6):1145 – 1156.

［4］Glover D.环境价值评估:关于可持续的未来的经济学［M］.龚亚珍,译,中国农业出版社,2011.

［5］McKenzie E, Gardner J E. Damped trend exponential smoothing: A modelling viewpoint［J］. International Journal of Forecasting, 2010, 26(4):661－665.

［6］Ortolano L. Environmental Regulation and Impact Assessment［M］. New Jersey: Wiley, 1997.

［7］Roland C S. Effects of water conservation on the operation of sewage treatment plants［M］. Rockville:Interstate Commission on the Potomac River Basin, 1986.

［8］Samuelson P, Nordhaus W. Microeconomics［M］. Columbus: McGraw-Hill/Irwin, 2009.

［9］Sarkar U, Dasgupta D, Bhattacharya T, Pal S, Chakroborty T. Dynamic simulation of activated sludge based wastewater treatment processes: Case studies with Titagarh Sewage Treatment Plant, India［J］. Desalination, 2010, 252:120－126.

［10］Schelling T C. Micromotives and Macrobehavior［M］. New York:W W Norton & Co Lt, 1978.

［11］Verspagen B. The use of modeling tools for policy in evolutionary environments［J］. Technological Forecasting and Social Change, 2009, 76(4):453－461.

［12］Wiedemann P M, Femers S. Public participation in water management decision making: Analysis and management of conflicts［J］. Journal of Hazardous Materials, 1993, (33):355－368.

［13］Yang Y B, Sliwinski L, Sharifi V, Swithenbank J. Dynamic behaviour of sewage sludge incineration in a large-scale bubbling fluidised bed in relation to feeding-rate variations［J］. Fuel, 2008, 87:1552－1563.

［14］曾思育,傅国伟.混合博弈在水污染系统控制中的应用［J］.系统工程理论与实践,2001,21(5):132－136.

［15］曾贤刚,程磊磊.不对称信息条件下环境监管的博弈分析［J］.经济理论与经济管理,2009,(8):56－59.

［16］常杪,林挺.我国城市污水处理厂BOT项目建设现状分析［J］.给水排水,2006,32(2):101－106.

［17］国家统计局,国家环境保护总局.中国环境统计年鉴—2009［M］.北京:中国统计出版社,2009.

［18］黄春蕾.论我国城市污水处理市场化过程中的政府职能［J］.中国人口·资源与环境,2004,14(5):99－102.

［19］柯坚.论污染者负担原则的嬗变［J］.法学评论,2010,6:82－89.

［20］刘小峰,陈国华,盛昭瀚.不同供需关系下的食品安全与政府监管策略分析［J］.中国管理科学,2010,18(2):143－150.

[21] 刘月芹.污水处理厂投资项目特许经营期中的水价调整[J].中国给水排水,2007,23(18):24-26.

[22] 盛昭瀚,张军,杜建国,等.社会科学计算实验理论与应用[M].上海:三联书店,2009.

[23] 宋国君,谷一桢,刘永.中央政府投资城市污水处理厂的理论和实证分析[J].上海环境科学,2002,21(11):658-661.

[24] 苏魏,杜鹏飞,陈吉宁.城市污水处理厂运行评估系统的开发与应用[J].清华大学学报(自然科学版),2005,45(3):371-374.

[25] 王希希,陈吉宁.我国污水处理理想价格及合理投资结构测算分析[J].给水排水,2004,30(11):43-46.

[26] 杨卫华,戴大双,韩明杰.基于风险分担的污水处理 BOT 项目特许价格调整研究[J].管理学报,2008,5(3):366-370.

[27] 张燎.城市水务改革的模式选择与比较[J].中国水利,2006,(10):20-23.

[28] 周耀东,余晖.政府承诺缺失下的城市水务特许经营——成都、沈阳、上海等城市水务市场化案例研究[J],管理世界,2005,(8):58-64.

第十一章 邻避风险与政府经济承诺

在需求和政策的驱动下，各地的 PPP 示范推介项目陆续密集推出，涉及能源、交通运输、水利、环保、保障性安居工程、教育、文化、医疗等公共服务领域。而这些领域的项目多有邻避属性，本章重点讨论带有邻避性质的 PPP 项目及其政策经济承诺决策问题。

由于 PPP 邻避项目具有高复杂性等特点，可能导致较大的系统脆弱性（季闯等，2016）以及经济外部性。为此，各地政府推出了各种鼓励措施，以吸引利益主体特别是社会资本方的积极参与。政府经济承诺就是其中的重要举措，如 2014 年财政部颁发《政府和社会资本合作模式操作指南（试行）》，确定可行性缺口补助（Viability Gap Funding）为社会资本取得投资回报的重要资金来源。典型案例有山东省济宁市产业园建设项目采取可行性缺口补贴投资回报；北京地铁 4 号线采取票价差额补偿和收益分享机制；福州红庙岭垃圾焚烧发电厂政府方按每吨 43 元支付垃圾处理费并按约定额度与价格购买发电量等。但整体来说，目前我国 PPP 项目呈现较低的签约水平，据国家发展和改革委员会数据统计显示，截至 2016 年一季度，涉及 4.23 万亿元的 2 531 个 PPP 项目中，实际签约率仅为 31.5%，且呈现"东部热西部冷"的地区差异。究其原因，地方政府"承诺不足"是社会资本方观望的重要原因。然而，另一方面，过度的政府承诺可能会滋生项目腐败，社会资本方可能会在 PPP 项目中获得暴利甚至侵占国有资产。目前政府盲目承诺的现象仍较为普遍。一些地方政府为推行 PPP 项目，对风险较大项目给予过度承诺，导致项目清理和政府声誉受损等不良后果。典型案例有 2017 年财政部发函要求核查武汉轨道交通 8 号线一期 PPP 项目，认为该项目存在融资比例和收益分配不当等问题。为打击"承诺过度"乱象，财政部等部委颁布了一系列规范化文件，如《财政部、发展改革委关于进一步共同做好政府和社会资本合作（PPP）有关工作的通知》（财金〔2016〕32 号）、《关于进一步规范地方政府举债融资行为的通知》（财预〔2017〕50 号）等，明文禁止政府进行兜底融资，杜绝各种非理性担保或承诺、过高补贴或定价。

可见,我国PPP邻避项目同时存在"承诺不足"或"承诺过度"问题。该如何进行经济承诺这一难题,各地政府缺乏科学的管理办法,尚未形成明确的标准,给PPP项目推广造成了极大的困扰。与此同时,PPP项目发展如火如荼,涉及类型涵盖能源、高速公路、地铁、污水处理、垃圾处理、环境治理、生态保护、地下管网等。不同项目类型的收益差异性较大,目前"一刀切"的管理模式已较难适应复杂多变的社会经济环境需求(韦小泉,2017),亟须政府对PPP项目进行分类管理,从传统的粗放式管理走向精细化管理。除政府的经济承诺支持之外,PPP项目需要银行信贷资金的强力支撑。近年来,银行一直在配合政府寻找科学有效的信贷政策,对PPP项目的信贷政策历经放松与收紧等不同尝试。但整体趋势而言,政府债务风险控制与银行风险管理越来越严格,要求政府从传统的担保兜底决策走向适应不同信贷环境的科学决策。

第一节　计算实验模型构建

已有PPP项目经济承诺决策研究,首先是探讨其科学性和合理性。这一方面研究已达成基本共识,仅在方法选择和具体观点上存有分歧,大多学者认为PPP中的政府可行性缺口补助等经济承诺可以缩小公共资金支出缺口,减轻税收对经济运行的扭曲,优化项目的经济价值与社会价值(Eduardo et al,2001),更有研究发展定量模型以计算其具体价值,如宋锦(2017)基于财务净现值等指标研究了等额收入补助和均衡收入补助两种情形下的项目可行性缺口补助决策。但有一些学者认为净现值等传统的项目评估方法不足以确定最低收益保证等经济承诺带来的市场价值(Huang & Chou,2006),需要借助实物期权方法等方法来测算其价值,如Ashuri等(2012)对最小收益保证实物期权构建了收入上限的风险中性估值模型;Carbonara和Costantino(2014)基于公平的概念来构建最小收益保证模型,使用蒙特卡罗模拟了意大利巴里港口项目需求和政府收益管理不确定性;Power等(2016)分析了PPP项目蕴含的不同战略选择期权的价值,基于经济消费者需求收入模型模拟了项目的现金流,估算并分析了其不同战略期权价值。

其次,政府经济承诺带来价值的同时也伴随着风险,很多学者探讨如何揭示并应对政府经济承诺带来的风险,如Takashima等(2010)研究认为当政府担保过大或者民营企业成本分摊率过低时,民营企业会提前执行期权,导致项目无法实现价值最大化;Chiara和Kokkaew(2013)认为政府收入保障在经济危机期间可能带来重大的财政风险,建议加入动态收入保险合同;Issouf 与 Van(2016)分析了 PPP 项目中的贷款担保与政府投资决策的关系,认为政府提高投资比例可以降低项目议价决策中的信息不对称,进而有效控制保证水平;Wang 与 Liu(2015)认为政府提供的最小收益保证减少了投资者所承担的市场风险,致使不少项目会出现超额收益,而超额收入的分配比例与投资者的公平偏好和努力成本系数有关;王玺与夏强(2016)认为我国 PPP 模式存在投资回收期长与预算规划周期短之间较难协调的矛盾,政府需要做好财政承受能力测算以保证项目的长效运营;Ana 等(2008)认为政府通过一系列合同条款保证 PPP 项目的最低利润率,导致政府过度承担了风险,可以通过机制设计来促使更多项目价值和风险转移给民营企业;赵立力等(2009)研究发现如果政府在保证协议的基础上给出限制竞争条款可能会导致社会福利的损失;张禄等(2017)认为政府保证虽然可以避免项目事后中止等风险,但无法抑制事前资产替代问题。

综上,已有对政府经济承诺决策研究多以净现值和财务预测模型为主,较难处理系统决策面临的复杂性,实物期权模型虽然能解决不确定条件下的价值评估难题,但应用于复杂系统决策问题时需要满足较为苛刻的初始条件,亦较难适用于我国 PPP 项目当前面临的类型多样与信贷环境多变的复杂情景。同时,已有政府经济承诺的风险研究对"承诺不足"和"承诺过度"的风险关注不够,仍需要进一步探讨由此引发的项目系统风险。

一、问题描述

一般而言,PPP 项目所需投资额较大,需要银行信贷资金的支持与参与。在早期的一些 PPP 项目中,政府以信用、财政或者下属国有资产作为担保以获得银行信贷资金。然而,以财政投入以及政府担保下的银行贷款为主的基础设施投融资模式已不可持续,在现行法律规范与债务风险控制条件下,政府方不能提供债务担保,银行参与的条件变成了项目满足经营性现金流稳定,使用者付费或政府经济承诺获得的收入能够全额覆盖贷款本息。即符合当前法律框架与风险控制等条件约束下,银行提供贷款的重要条件为政府与项目公司签订的经济承诺协议。基于《政府和社会资本合作模式操作指南》建议,设定政府经济承诺的形式为可行性缺口补助。

假定 PPP 项目总投资为 I,其中政府直接投资额为 G,社会资本方投资额为 P,银行贷款额为 D,有 $I=G+P+D$;同时假定项目投资周期较长,建设期为 T_1,特许经营期为 T_2(见图 11-1)。政府给予 PPP 项目总的经济承诺在

T_1时刻经济价值至少可以达到x。设定项目在T_1时刻的市场价值为S_{t1}。若$S_{t1} < x$,则该项目需要进行可行性缺口补助,需要补助金额为$x - S_{t1}$;反之,则项目可依靠使用者付费实现项目回报,需要补助金额为0,即项目在T_1时刻的价值为$\max\{x, S_{t1}\}$。

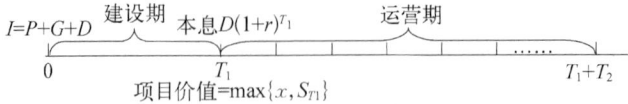

图 11-1 政府经济承诺与 PPP 项目价值

二、情景构建

PPP 项目的政府经济承诺决策与信贷环境有较大的关系,信贷政策的宽松与收紧会影响到风险报酬和贷款利息偿还,进而影响到银行对于 PPP 项目现金流与盈利性的要求,也就会影响到政府的经济承诺决策。另一方面,由于 PPP 项目涉及不同地区与行业,其预期收益可能是相对稳定的,也有可能较大波动的,不同类型 PPP 项目的收益与风险有较大的差异。政府不仅要保证 PPP 项目的顺利推广,更要防范不合理承诺导致的国有资产流失。因此,这需要观察不同类型的 PPP 项目在政府经济承诺下的社会资本回报情况,进而提出具有针对性的政策建议。

为更直观地反映信贷环境与项目类型的差异,根据信贷环境的宽松与收紧,项目收益波动情况,本文构建四种不同的情景(见表 11-1),研究在四种不同情景下的政府经济承诺决策,并分析不同决策对系统状态的影响。

表 11-1 政府 PPP 项目经济承诺决策所处的不同情景描述

差 异	信贷环境宽松	信贷环境收紧
收益稳定型	情景一:① 信贷环境:较低贷款利率,较为宽松的银行风险控制;② 项目类型:收益稳定,波动较小,风险较小	情景二:① 信贷环境:较高贷款利率,较为严格的银行风险控制;② 项目类型:收益稳定,波动较小,风险较小
收益波动型	情景三:① 信贷环境:较低贷款利率,较为宽松的银行风险控制;② 项目类型:收益不稳定,波动较大,风险较大	情景四:① 信贷环境:较高贷款利率,较为严格的银行风险控制;② 项目类型:收益不稳定,波动较大,风险较大

三、模型假设

为更准确刻画研究问题以及更有效分析研究问题,本文对模型做了一些前提假设:

(1) 社会资本方参与 PPP 项目投资的原则是可实现预期收益率,即政府需要通过可行性缺口补助等经济承诺促使社会资本方达到最低收益水平。

(2) 由于 PPP 项目大多为准公益性项目,假设项目可享受税收免征所得税政策优惠。

(3) 项目收益的分配顺序为:偿还银行贷款本息、保证社会资本方的最低收益、政府方与社会资本方分享超额收益。

(4) PPP 项目可以带来正的社会收益,比如增加就业、改善民生或环境治理等。假定 PPP 项目的社会效益与投资规模成正比,边际效应递减,收益函数为 $\log_{\varphi}(1+I)$,φ 为常数(李金兵等,2014)。

(5) 假设项目在期初市场价值为 S_0(本文设定 $S_0 = I$),项目在 t 时刻项目的市场价值为 S_t,遵循风险中性的随机函数:

$$\frac{\mathrm{d}S_t}{S_t} = r_f \mathrm{d}t + \sqrt{\sigma}\,\mathrm{d}w \tag{11-1}$$

式中,r_f——无风险收益率;

$\mathrm{d}w$——标准布朗运动的随机变量;

$\sqrt{\sigma}$——PPP 项目资产价格的波动率,假设波动率 σ 服从随机函数:

$$\frac{\mathrm{d}\sigma}{\sigma} = \mu \mathrm{d}t + \xi \mathrm{d}z \tag{11-2}$$

根据伊藤公式,PPP 项目期权的价值 V 的微分形式可以表述为:

$$\frac{\partial V}{\partial t} + \frac{1}{2}\sigma S_t^2 \frac{\partial^2 V}{\partial^2 S_t^2} + r_f S_t \frac{\partial V}{\partial S_t} - r_f V = 0 \tag{11-3}$$

式(11-3)为 Black-Scholes 偏微分方程(Cai et al, 2015),适用于欧式和美式的看涨与看跌期权价值估算。对于具有政府经济承诺的 PPP 项目来说,该实物期权公式可度量政府经济承诺成本与银行信贷风险。

四、政府收益度量

在 PPP 项目中,政府收益主要包括项目的收益分成带来的现金流和项目

建设与运营带来的社会收益,支出主要包括投资额和保证成本。政府在决策时($T=0$)的预期收益函数为:

$$f(x) = e^{-r_f T_1}\left[(1-\alpha)F(x) + \log_\varphi(1+I)\right] - C(x) - G \tag{11-4}$$

式中,$e^{-r_f T_1}$——连续复利下的现值系数;

α——社会资本方可获得的收益比例;

$F(x)$——PPP 项目在第 T_1 时刻的净收益流函数;

$C(x)$——经济承诺成本函数;

G——政府投资额。

为此,进一步需要测算 $F(x)$ 和 $C(x)$ 的值。

由于 PPP 项目净收益流取决于项目未来现金流、政府经济承诺、债务结构和利息支付等。因此,项目在第 T_1 时刻的净收益流为:

$$F(x) = \max\{S_{T_1}, x\} - D(1+r)^{T_1} \tag{11-5}$$

可转化为:

$$F(x) = x + \max\{S_{T_1} - x, 0\} - D(1+r)^{T_1} \tag{11-6}$$

式中,$\max\{S_{T_1} - x, 0\}$ 可视为一个执行价格为 x 的看涨期权,因此,基于 Black—Scholes 模型,公式(11-6)可转化为:

$$F(x) = x - D(1+r)^{T_1} + S_0 N(d_1) - x e^{-r_f T_1} N(d_1 - \sqrt{\sigma T_1}) \tag{11-7}$$

式中,$d_1 = \dfrac{\ln(S_0/x + (r_f + \sigma/2)T_1)}{\sqrt{\sigma T_1}}$。

由于政府经济承诺执行仅在满足一定条件的情形下才发生,因此,经济承诺成本实际上可视为政府的一种或有成本。从整个项目来看,政府的经济承诺的成本为:

$$C(x) = \max\{x - S_{T_1}, 0\} \tag{11-8}$$

式中,$\max\{x - S_{T_1}, 0\}$ 可视为一个执行价格为 x 的看跌期权,因此,基于 Black-Scholes 模型,式(11-8)可转化为:

$$C(x) = xe^{-r_f T_1} N(\sqrt{\sigma T_1} - d_1) - S_0 N(-d_1) \tag{11-9}$$

根据实物期权理论可知,在风险中性世界中,这份看跌期权到期被执行

（政府经济承诺需要执行）的概率为 $N(\sqrt{\sigma T_1}-d_1)$。

五、银行信贷风险

基于国内现行法律框架、政府债务与风险控制等约束条件，银行提供贷款的前提为项目满足经营性现金流稳定，使用者付费及政府可行性缺口补助承诺获得的收入能够全额覆盖贷款本息，项目违约风险不高于同期坏账率水平。

首先，考虑在无可行性缺口补助情况下，在 T_0 时刻，银行预期损失为：

$$B_1 = \max\{D(1+r)^{T_1}-S_{T_1},0\} \tag{11-10}$$

式中，$\max\{D(1+r)^{T_1}-S_{T_1},0\}$ 可视为一个执行价格为 $D(1+r)^{T_1}$ 的看跌期权，因此，基于 Black－Scholes 模型，式(11-10)可转化为：

$$B_1 = D(1+r)^{T_1} e^{-r_f T_1} N(\sqrt{\sigma T}-d_2)-S_0 N(-d_2) \tag{11-11}$$

式中，$d_2 = \dfrac{\ln(S_0/[D(1+r)^{T_1}])+(r_f+\sigma/2)T_1}{\sqrt{\sigma T_1}}$。

然后，考虑到在有可行性缺口补助的情景下，政府提供的可行性缺口补助协议可以降低银行的损失，参考 Peter 等(2016)的研究，确定银行的预计损失函数为：

$$B(x) = \max\{B_1-C(x),0\} \tag{11-12}$$

由此可计算得银行坏账率为：$\dfrac{B(x)}{D(1+r)^{T_1}}$。设定 θ 为银行可以接受的最大坏账率，由银行的管理水平和历史数据来确定。则 PPP 项目的信贷风险约束可以描述为：

$$\frac{B(x)}{D(1+r)^{T_1}} \leqslant \theta \tag{11-13}$$

六、决策模型与求解分析

PPP 项目决策主体地位存在非对称性，政府对项目负有指导和监管责任，具有经济承诺等决策的优先权，银行和社会资本方属于参与约束方(吴孝灵等，2016)。项目能否得到利益相关者的青睐很大程度上取决于政府的主导设计。PPP 项目的政府经济承诺决策问题可以表述为：

$$\max f(x)$$

$$\text{s. t.} \begin{cases} g_1(x) = \theta - B(x)/[D(1+r)\,T_1] \geqslant 0 \\ g_2(x) = R_p(x) - R_e \geqslant 0 \end{cases} \tag{11-14}$$

式中，$R_p(x)$ 为社会资本方投资该 PPP 项目的年投资回报率函数，满足 $P\,[1+R_p(x)]^{T_1} = \alpha F(x)$，可计算得到 $R_p(x) = \sqrt[T_1]{\alpha F(x)/P} - 1$；$R_e$ 为社会资本方能接受的最低年投资回报率，一般由发改委规划的投资项目回报率或者固定收益类金融产品的投资回报率来决定。

决策模型是一个有约束非线性优化问题。为分析其有解的条件，利用多元微分学中求解条件极值问题的拉格朗日函数乘子法思想（Woon et al,2010），构建辅助函数如下：

$$L(\lambda_i, H) = f(x) + \lambda_1 g_1(x) + \lambda_2 g_2(x) \tag{11-15}$$

如果 H^* 是式（11-10）的最优解，则比存在 $\lambda_i^*\,(i=1,2)$，使 $\nabla L(H^*, \lambda_i^*) = 0$，即有：

$$\nabla f(x^*) + \lambda_1^* \,\nabla g_1(x^*) + \lambda_2^* \,\nabla g_2(x^*) = 0 \tag{11-16}$$

与 $\lambda_i^* g_i(x^*) = 0, \lambda_i^* \geqslant 0, i = 1,2$。这表明，如果 $\lambda_i^* > 0$，那么 $g_i(x^*) = 0$；否则，$g_i(x^*) \neq 0$，那么 $\lambda_i^* = 0$。这是一类典型的有约束优化问题，对于该优化问题，首先根据 Kuhn-Tucker 条件，可给出最优解存在条件，即满足式（11-17）～式（11-19）：

$$(1+\lambda_2)(1-\alpha)\,e^{-r_f T_1}(1+\Theta) + (1+\lambda_1)\Theta -$$

$$(1+\lambda_2)(1-\alpha)\,e^{-2r_f T_1}N(d) + (\lambda_1 - 1)\,e^{-r_f T_1}N(-d) = 0 \tag{11-17}$$

其中，$d = d_1 - \sqrt{\sigma\,T_1}$。

$$\Theta = \dfrac{-\dfrac{s_0\,e^{\frac{d_1^2}{2}}}{x} - e^{-r_f T_1 - \frac{(\sqrt{\sigma T_1} - d_1)^2}{2}}}{\sqrt{2\pi\sigma\,T_1}}$$

$$\lambda_1[\theta D\,(1+r)^{T_1} - B(x)] = 0, \lambda_1 \geqslant 0 \tag{11-18}$$

$$\lambda_2[f(x) - P\,(1+R_e)^{T_1}/\alpha] = 0, \lambda_2 \geqslant 0 \tag{11-19}$$

其中，λ_1 和 λ_2 分别为约束条件 $g_1(x)$ 和 $g_2(x)$ 对应的 Kuhn—Tucker 乘子。

当 $\sigma > 1/T_1$ 时，$f(x)$ 是 $(0, +\infty)$ 上的严格凹函数，即：

$$\frac{\partial^2 f(x)}{\partial x^2} = \frac{1 - \sqrt{\sigma T_1}}{x \sigma T_1 \sqrt{2\pi}} \left[(1 - \alpha) e^{-r_f T_1} - 1 \right] \Theta > 0 \qquad (11-20)$$

由此可知，当 $\sigma > 1/T_1$ 时，上述优化问题存在最优解，并可由方程 (11-17)-(11-19) 解得。

然而，鉴于式(11-17)~式(11-19)都是较为复杂超越方程，无法给出该优化问题最优解的解析式。为了使得这类约束优化问题的解从不可行到可行，已有研究开发了碰壁函数法和惩罚函数法(Mairal et al, 2010)等算法通过一系列特殊构造的无约束优化问题来求解类难题。考虑到本文构建的模型涉及复杂超越方程，且仅有两组约束条件，转换相对容易，本文采取碰壁函数法构建计算机算法对模型进行求解。

主要计算步骤有：

(0) 设定好情景初始值；

(1) 选定计算精度 $\varepsilon > 0$，碰壁因子 M_1（本文初始值 $M_1 = 1\,000$）；

(2) 选定可行域 $S = \{x \,|\, g_i(x) \geqslant 0, i = 1, 2\}$ 中的一个内点 x^{k-1}，并令 $k = 1$；

(3) 以 x^{k-1} 为初始点，求解无约束问题 $f(x) - [g_1^{-1}(x) + g_2^{-1}(x)]/M_k$，设求得的最优解为 $x^k = x(M_k)$；

(4) 检查 x^k 是否满足结束准则 $[g_1^{-1}(x^k) + g_2^{-1}(x^k)]/M_k \leqslant \varepsilon$。如果满足，则计算结束，取 $x^* = x^k$，否则用 M_{k+1} 换 M_k，$k+1$ 换 k，其中碰壁因子满足以下条件 $M_k > 0$，$M_{k+1} >_1 M_k$ 且 $\lim\limits_{k \to +\infty} M_k^{-1} = 0$，返回(3)；

(5) 返回(0)，重新设定情景值，对函数求解，直到情景设定完成。

第二节　模型计算实现与结果分析

一、案例介绍与初始参数设定

案例项目是 W 市城东污水处理项目，设计总规模为日处理能力为 20 万吨，一期工程日处理能力 10 万吨，采用 CAST 工艺，二期工程采用 A2/O＋

MBR 工艺。污泥处理采用带式浓缩一体式脱水机脱水后含水率降至 82% 以下外运处置。项目拟采取 PPP 模式,将 W 市城东污水处理项目 30 年的经营权转让给特定的项目公司 SPV,采用使用者付费和可行性缺口补贴投资回报。项目公司 SPV 享有和具体行使政府授予的特许经营权并具体负责项目在特许经营期内的运营、管理和维养,项目的全部收益归项目公司所有。项目公司 SPV 由社会投资者和政府方共同出资成立。政府拟采取可行性缺口补助的形式对 PPP 项目做出经济承诺,需要在信贷环境与类型差异情景下对经济承诺做出科学决策,同时对经济承诺成本、执行概率、银行风险和社会资本投资收益情况有系统掌握。

该 PPP 项目的基本参数为:项目建设期预计 $T_1 = 2$ 年,总投资 $I = 15$ 亿元,预计社会投资者出资额为 $P = 5$ 亿,政府计划投资 $G = 3$ 亿,初始计划按投资比例进行收益分配,$\alpha = 62.5\%$。根据 2017 年年底国债收益率水平,设定无风险收益率 $r_f = 3.5\%$;根据国家发展和改革委员会对于对"使用者付费"+"可行性缺口补贴"PPP 项目的投资回报率建议,投资回报率一般在长期贷款基准利率基础上加一定的风险溢价,本文设定 $r_e = 5\%$。根据近五年我国银行不良率历史与银行监管要求,商业银行对 PPP 项目贷款不良率的控制水平的取值范围为 $\theta \in [1\%, 3\%]$。进而根据信贷环境和项目类型的差异性,针对四种情景分别给定银行贷款利率,银行贷款不良率控制水平以及项目收益波动率水平。情景一:$r = 5\%, \theta = 3\%, \sigma = 10\%$;情景二:$r = 8\%, \theta = 1\%, \sigma = 10\%$;情景三:$r = 5\%, \theta = 3\%, \sigma = 100\%$;情景四:$r = 8\%, \theta = 1\%, \sigma = 100\%$。

二、政府 PPP 项目经济承诺决策结果

根据决策模型与求解算法,通过计算机数值模拟得到四种情景下政府 PPP 项目经济承诺决策结果和系统状态(见表 11 - 2)。

首先,情景差异会影响政府的经济承诺决策。情景一和情景二所要求的经济承诺明显高于情景三和情景四,这表明对于收益风险较大的 PPP 项目,政府应该防范风险,不仅不应该增加经济承诺,反而应该降低经济承诺。这虽可能会导致部分社会资本方的观望,但符合风险投资规律。社会资本方在收益波动较大的项目可能获得更高的收益,理应承担相应的经济风险,这也是 PPP 项目风险共担原则的体现。若政府采纳同样的经济承诺,则可能承诺过度,导致国家公共利益受损,社会资本方获得过多收益;反之,对于收益波动率较小的 PPP 项目,则需要提供相对较高的经济承诺,社会资本方仅需承担相

对较小的风险。此外,信贷收紧的环境不仅会导致更高的经济承诺,而且会导致更高执行经济承诺的概率。然而,在现实中不少参与者并没有认识这一规律,给高风险项目以高经济承诺,给低风险项目给予低经济承诺,导致了"承诺不足"和"承诺过度"同时并存的不合理现状。

表 11-2　政府 PPP 项目经济承诺决策结果及其系统状态

单位:亿元

执行概率和银行风险:无量纲

	经济承诺	承诺成本	执行概率	项目价值	政府收益	社会资本收益	银行风险
情景一	11.79	0.85	32.67%	16.54	4.70	8.98	0
情景二	12.91	1.24	40.28%	16.99	4.31	8.98	0
情景三	5.12	1.25	46.20%	16.54	4.30	8.98	0
情景四	5.99	1.64	50.62%	16.99	3.90	8.98	0

其次,经济承诺增强了社会资本和银行的参与热情,提升了项目的内在价值。在案例 PPP 项目中,现行法律框架和银行信贷约束下,政府经济承诺既保证了社会资本方投资收益,又控制了银行的信贷风险。项目初始投资价值为 15 亿,建设成功后带有经济承诺的项目价值在不同情景下分别为 16.54 和16.99,分别溢价 10.27% 和 13.27%,这表明政府的经济承诺可以提高社会资本方的参与度。不过需要指出的是,并不是经济承诺越高,项目价值越大。较高的经济承诺并不一定会带来更大的项目价值,情景一和情景二的经济承诺明显高于情景三和情景四,但项目价值相差不大。此外,较高的经济承诺也不一定会带来更大的承诺成本,在数值模拟中,情景四的经济承诺值最小,但其承诺成本相对情景一和情景二明显更高。

最后,考虑到 PPP 项目已经呈现"东部热西部冷"的地区差异现象,中西部城市经济水平相对不高,进一步分析若政府财政压力较大,经济承诺功能仅为保证控制银行风险,社会资本方收益与风险自担,其决策结果和系统状态见表 11-3。主要结论有:① 经济承诺值均小于同时控制银行风险和保证社会资本方收益时的决策值,这表明减少收益率约束可以降低经济承诺值,但会减弱社会资本方和地方政府的参与热情。② 银行风险值均高于同时控制银行风险和保证社会资本方收益时的决策值,这表明 PPP 项目中的利益相关方相互影响,降低收益承诺,较难使得某一方独善其身。该研究结论可为财政紧张的政府 PPP 项目经济承诺提供决策参考,也可为银行在不同信贷环境下参与不同类型 PPP 的贷款决策提供技术参考。

表 11-3　仅控制银行风险的经济承诺决策结果及其系统状态

单位：亿元

执行概率和银行风险：无量纲

	经济承诺	承诺成本	执行概率	项目价值	政府收益	社会资本收益	银行风险
情景一	0	0	0	15.00	5.00	4.29	1.32%
情景二	4.80	0.01	0.70%	15.28	3.10	4.19	0.99%
情景三	4.14	0.84	40.30%	16.09	2.38	4.92	2.94%
情景四	4.57	1.01	43.02%	16.28	2.18	4.78	0.99%

三、分配比例与投资额对决策的影响分析

在 PPP 项目现实决策中，政府还可能通过转移收益分配权来吸引利益相关方的积极参与，但也存在让利过度的风险。此外，由于地区政府财政收入存在差异性，政府在 PPP 项目投资额上需要更大的决策弹性空间。基于上述两点考虑，本文提出一个更深入的问题：政府是否可以提过转移收益分配权或者增加投资额来实现降低甚至取消经济承诺？为此，本文对该问题进行了情景模拟，研究结果见图 11-2 和图 11-3。

由图 11-2 知，在四种情景下，政府均可以提过转移收益分配权来降低经济承诺，但仅在情景一时可以取消经济承诺（在数值模拟中，分配比例 $\alpha \geqslant 0.75$ 时），其他情景下均不能取消经济承诺（在数值模拟中，分配比例 $\alpha = 1$ 时）。更进一步，情景一和情景二时分配比例对经济承诺决策影响较大，而情景三和情景四影响相对较小；情景一和情景二的经济承诺成本小于情景三和情景四。

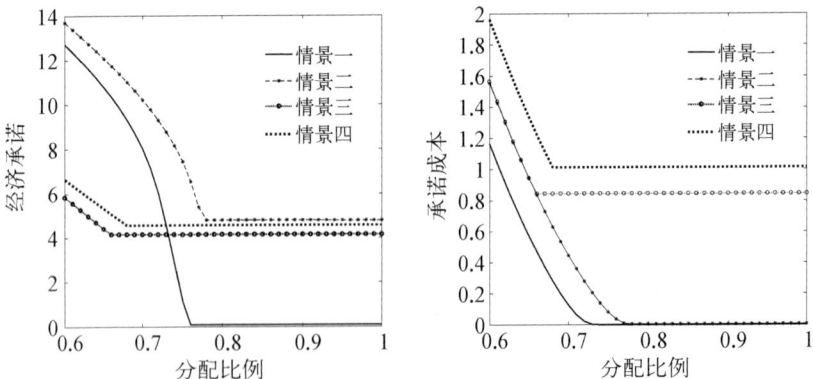

图 11-2　分配比例对经济承诺决策及其决策成本的影响

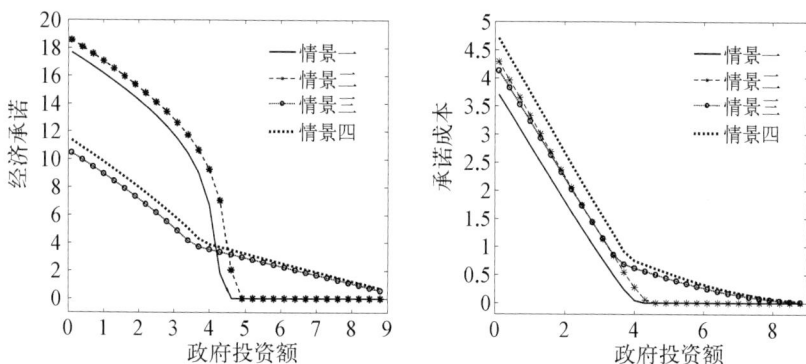

图 11 - 3　政府投资额对经济承诺决策及其决策成本的影响

由图 11 - 3 知,在四种情景下,政府均可以提过提高投资额降低经济承诺,甚至取消经济承诺(情景一和情景二中,当投资额 $G \geqslant 5$ 时),这一结果与 Issouf 与 Van(2016)等人研究结论一致,但本文对于情景的分析使得结论更加丰富。进一步分析,与转移投资收益权不同,情景一和情景二所要求的经济承诺仅在 $G < 4$ 时才高于情景三和情景四,而当政府投资额继续增大时,情景一和情景二所要求的经济承诺便有可能小于情景三和情景四。四种情景下的经济承诺成本则表现较为明显的结论,情景一下的承诺成本一直相对最低,情景四下的经济承诺成本相对最高。

四、结果分析与管理启示

情景差异对 PPP 项目管理提出了更大的挑战。通过本文的理论与数值模拟分析可以得到一些积极的研究结论与管理启示。

(1)政府如何针对项目类型差异进行科学决策? 政府应当告别"一刀切"的管理模式,科学评估 PPP 项目的收益类型。对于收益稳定型项目(情景一和情景二),可给予较高经济承诺的标准以吸引社会资本方和银行的青睐,但对于收益波动型项目(情景三和情景四),则需要严格控制超高的经济承诺,以防承诺过度导致政府承担过多风险。

(2)政府如何针对信贷环境差异进行科学决策? 政府应当发挥金融风险减震器的功能,信贷宽松时(情景一和情景三),政府给予较低经济承诺,把风险转移给金融市场,而在信贷收紧时(情景二和情景四),反而给予更高的经济承诺,积极主动承担金融风险。即在信贷宽松环境下对收益波动型项目不能提供较高经济承诺,而在信贷收紧环境下对于收益稳定型项目应提供较高经济承诺。

（3）财政压力较大时，政府该如何进行决策？首先，需要科学认识经济承诺及其成本，政府提供较高的经济承诺未必带来高的承诺成本。在大部分情况下，政府做出的经济承诺并不会发生，仅为一种积极的信号。其次，原则上是可以考虑放弃对资本收益保证，进而降低经济承诺值，缓解政府财政压力，但会降低社会投资者的参与热情，同时提高银行风险。

（4）政府可以是否可以通过转移收益分配权或者增加投资额来实现降低经济承诺？通过数值模拟分析可以发现，这的确可以在一定程度上降低经济承诺额，但效果与情景有较大关系。若政府不得已需要采用高经济承诺策略吸引社会资本方参与，则建议同时签订回购、限价等协议谨防社会资本方获得"暴利"，让PPP项目始终处于"盈利但不暴利"区间。

（5）模拟结果与现实决策的对比分析。在现实中，该项目按照污水处理费单价预测情况和物有所值评价结果，政府初始确定的经济承诺额为12亿，但最终竞争与谈判结果为8亿。该项目处在经济发达市区，污水处理需求稳定，政府和民众支付能力较强，项目发布时当地银行对PPP项目的信贷政策较为宽松，属于本文描述的情景一情形，初始确定值与本文分析结果11.79相近，但最终结果受到竞争、谈判等因素影响，如改变投资额和收益比例等，最终8亿的结果也属于合理范围。本文研究为评价该项目决策科学性提供了理论支撑，也为其他情景与其他项目决策提供了积极的借鉴参考。

第三节　本章小结

科学有效的政府经济承诺是PPP项目顺利推广的关键。本文立足于我国现实背景，构建信贷环境和项目类型差异下的PPP项目政府经济承诺决策优化模型，通过最优化理论探讨求解可能，根据情景设计求解算法，以W市城东污水处理项目为例计算分析政府的经济承诺决策，分析了信贷环境和项目类型对经济承诺决策的影响，揭示了四种情景下的决策风险。研究结果为PPP项目存在的"承诺不足"和"承诺过度"现实困境提供了科学解释与管理对策，为政府从"一刀切"的粗放式管理走向精细化管理差异化管理提供改革思路，同时为银行和社会资本方参与PPP项目投融资提供决策支持。

本文的主要贡献包括以下三个方面：第一，为 PPP 项目政府经济承诺决策困境提供了新的视角。从信贷环境与项目类型的差异视角研究了情景差异对政府经济承诺的影响，回答了当前 PPP 项目政府经济承诺为何存在的"承诺不足"或"承诺过度"难题，解释了当前呈现的"东部热西部冷"地区差异现象。第二，为 PPP 项目的差异化管理与精细化管理提供了理论依据。随着 PPP 项目爆发式的增长以及日益严格的经济金融环境，当前政府对其经济承诺决策面临巨大挑战。从系统科学角度看，这是一个复杂系统决策难题。情景化处理是该类问题建模的重要方式(Juan & Mario,2015)，可在一定程度上降低复杂性，可更容易观察决策规律。第三，在已有研究基础上，对 PPP 项目政府承诺决策问题的研究要素、研究内容、模型构建、求解思路等方面进行集成和优化，将情景建模、决策理论和实物期权模型的优势互补，积极拓展了已有政府经济承诺研究，体现了良好的集成创新，且在研究问题和系统建模等方面有一定突破，得到了一些新的研究结论。

本研究可以在以下几个方面进行拓展。本文构建的决策模型是以政府主导的，即以政府决策效用函数为目标函数，模型还可进一步拓展为政府和投资者的双目标优化，甚至是利益相关者的多目标优化。政府决策除了经济承诺，还有特许期，风险分担等，政府决策还可拓展为多变量决策。研究方法也可以拓展到多主体建模和计算实验等。另外，本文涉及的政府、社会资本方、银行信贷等决策参与者，在现实情景中，除了考虑经济风险之外，还会综合考量政治、公益、舆论等因素，因此可拓展研究利益相关者的各种决策偏好会如何影响 PPP 项目决策与绩效等。这些拓展研究将为 PPP 项目经济承诺决策提供更为精准的指导建议。

本章参考文献

[1] 季闯,黄伟,袁竞峰,等.基础设施 PPP 项目脆弱性评估方法[J].系统工程理论与实践,2016,36(3):613-622.

[2] 韦小泉,谢娜,程哲,等.中国 PPP 发展的驱动因素时空分异研究[J].财政科学,2017,(2):85-97.

[3] Juan A R, Mario I C. Self-adaptive SOM-CNN neural system for dynamic object detection in normal and complex scenarios [J]. Pattern Recognition, 2015, 48(4): 1133-1145.

[4] Eduardo M, Ronald D, Alexander G. Least present value of revenue auctions and highway franchising [J]. Journal of Political Economy, 2001, 109(5):993-1020.

[5] 宋锦.高速公路 PPP 项目可行性缺口补助测算模型研究[J].工程经济,2017,27(11):57-60.

[6] Huang Yulin, Chou ShihPei. Valuation of the minimum revenue guarantee and the option to abandon in BOT infrastructure projects [J]. Construction Management & Economics, 2006, 24(4):379-389.

[7] Ashuri B, Kashani H, Molenaar K R, et al. Risk-neutral pricing approach for evaluating bot highway projects with government minimum revenue guarantee options [J]. Journal of Construction Engineering & Management, 2012,138(4):545-557.

[8] Carbonara N, Costantino N, Pellegrino R. Revenue guarantee in public-private partnerships: a fair risk allocation model [J]. Construction Management & Economics, 2014,32(4):403-415.

[9] Power G J, Burris M, Vadali S, et al. Valuation of strategic options in public-private partnerships[J]. Transportation Research Part A Policy & Practice, 2016,(90):50-68.

[10] Takashima R, Yagi K, Takamori H. Government guarantees and risk sharing in public-private partnerships [J]. Review of Financial Economics, 2010, 19(2):78-83.

[11] Chiara N, Kokkaew N. Alternative to government revenue guarantees: the dynamic revenue insurance contracts [J]. Journal of Infrastructure Systems, 2013, 19(3):287-296.

[12] Issouf S, Van S L. An analysis of government loan guarantees and direct investment through public-private partnerships [J]. Economic Modelling, 2016,(59):508-519.

[13] Wang Yinglin, Liu Jicai. Evaluation of the excess revenue sharing ratio in PPP projects using principal-agent models [J]. International Journal of Project Management, 2015,33(6):1317-1324.

[14] 王玺,夏强.政府与社会资本合作(PPP)财政承诺管理研究——以青岛地铁 X 号线 PPP 项目为例[J].财政研究,2016(9):64-75.

[15] Ana B A, Christine B, Javier R. Public private partnerships: Incentives, risk transfer and real options [J]. Review of Financial Economics, 2008,16(4):335-349.

[16] 赵立力,卜祥智,谭德庆.基础设施 BOT 项目中的两种政府保证研究[J].系统工程学报,2009,24(2):190-197.

[17] 张禄,石磊,戴大双,等.PPP 项目政府担保对项目效率影响研究[J].中国管理科学,2017,25(8):89-96.

[18] Cai Ning, Song Yingda, Kou Steven. A general framework for pricing Asian options under Markov processes [J]. Operations Research, 2015,63(3):540-554.

[19] Peter E, Dominic D, Zahir I. Cost overruns in transportation infrastructure projects: Sowing the seeds for a probabilistic theory of causation [J]. Transportation

Research Part A Policy & Practice, 2016,(92):184-194.

［20］吴孝灵,刘小峰,周晶,等.基于私人过度自信的 PPP 项目最优补偿契约设计与选择［J］.中国管理科学,2016,24(11):29-39.

［21］Woon S F, Rehbock V, Loxton R C. Global optimization method for continuous-time sensor scheduling［J］. Nonlinear Dynamics & Systems Theory, 2010,2(2):175-188.

［22］Mairal J, Bach F, Ponce J, et al. Online learning for matrix factorization and sparse coding ［J］. Journal of Machine Learning Research, 2010,11(1):19-60.

第十二章　邻避风险与政府补偿契约设计

　　由于邻避项目的经济外部性,使得社会资本对邻避项目的投资热情不高,而日益增长的公共产品需求和受约束的供给能力之间缺口正不断扩大,这无疑使曾经完全由政府主导的邻避基础设施建设投融资模式向政府与私人合作的 PPP (Private-Public Partnership,即公私伙伴关系)模式转变(张云迪和王满,2016)。PPP 模式最早是由英国大臣肯尼斯·克拉克率先提出,是指政府部门为解决财政紧张问题,通过特许权协议的方式将某公共基础设施项目交由私人投资、建设和运营,并在特许期结束后,再将项目无偿移交给政府,由此形成的公私合作关系(Dean & Mehmet,2011;Peng et al,2014)。PPP 模式自提出以来,已作为一种新的融资工具在国际上被广泛应用,目前正在中国被大力推广和使用,并通过引入专业的社会资本来提升供给侧的质量和效率,已成为中国供给侧改革的重要组成部分(史耀斌,2015)。然而,中国的 PPP 发展远不及预期,据财政部 PPP 中心统计,截至 2016 年 3 月末,全国 PPP 综合信息平台项目库入库项目的落地率仅为 21.7%,大多数项目回报率仅为 6%。本章针对邻避 PPP 项目收益的不确定性,引入政府补偿契约问题。考虑私人投资者对政府补偿存在公平偏好倾向,借鉴 BO 模型的思想,将私人投资要求的特许收益作为其公平参考点,并通过对 FS 模型加以改进,构建私人公平偏好效用函数,从而给出私人在政府补偿下的投资决策模型。通过模型求最优解和概率分析,探讨私人公平偏好对其最优投资决策的影响,并借助数值分析给予检验。结果表明:当政府补偿使私人感知有利不公平时,私人将选择期望效用最大的最优投资,并随其感知程度的增加而增加;而当政府补偿使私人感知不利不公平时,私人最优投资及可能性将在有限公平偏好内随其感知程度的增加而减小。

第一节　邻避项目政府补偿的契约问题

　　邻避 PPP 项目较低的投资回报率大大降低了私营机构的投资意愿,而如何解决邻避 PPP 项目投资收益不足问题,政府补偿就非常重要。有学者认为政府需要通过事前补偿来吸引私人投资建设项目,如给予私人最小收益或特许收益保证等一些保障性措施(Jun,2010);而有学者则认为事前很难预知未来可能发生什么情况,事前补偿很可能过高或不足而导致项目社会福利或私人利益受损(高颖等,2014)。为此,吴孝灵等(2014;2016)将事前补偿与事后补偿相结合,引入一种单期补偿契约,并通过公私博弈分析讨论该补偿契约的激励性和有效性。该研究虽然弥补了事前补偿或事后补偿的不足,但还是局限于政府角度,只考虑了补偿的社会有效性而忽略了补偿的公平性,这不利于邻避 PPP 项目的可持续运作(Li et al,2015)。

政府补偿是否公平较大程度上取决于私人投资者对公平的感知,大量实验和实证都已表明个体决策确实存在公平偏好的有限理性行为特征(Kahneman,1986),如最后通牒博弈实验、信任博弈实验等都验证了人们具有"公平偏好"倾向(Nicholas,2012)。为刻画人们对不公平的厌恶,Bolton 和 Ockenfels(2000)以群体平均收益作为公平参照对象,建立了 BO 模型;而 Fehr 和 Schmidt(1999)则以其他人收益作为公平比较对象,建立了 FS 模型。BO 模型由于没有具体解析式而很少被使用,而 FS 模型则由于简洁和可操作性已被应用于供应链管理等行为运作领域。例如,Cui 等(2007)和 Ozgun 等(2010)分别假设市场需求为线性和非线性函数时,研究了零售商具有公平偏好的供应链协调问题,他们都将供应商的利润作为零售商公平参考点,这与 Debruyn 和 Bolton(2008)的研究是一致的,即认为处于劣势地位的决策者更倾向于关注自己收益和对方收益的比较。为了反映对方收益对己方公平效用的影响,Loch 和 Wu(2008)通过引入己方关注对方的参数,构建了更加简洁的公平效用模型,并应用丁供应链渠道合作研究。而 Ho 和 Zhang(2008)则通过实证研究表明,供应链中的这种公平偏好行为是确实存在的,但只进行了简单描述,尚未展开行为决策分析。近年来,国内学者也尝试将他人收益作为公平参照点对供应链协调等问题进行研究,如刘云志和樊治平(2016),通过考虑供应商公平偏好,探讨二级 VMI 供应链协调;张克勇等(2014)引入零售商的公平偏好行为,探讨了闭环供应链的差别定价策略;而刘威志等(2017)则考虑供应商和零售商的公平偏好对供应链定价决策的影响。现有这些研究主要还是以他方收益作为判断公平的参考点,只考虑了公平的外生性而忽略了公平的内生性,这使公平参考点的选择有待进一步思考(杜少甫等,2013)。

由此可见,尽管目前对公平偏好的研究方兴未艾,但现有的理论和方法还不能完全应用于邻避 PPP 项目补偿的公平性问题,主要表现在:① 虽然政府对邻避 PPP 项目补偿是否公平更多地依赖于私人投资者的公平偏好,但私人投资时并不会以政府收益或项目的社会效益作为公平比较对象,更关心的是与资本市场上其他投资机会相比较而应获得的收益或与市场投资平均收益的差距(吴孝灵等,2012),这使现有的公平效用模型还不能直接刻画私人投资者公平偏好。② 按照"多投资多收益、少投资少收益"的公平原则,私人投资时的公平参考点选取必然受其投资决策的影响,即私人公平参考点具有内生性,而基于外生参考点的公平行为建模使得参考点依赖成为无效假设(Munro & Sugden,2003)。

为此,本文针对邻避 PPP 项目政府补偿情形下私人投资决策存在公平偏好倾向,借鉴 BO 模型的思想,将私人投资要求的特许收益作为其公平参照点,通过对 FS 模型加以改进,构建私人公平效用函数,从而给出私人投资者在政府补偿下的决策模型,并通过模型求最优解讨论私人公平偏好对其最优投资决策及可能性的影响。

邻避 PPP 项目一般通过特许权协议的方式委托给私人企业投资、建设和运营,而协议通常很难覆盖未来所有不确定因素,当不确定性发生而使私人收益较低或受损时,政府给予适当补偿就非常必要。然而,政府补偿是事前很难确定的问题,很可能过高或不足而导致项目社会福利或私人利益受损。为此,有必要从不完全契约的角度对政府补偿进行两方面考虑。一方面,为了激励私人积极投资项目,考虑政府事前准予私人投资要求的特许收益;另一方面,由于项目的实际收益可能高于或低于特许收益,考虑政府事后通过观测到项目实际收益与特许收益的比较而给予私人一定程度补偿。于是,邻避 PPP 项目的政府补偿问题可用一个单期补偿契约表示为:

$$\widetilde{S} = S(\widetilde{\omega}) = S_0 + \widetilde{\omega} S_1 \tag{12-1}$$

其中,$\widetilde{\omega}$ 定义为 $\widetilde{\omega} = (R_0 - \widetilde{R})/R_0$,表示项目单期内的实际收益 $\widetilde{R}$ 与特许收益 R_0 的相对比较。当项目实际收益不超出政府特许收益时,即 $\widetilde{\omega} \geqslant 0$,$\widetilde{\omega}$ 表示私人实际运营收益需要政府补偿的份额或比例;而当项目实际收益大于政府特许收益时,即 $\widetilde{\omega} < 0$,$\widetilde{\omega}$,表示政府应从项目运营的超额收益中索取的部分补偿份额(如政府税收等)。参数 S_0 和 S_1 分别表示政府应给予私人的单期建设成本补偿和运营收益补偿(吴孝灵等,2014)。

政府准许的单期特许收益 R_0 还可根据私人对项目的实际投资 C 和要求的最低期望回报率为 i,以及特许权期 T 来确定,即可表示为:

$$R_0 = R_0(C) = \frac{iC}{T} \qquad (12-2)$$

式中,参数 T 与 i 可写入上述契约,但 C 由于是私人决策变量,只能通过预测来确定。

然而,私人投资者究竟是否会接受上述给出的契约? 一般认为私人主要关注补偿能否实现其预期收益。事实上,私人更会关注补偿对其是否公平,因为已有大量实验和实证表明处于弱势地位的决策者更倾向关注收益的公平性(Cui et al,2003),而私人投资者相对政府一般都处于弱势或从属地位。

因此,在政府补偿情形下,当私人投资存在公平偏好时,如何预测私人投资决策就成为上述契约设计的关键。以下将通过构建私人投资者的公平效用模型,探讨私人公平偏好对其投资决策及其可能性的影响,从而为政府补偿契约设计提供理论支持。

第二节　邻避项目投资决策模型

一、模型构建与相关假设

在政府补偿情形下,如果私人接受上述契约,则私人投资项目而将获得随机单期利润为:

$$\prod_p = \prod_p(\widetilde{S},C) - \widetilde{R} + \widetilde{S} - \frac{C}{T} \qquad (12-3)$$

其中,前两项表示私人获得项目实际运营收益和政府补偿收益;第三项表示私人投资分摊到单位时期的沉没成本。

为刻画私人对政府补偿的公平偏好,基于式(12-3),借鉴 Bolton 和 Ockenfels(2000)的思想,以私人投资要求的特许收益作为其公平参考点,并遵从 Fehr 和 Schmidt(1999)的研究假设,引入私人投资的公平效用函数如下:

$$U\left(\prod_p\right) = \begin{cases} \prod_p - \alpha(R_0 - \prod_p) & \prod_p < R_0 \\ \prod_p - \beta\left(\prod_p - R_0\right) & \prod_p \geqslant R_0 \end{cases} (\alpha > \beta, 0 < \beta < 1)$$

$$(12-4)$$

其中，α 表示私人对其所获利润 $\prod_p$ 低于参照点 R_0 的愤怒程度，称为私人愤怒系数；β 表示私人对其所获利润 $\prod_p$ 超出参照点 R_0 的愧疚程度，称为私人愧疚系数(Cui et al,2007)。

式(12-4)表明，私人投资的公平效用取决于其实际利润 $\prod_p$ 与公平参照点 R_0 的比较。当政府补偿使私人投资者实际利润小于其要求的特许收益(即 $\prod_p < R_0$)时，私人会感到政府补偿对其是一种不利的不公平，从而产生愤怒感，愤怒系数 α 正反映私人因愤怒而产生负效用的程度，其值越大，说明私人愤怒感越强烈。然而，当政府补偿使私人实际利润大于其要求的特许收益(即 $\prod_p > R_0$)时，私人会感到政府补偿是一种有利的不公平，从而产生愧疚感，愧疚系数 β 正反映私人因愧疚而产生负效用的程度，其值越大，说明私人愧疚感越强烈。而且，$\alpha > \beta$ 说明私人对不利不公平的愤怒感相对有利不公平的内疚感更为敏感。

将式(12-3)代入式(12-4)，可将私人投资者在政府补偿下投资邻避PPP项目的单期期望公平效用表示为：

$$E\left[U\left(\prod_p(\widetilde{S},C)\right)\right]=\int_{-\infty}^{+\infty}\pi f(\pi)\mathrm{d}\pi-\alpha\int_{-\infty}^{R_0}\left[R_0-\pi\right]f(\pi)\mathrm{d}\pi-$$
$$\beta\int_{R_0}^{+\infty}\left[\pi-R_0\right]f(\pi)\mathrm{d}\pi \qquad (12-5)$$

式中，$f(\pi)$ ——随机变量 $\prod_p(=\pi)$ 的密度函数。

式(12-5)表明，私人在政府补偿下的期望公平效用包括三部分：第一部分是私人投资的期望利润；第二部分是私人在不利不公平补偿下的期望利润的损失；第三部分是私人在有利不公平补偿下的期望利润损失。

对于式(12-5)，还可根据确定性等价(Certainty Equivalent,CE)来计算私人的等价期望投资收益，即计算公式为：

$$E\left[U\left(\prod_p(\widetilde{S},C)\right)\right]=U\left[CE\left(\prod_p\right)\right] \qquad (12-6)$$

根据式(12-6)可知，当 $CE\left(\prod_p\right)$ 大于零时，投资者将认为项目可行，愿意对项目进行投资；而当 $CE\left(\prod_p\right)$ 小于零时，投资者将认为项目没有盈利，不会投资该项目。而且，在项目可行条件下，$CE\left(\prod_p\right)$ 的值越大，私人对项目的投资意愿就越大。于是，对政府补偿存在公平偏好的私人投资决策可用模型表示为：

$$\max_{C} CE\left(\prod_{p}\right) \qquad (12-7)$$

$$\text{s.t. } CE\left(\prod_{p}\right) \geqslant 0 \qquad (12-8)$$

式(12-7)表示私人对项目进行适当投资，以最大化其等价收益；式(12-8)表示私人投资的参与约束。本文将式(12-7)和式(12-8)合称为基于私人公平偏好的邻避 PPP 项目投资决策模型。

为对上述模型进行解析性分析，需做假设如下：

假设 1 项目单期收益 $\tilde{R}$ 服从正态分布 $N(\bar{r}, \sigma_r^2)$，即随机变量 $\tilde{R}$ 的累积分布函数为：

$$F(r) = \frac{1}{\sqrt{2\pi}\sigma_r} \int_{-\infty}^{r} e^{\frac{-(x-\bar{r})^2}{2\sigma_r^2}} \, \mathrm{d}x \qquad (12-9)$$

假设 2 政府给予的单期建设成本补偿小于项目投资的单期沉没成本，而单期运营收益补偿小于准予的特许收益，即 S_0 和 S_1 满足：

$$0 < S_0 < \frac{C}{T}, 0 < S_1 < R_0 \qquad (12-10)$$

之所以给出假设 1 和假设 2，主要原因如下：

（1）邻避 PPP 项目的实际收益一般具有较高不确定性，如果设 $\tilde{R} \sim N(\bar{r}, \sigma_r^2)$，则 $\bar{r}$ 和 σ_r 分别表示项目的单期期望收益和风险，从而根据吴孝灵（2012）等研究，可将 R_0 进一步表示为：

$$R_0 = R_0(C) = \frac{r_f C}{T} + \eta \sigma_r \qquad (12-11)$$

式中，r_f——无风险利率，通常取国债利率；

η——风险补偿系数，指项目运营的单位时间内的风险溢价。

式(12-11)表明，私人投资收益包括无风险收益和风险收益，无风险收益与私人投资多少正相关，而风险收益与私人承担风险大小正相关。这意味着，政府准予的特许收益体现了"多投资多收益、少投资少收益"和"风险收益对等"的公平原则。

（2）私人投资的实际单期利润由式(12-3)可进一步表示为：

$$\prod_p = \left(1 - \frac{S_1}{R_0}\right)\tilde{R} + S_0 + S_1 - \frac{C}{T} \qquad (12-12)$$

式(12-12)表明,如果 $S_1 = R_0$,则私人事后利润无风险。考虑到政府补偿不是要降低或消除私人投资风险,而是要激励私人与其共担风险,所以设 S_0 和 S_1 满足式(12-10),以使私人事后无风险利润小于其要求的特许收益,即 $S_0 + S_1 - (C/T) < R_0$。否则,私人投资者将不分担风险。

二、模型求解与概率分析

对于上述私人投资决策模型,可遵循项目投资的概率分析法,先求得式(12-7)的无约束最优解 C^*,然后将 C^* 代入式(12-8)讨论私人最优投资的可能性。为此,定义式(12-8)的累计概率为:

$$P\left\{U\left[\prod_p(C^*)\right] > 0\right\} \qquad (12-13)$$

式(12-13)表明,私人投资的实际效用大于零的概率越大,私人对项目选择最优投资的可能性就越大。

为研究私人公平偏好对其最优投资决策的影响,以下分 $\prod_p \leqslant R_0$ 和 $\prod_p > R_0$ 两种情形进行模型求解和概率分析。

情形 1 $\quad \prod_p \leqslant R_0$

如果政府补偿使私人投资的实际利润不大于其要求的特许收益,即 $\prod_p \leqslant R_0$,则私人投资者将会感知政府补偿对其是一种不利不公平,其确定性等价收益为:

$$CE\left(\prod_p\right) = \int_{-\infty}^{R_0} \pi f(\pi)\,\mathrm{d}\pi - \alpha \int_{-\infty}^{R_0}(R_0 - \pi)f(\pi)\,\mathrm{d}\pi$$

$$= (1+\alpha)E\left[\prod_p(\tilde{S}, C)\right] - \alpha R_0 \qquad (12-14)$$

根据式(12-14),有命题1、命题2和命题3及其结论如下。

命题 1 如果 $\prod_p \leqslant R_0$,则式(12-14)是关于 C 的凹函数,存在唯一的 C_a^* 为:

$$C_a^* = \left[\left(\frac{(1+\alpha)\bar{r}S_1}{(1+\alpha)r_f + \alpha r_f^2}\right)^{\frac{1}{2}} - \frac{\eta\sigma_r}{r_f}\right]T \qquad (12-15)$$

使 $\max\limits_{C_{\alpha}^{*}} CE\left(\prod_{p}\right)$，且 C_{α}^{*}，$R_{0}(C_{\alpha}^{*})$，$E\left[\prod_{p}(\widetilde{S},C_{\alpha}^{*})\right]$ 和 $E\left[U\left(\prod_{p}(\widetilde{S},\right.\right.$

$\left.\left.C_{\alpha}^{*})\right)\right]$ 关于 α 系数的变化如表 12-1 所示。

表 12-1　在 $\prod_{p} \leqslant R_{0}$ 情形下公平系数 α 对私人最
优投资以及期望利润和期望效用的影响

$\mathrm{d}C_{\alpha}^{*}/\mathrm{d}\alpha$	$\mathrm{d}R_{0}(C_{\alpha}^{*})/\mathrm{d}\alpha$	$\mathrm{d}E\left[\prod_{p}(\widetilde{S},C_{\alpha}^{*})\right]/\mathrm{d}\alpha$	$\mathrm{d}E\left[U\left(\prod_{p}(\widetilde{S},C_{\alpha}^{*})\right)\right]/\mathrm{d}\alpha$
$-$	$-$	$-$	$+$

证明：首先，考虑式(12-14)关于变量 C 的一阶与二阶偏导数为：

$$\frac{\partial CE\left(\prod_{p}\right)}{\partial C} = \frac{1}{T}\left\{\frac{(1+\alpha)\bar{r}r_{f}S_{1}T^{2}}{(r_{f}C+\eta\sigma_{r}T)^{2}} - \alpha(1+r_{f}) - 1\right\} \qquad (12-16)$$

$$\frac{\partial^{2}CE\left(\prod_{p}\right)}{\partial C^{2}} = -\frac{2(1+\alpha)\bar{r}r_{f}^{2}S_{1}T}{(r_{f}C+\eta\sigma_{r}T)^{3}} < 0 \qquad (12-17)$$

由式(12-17)可知，式(12-14)是关于变量 C 的严格凹函数，它必存在唯一的最优解 C_{α}^{*}，使 $\max\limits_{C_{\alpha}^{*}} CE\left(\prod_{p}\right)$。于是，令式(12-16)等于零，即可求得 C_{α}^{*} 如式(12-15)所示，从而有 $\mathrm{d}C_{\alpha}^{*}/\mathrm{d}\alpha < 0$。同时，将式(12-15)代入式(12-11)求 $R_{0}(C_{\alpha}^{*})$ 关于 α 的导数，可得 $\mathrm{d}R_{0}(C_{\alpha}^{*})/\mathrm{d}\alpha < 0$。

其次，将式(12-15)代入式(12-3)，求 $E\left[\prod_{p}(\widetilde{S},C_{\alpha}^{*})\right]$ 关于 α 的导数为：

$$\begin{aligned}\frac{\mathrm{d}E\left[\prod_{p}(\widetilde{S},C_{\alpha}^{*})\right]}{\mathrm{d}\alpha} &= \left[-\frac{1}{T} + \frac{\bar{r}r_{f}S_{1}T}{(r_{f}C^{*}+\eta\sigma_{r}T)^{2}}\right]\frac{\mathrm{d}C_{\alpha}^{*}}{\mathrm{d}\alpha}\\ &= \frac{\alpha r_{f}}{(1+\alpha)T} \cdot \frac{\mathrm{d}C_{\alpha}^{*}}{\mathrm{d}\alpha}\end{aligned} \qquad (12-18)$$

由 $\mathrm{d}C_{\alpha}^{*}/\mathrm{d}\alpha < 0$ 可知，式(12-18)必小于零。

最后，再将式(12-15)代入式(12-14)，并根据包络定理，求关于 α 的导数为：

$$\frac{\mathrm{d}E\left[U\left(\prod_{p}(\widetilde{S},C_{\alpha}^{*})\right)\right]}{\mathrm{d}\alpha} = E\left[\prod_{p}(C_{\alpha}^{*})\right] - R_{0}(C_{\alpha}^{*}) > 0 \qquad (12-19)$$

证毕。

命题 2 如果设私人选择最优投资 C_α^* 的概率为 P_α^*，则：

$$P_\alpha^* = \frac{1}{\sqrt{2\pi}\sigma_r} \int_{\underline{R}_\alpha^*}^{\bar{R}_\alpha^*} e^{\frac{-(x-\bar{r})^2}{2\sigma_r^2}} \, \mathrm{d}x \qquad (12-20)$$

其中，$\bar{R}_\alpha^*$ 和 $\underline{R}_\alpha^*$ 分别定义为：

$$\bar{R}_\alpha^* = \frac{[R_0(C_\alpha^*)]^2 - \left(S_0 + S_1 - \dfrac{C_\alpha^*}{T}\right) R_0(C_\alpha^*)}{R_0(C_\alpha^*) - S_1} \qquad (12-21)$$

$$\underline{R}_\alpha^* = \frac{\dfrac{\alpha}{1+\alpha}[R_0(C_\alpha^*)]^2 - \left(S_0 + S_1 - \dfrac{C_\alpha^*}{T}\right) R_0(C_\alpha^*)}{R_0(C_\alpha^*) - S_1} \qquad (12-22)$$

证明：当 $\prod_p \leqslant R_0(C_\alpha^*)$ 时，$U\left[\prod_p(C_\alpha^*)\right] > 0$ 等价于：

$$\frac{\alpha}{1+\alpha} R_0(C_\alpha^*) < \prod_p \leqslant R_0(C_\alpha^*) \qquad (12-23)$$

进一步，结合式(12-21)和式(12-22)，式(12-23)还可表示为：

$$\underline{R}_\alpha^* < \widetilde{R} \leqslant \bar{R}_\alpha^* \qquad (12-24)$$

于是，根据式(12-13)，并结合假设 1，可将私人投资者选择 C_α^* 的概率表示为：

$$P_\alpha^* = F(\bar{R}_\alpha^*) - F(\underline{R}_\alpha^*) = \frac{1}{\sqrt{2\pi}\sigma_r} \int_{\underline{R}_\alpha^*}^{\bar{R}_\alpha^*} e^{\frac{-(x-\bar{r})^2}{2\sigma_r^2}} \, \mathrm{d}x \qquad (12-25)$$

证毕。

命题 3 如果契约参数 S_1 满足 $2S_1 < R_0(C_\infty^*)$，且系数 α 满足 $2\bar{r} > \bar{R}_\alpha^* + \underline{R}_\alpha^*$，则 $\mathrm{d}P_\alpha^*/\mathrm{d}\alpha < 0$，其中 C_∞^* 表示 C_α^* 在 $\alpha \to +\infty$ 时的极限值。

证明：对式(12-20)，求关于 α 的导数为：

$$\frac{\mathrm{d}P_\alpha^*}{\mathrm{d}\alpha} = \frac{1}{\sqrt{2\pi}\sigma_r} \left[e^{\frac{-(\bar{R}_\alpha^* - \bar{r})^2}{2\sigma_r^2}} \cdot \frac{\mathrm{d}\bar{R}_\alpha^*}{\mathrm{d}\alpha} - e^{\frac{-(\underline{R}_\alpha^* - \bar{r})}{2\sigma_r^2}} \frac{\mathrm{d}\underline{R}_\alpha^*}{\mathrm{d}\alpha} \right] \qquad (12-26)$$

其中，$\mathrm{d}\bar{R}_\alpha^*/\mathrm{d}\alpha$ 和 $\mathrm{d}\underline{R}_\alpha^*/\mathrm{d}\alpha$ 可分别由式(12-21)和式(12-22)计算为：

$$\frac{\mathrm{d}\overline{R}_a^*}{\mathrm{d}\alpha} =$$

$$\frac{\frac{r_f}{T}\left\{[R_0(C_a^*)]^2\left(1+\frac{1}{r_f}\right)-S_1R_0(C_a^*)\left(2+\frac{1}{r_f}\right)+S_1\left[S_0+S_1-\frac{C_a^*}{T}\right]\right\}}{[R_0(C_a^*)-S_1]^2}$$

$$\times\frac{\mathrm{d}C_a^*}{\mathrm{d}\alpha} \qquad (12-27)$$

$$\frac{\mathrm{d}\underline{R}_a^*}{\mathrm{d}\alpha} = \frac{\mathrm{d}\overline{R}_a^*}{\mathrm{d}\alpha} +$$

$$\frac{[R_0(C_a^*)-S_1][R_0(C_a^*)]^2-(1+\alpha)[R_0(C_a^*)-2S_1]R_0(C_a^*)\times\frac{r_f}{T}\times\frac{\mathrm{d}C_a^*}{\mathrm{d}\alpha}}{\{(1+\alpha)[R_0(C_a^*)-S_1]\}^2}$$

$$(12-28)$$

将式(12-27)和式(12-28)分别代入式(12-26),并化简得:

$$\frac{\mathrm{d}P_a^*}{\mathrm{d}\alpha} = \frac{1}{\sqrt{2\pi}\sigma_r}\left\{(e^{\frac{-(\overline{R}_a^*-\overline{r})^2}{2\sigma_r^2}}-e^{\frac{-(\underline{R}_a^*-\overline{r})^2}{2\sigma_r^2}})\times\frac{\mathrm{d}\overline{R}_a^*}{\mathrm{d}\alpha}+e^{\frac{-(\underline{R}_a^*-\overline{r})^2}{2\sigma_r^2}}\times M\right\} \quad (12-29)$$

其中,M 定义为:

$$M = \frac{-(R_0(C_a^*)-S_1)[R_0(C_a^*)]^2+(1+\alpha)(R_0(C_a^*)-2S_1)R_0(C_a^*)\times\frac{r_f}{T}\times\frac{\mathrm{d}C_a^*}{\mathrm{d}\alpha}}{[(1+\alpha)(R_0(C_a^*)-S_1)]^2}$$

$$(12-30)$$

当 $2S_1 < R_0(C_\infty^*)$ 时,结合命题 1 中 $\mathrm{d}C_a^*/\mathrm{d}\alpha < 0$,有 $R_0(C_\infty^*) < R_0(C_a^*)$,故 $M < 0$,且有:

$$R_0(C_a^*)\left(1+\frac{1}{r_f}\right)-S_1\left(2+\frac{1}{r_f}\right) > 2S_1\left(1+\frac{1}{r_f}\right)-S_1\left(2+\frac{1}{r_f}\right)=\frac{S_1}{r_f} > 0$$

$$(12-31)$$

由此,根据式(12-27),并在假设 2 下,可推得 $\mathrm{d}\overline{R}_a^*/\mathrm{d}\alpha < 0$。 同时,由 $2\overline{r} > \overline{R}_a^* + \underline{R}_a^*$ 可推得 $e^{-(\overline{R}_a^*-\overline{r})^2/2\sigma_r^2} > e^{-(\underline{R}_a^*-\overline{r})^2/2\sigma_r^2}$,所以此时 $\mathrm{d}P_a^*/\mathrm{d}\alpha < 0$。
证毕。

命题 1 表明,如果私人感知政府补偿对其是一种不利的不公平,则随着私人感知程度的增加,私人对项目的最优投资将减小,同时私人投资的期望利润也随之减小。因为此时私人已产生愤怒感,宁愿降低自己的期望利润,也要通过减少投资来降低政府准予的项目特许收益,以尽可能实现对其公平,并最终改善其预期效用。而命题 2 和命题 3 则表明,在政府给予私人投资者的运营补偿较小情形下,私人选择最优投资的可能性将在有限公平偏好内随其不公平厌恶增加而降低。这也就是说,当私人投资者的公平偏好较大时,即使存在最优投资,也会因政府补偿对其不利而最终拒绝投资。

情形 2 $\prod_p > R_0$

如果政府补偿使私人投资的实际利润大于其要求的特许收益,即 $\prod_p > R_0$,则私人投资者将会感知政府补偿对其是一种有利不公平,其确定性等价收益为:

$$CE\left(\prod_p\right) = \int_{R_0}^{+\infty} \pi f(\pi)\mathrm{d}\pi - \beta \int_{R_0}^{+\infty} (\pi - R_0)f(\pi)\mathrm{d}\pi$$
$$= (1-\beta)E\left[\prod_p(\widetilde{S}, C)\right] + \beta R_0 \qquad (12-32)$$

根据式(12-32),有如下命题 4 和命题 5。

命题 4 如果 $\prod_p > R_0$,则当 $\beta < 1/(1+r_f)$ 时,存在唯一的 C_β^* 为:

$$C_\beta^* = \left[\left(\frac{(1-\beta)\bar{r}S_1}{(1-\beta)r_f - \beta r_f^2}\right)^{\frac{1}{2}} - \frac{\eta\sigma_r}{r_f}\right]T \qquad (12-33)$$

使式(12-32)达到最优,即 $\max\limits_{C_\beta^*}CE\left(\prod_p\right)$,且 C_β^*,$R_0(C_\beta^*)$,$E\left[\prod_p(\widetilde{S}, C_\beta^*)\right]$ 和 $E\left[U\left(\prod_p(\widetilde{S}, C_\beta^*)\right)\right]$ 关于 β 系数的变化如表 12-2 所示。

表 12-2　在 $\prod_p \leqslant R_0$ 情形下公平系数 β 对私人最优投资以及期望利润和期望效用的影响

$\mathrm{d}C_\beta^*/\mathrm{d}\beta$	$\mathrm{d}R_0(C_\beta^*)/\mathrm{d}\beta$	$\mathrm{d}E\left[\prod_p(\widetilde{S}, C_\beta^*)\right]/\mathrm{d}\beta$	$\mathrm{d}E\left[U\left(\prod_p(\widetilde{S}, C_\beta^*)\right)\right]/\mathrm{d}\beta$
+	+	−	−

证明:考虑式(12-32)关于变量 C 的一阶与二阶偏导数为:

$$\frac{\partial CE\left(\prod_p\right)}{\partial C} = \frac{1}{T}\left\{\frac{(1-\beta)\bar{r}r_f S_1 T^2}{(r_f C + \eta\sigma_r T)^2} + \beta(1+r_f) - 1\right\} \qquad (12-34)$$

$$\frac{\partial^2 CE\left(\prod_p\right)}{\partial C^2} = -\frac{2(1-\beta)\bar{r}r f_f^2 S_1 T}{(r_f C + \eta\sigma_r T)^3} < 0 \qquad (12-35)$$

由式(12-34)可分两种情况讨论如下：

（1）若 $\beta \geqslant 1/(1+r_f)$，则式(12-34)大于零，即式(12-32)是关于 C 的严格增函数，所以式(12-32)的最优解为 $C^* \to +\infty$，没有意义。

（2）若 $\beta < 1/(1+r_f)$，则由式(12-34)和式(12-35)可知，式(12-32)关于 C 是先增加后减小，所以式式(12-32)必存在唯一最优解 C_β^*，并可由式(12-34)等于零解得如式(12-33)所示。

于是，根据式(12-33)，通过求关于 β 的导数可知，$\mathrm{d}C^*/\mathrm{d}\beta > 0$。同时，将式(12-33)代入式(12-11)可得 $\mathrm{d}R_0(C_\beta^*)/\mathrm{d}\beta > 0$。再将式(12-33)分别代入 $E\left[\prod_p(\widetilde{S}, C_\beta^*)\right]$ 和 $E\left[U\left(\prod_p(\widetilde{S}, C_\beta^*)\right)\right]$，求关于 β 的导数分别为：

$$\begin{aligned}\frac{\mathrm{d}E\left[\prod_p(\widetilde{S}, C_\beta^*)\right]}{\mathrm{d}\beta} &= \left[-\frac{1}{T} + \frac{\bar{r}r_f S_1 T}{(r_f C^* + \eta\sigma_r T)^2}\right]\frac{\mathrm{d}C_\beta^*}{\mathrm{d}\beta}\\ &= \frac{-\beta r_f}{(1-\beta)T} \cdot \frac{\mathrm{d}C_\beta^*}{\mathrm{d}\beta}\end{aligned} \qquad (12-36)$$

$$\frac{\mathrm{d}E\left[U\left(\prod_p(\widetilde{S}, C_\beta^*)\right)\right]}{\mathrm{d}\beta} = R_0(C_\beta^*) - E\left[\prod_p(C_\beta^*)\right] < 0 \qquad (12-37)$$

由 $\mathrm{d}C^*/\mathrm{d}\beta > 0$ 和 $0 < \beta < 1$ 可知，式(12-36)必小于零，而式(12-37)必大于零。

证毕。

命题 5 在 $\beta < 1/(1+r_f)$ 情形下，设私人投资者选择最优投资 C_β^* 的概率为 P_β^*，则 $P_\beta^* = 1$。

证明：当 $\prod_p > R_0(C_\beta^*)$ 时，有下式恒成立：

$$\begin{aligned}U\left[\prod_p(C_\beta^*)\right] &= (1-\beta)\prod_p(C_\beta^*) + \beta R_0(C_\beta^*) > (1-\beta)R_0(C_\beta^*) + \beta R_0(C_\beta^*)\\ &= R_0(C_\beta^*) > 0\end{aligned} \qquad (12-38)$$

所以，$P_\beta^* = P\left\{U\left[\prod_p(C_\beta^*)\right] > 0\right\} = 1$。

证毕。

命题 4 和 5 表明,如果政府补偿使私人感知是一种有利的不公平,则私人投资者必然会选择使其预期效用最大的最优投资,而且最优投资会随着私人感知程度的增加而增加,但私人最优期望利润却会随之减小。因为此时政府补偿使私人投资获得高于社会平均收益,从而使不公平厌恶的私人投资者产生愧疚感,私人这种愧疚感俞强烈,其公平效用就俞低,而政府补偿就俞会激励私人增加初始投资、减少期望利润,最终以提高项目的特许收益。

由此可见,无论政府补偿对私人投资者是有利的还是不利的,私人都会因不公平厌恶而使其投资的期望利润随着不公平厌恶程度的增加而减少,这将使私人投资者可能会拒绝投资邻避 PPP 项目,或者即使对项目做出最优投资,也更容易会表现出道德风险,即私人会随着不公平厌恶程度的增加而减少对项目的投资。

第三节　数值分析

为较直观地显示私人公平偏好对其最优投资决策及其可能性的影响,以下通过对私人公平偏好赋予不同的数值进行数值模拟和分析,其余参数取值如表 12-3 所示。

表 12-3　数值分析的相关参数取值

$\bar{r}$	σ_r	T	r_f	η	S_0	S_1
0.9E	10^5	30	0.03	0.12	0.01E	0.002E

首先,在政府补偿使私人感知不利情形下,根据式(12-14),可探讨私人投资的确定性等价收益与其对项目投资额的变化关系,结果如图 12-1 所示。同时,根据式(12-15),还可探讨私人感知补偿对其不利时,私人公平偏好对其最优投资决策,最优投资的期望利润或期望效用,以及项目特许收益的影响,结果如图 12-2 至图 12-4 所示。

图 12-1 表明,在私人感知补偿对其不利时,私人投资的确定性等价收益随着其投资额的增加呈现先增加后减小的变化趋势,即私人投资存在最优决策,可使其确定性等价收益达到最大。而且,图 12-2 表明,私人对项目的最优投资将随其公平偏好的增加而减小,并在政府运营补偿较小情形更为明显。

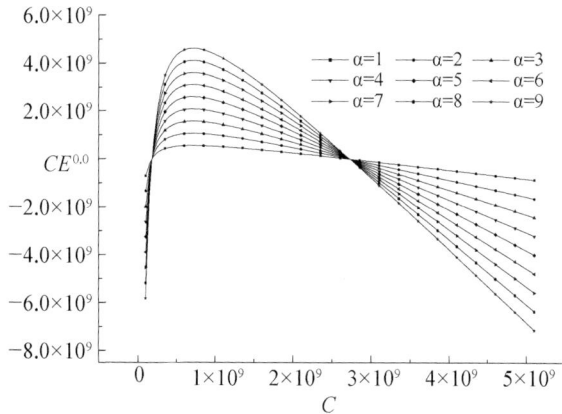

图 12-1 私人感知不利不公平时的投资对其确定等价收益的影响

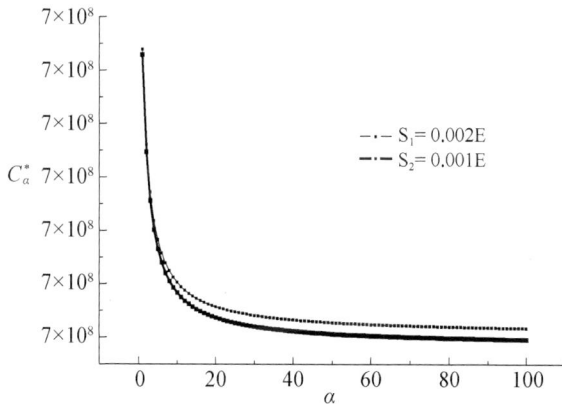

图 12-2 私人感知不利不公平时的愤怒程度对其最优投资决策的影响

然而,图 12-3 和图 12-4 则表明,尽管私人投资的最优期望利润随其公平偏好的增加而减小,但最优期望效用却随其公平偏好的增加而增加,这主要是因为政府准予私人投资要求的特许收益随私人公平偏好的增加而减小,致使私人投资者尽可能感到政府补偿是对其公平的。

其次,在政府补偿使私人感知有利情形下,根据式(12-32),可给出私人投资的确定性等价收益与其对项目投资额的变化关系如图 12-5 所示。同时,根据式(12-33),还可给出私人感知补偿有利时的公平偏好对其最优投资决策,最优投资的期望利润或期望效用,以及项目特许收益的影响关系,如图 12-6 至图 12-8 所示。

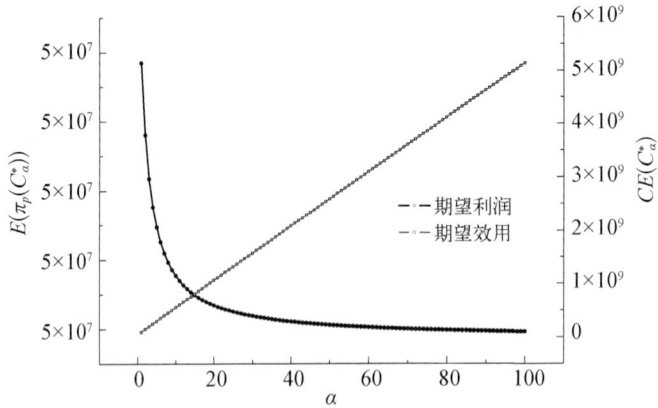

图 12 - 3　私人感知不利不公平时的愤怒程度对其最优投资利润或效用的影响

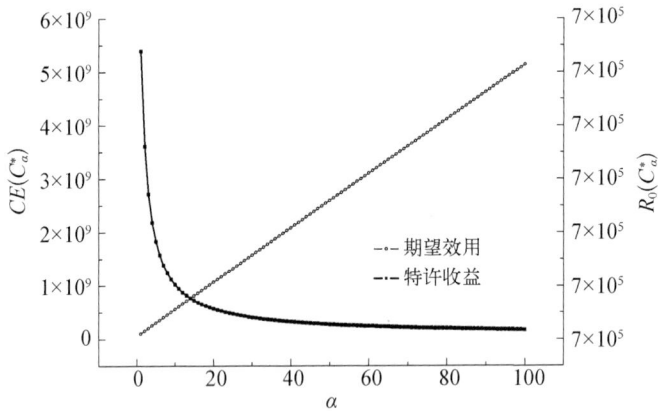

图 12 - 4　私人感知不利不公平时的愤怒程度对项目最优特许收益的影响

图 12 - 5 表明,在私人感知政府补偿对其是一种有利不公平时,私人投资的确定性等价收益也将随其投资额的增加呈现先增加后减小的变化趋势,即私人投资同样存在最优决策,可使其确定性等价收益达到最大。而且,图 12 - 6 表明,当私人感知补偿有利时,私人对项目的最优投资将随其公平偏好的增加而增加,并在政府运营补偿较大情形下增加速度较快。

然而,图 12 - 7 和图 12 - 8 则表明,在政府补偿较大情形下,随着私人公平偏好的增加,私人对项目的最优投资不断增加,致使其最优期望利润不断减小,同时私人的最优期望效用也呈减小趋势,这主要是因为政府准予私人投资要求的特许收益随私人公平偏好的增加而增加,致使私人投资者感到政府补偿是对其不利的不公平。

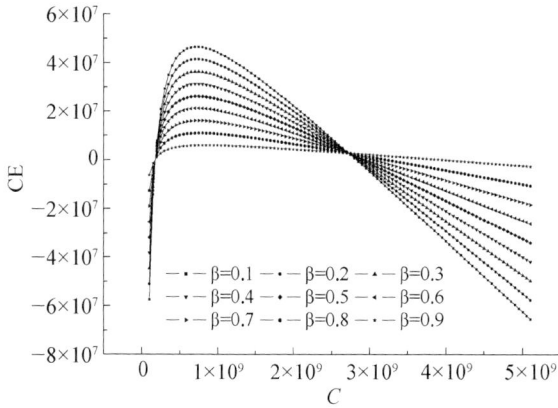

图 12-5　私人感知有利不公平时的投资对其确定等价收益的影响

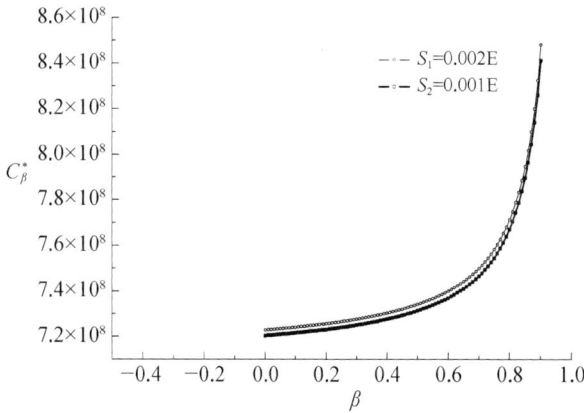

图 12-6　私人感知有利不公平时的愧疚程度对其最优投资决策的影响

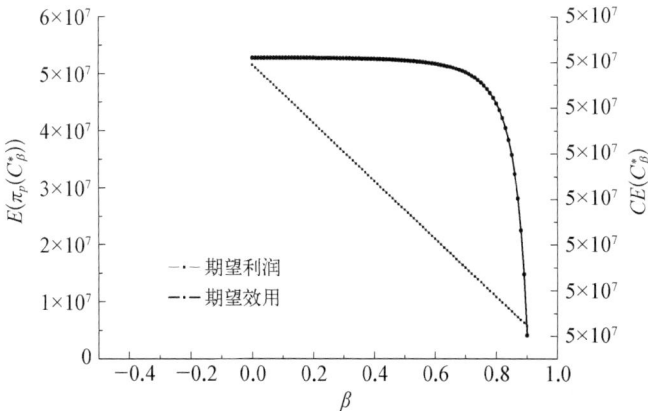

图 12-7　私人感知有利不公平时的愧疚程度对其最优投资利润或效用的影响

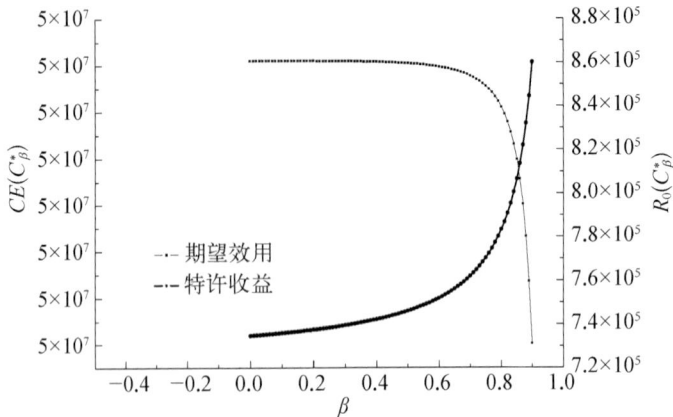

图 12 - 8 私人感知有利不公平时的愧疚程度对项目特许收益的影响

由此可见,政府补偿要尽可能通过预测私人对项目实际投资情况来确定项目的特许收益,并尽可能使特许收益与私人投资的期望利润一致,以使私人感到政府补偿是对其公平的。

第四节 本章小结

政府补偿是解决邻避 PPP 项目投资收益不足的重要途径,但事前补偿很可能由于补偿过高或不足而导致项目社会福利或私人利益受损,而只有事后补偿又往往会降低私人事前投资的积极性而导致补偿无效性。为此,从政府决策的角度,引入邻避 PPP 项目补偿的契约问题,并基于私人对补偿的公平偏好,借鉴 BO 模型的思想,将私人投资要求的特许收益作为其公平参照点,同时通过对 FS 模型加以改进,构建私人投资的公平效用函数,进而给出私人投资决策模型。通过对模型求解和概率分析,以及相应的数值仿真,本文获得主要结论如下:

(1) 如果政府对邻避 PPP 项目的补偿使私人投资者感知到是一种不利的不公平,则随着私人感知程度的增加,私人宁愿降低自己的期望利润,也要通过减少对项目的投资来尽可能实现对其公平,以最终改善其预期效用。特别地,当私人感知政府补偿较小并对其不利时,私人选择对项目最优投资的可能性将在有限公平偏好内随其不公平厌恶的增加而降低。

(2) 如果政府对邻避 PPP 项目的补偿使私人投资者感知到是一种有利的

不公平,则私人投资者必将选择使其预期效用最大的最优投资,而且最优投资将随着私人感知程度的增加而增加,但私人最优投资的期望利润却会随之减小。

（3）无论政府补偿对私人投资者是有利的还是不利的不公平,私人投资者都会因不公平厌恶而使其最优投资的期望利润随其不公平厌恶程度的增加而减少,这将不可避免使私人投资者会拒绝对邻避 PPP 项目做最优投资或存在道德风险。

以上所获结果在客观上要求政府有必要考虑私人投资者对补偿的公平偏好,并随私人公平感知程度的增加,尽可能使私人投资的期望利润与私人投资要求的特许收益保持一致,以激励私人投资者对邻避 PPP 项目做最优投资。本文结果不仅有助于政府对邻避 PPP 项目补偿契约的合理设计,也为邻避 PPP 项目的顺利实施提供理论参考和实践价值。

本章参考文献

［1］张云迪,王满.PPP 模式助力供给侧结构性改革[J].财政监督,2016 (15):18-21.

［2］Dean P, Cui Q B, Mehmet E B. Public-private partnerships in U. S. transportation:research overview and a path forward.

［3］Journal of Management in Engineering, 2011, 27(3):126-135.

［4］Peng Y C, Zhou J, Wu X L. Cost allocation in PPP projects:an analysis based on the theory of "contracts as reference"[J]. Discrete Dynamics in Nature and Society,2014, 5(20):1-6.

［5］史耀斌.推广 PPP 模式是供给侧改革的重要内容[J].中国经济周刊,2015(50): 34-37.

［6］Jun J. Appraisal of combined agreements in BOT project finance: Focused on minimum revenue guarantee and revenue cap agreements[J]. International Journal of Strategic Property Management, 2010,14(2):139-155.

［7］高颖,张水波,冯卓.不完全合约下 PPP 项目的运营期延长决策机制[J].管理科学学报,2014,17(2):48-57.

［8］吴孝灵,周晶,王冀宁,等.依赖特许收益的 PPP 项目补偿契约激励性与有效性[J].中国工程科学(中国工程院院刊),2014,16(10):77-83.

［9］吴孝灵,刘小峰,周晶,等.基于私人过度自信的 PPP 项目最优补偿契约设计与选择[J].中国管理科学,2016,24(11):29-39.

［10］Li B, Akintoye A, Edwards P J, et al. Critical success factors for PPP/PFI projects in the UK construction industry[J]. Construction Management and Economics,

2005, 23(5):459 - 471.

[11] Kahneman D, Knetsch J L, Thaler R. Fairness, competition on profit seeking: entitlements in the market[J]. American Economics Review, 1986, 76(4):728 - 741.

[12] Nicholas A. Fairness as a constraint on reciprocity: playing simultaneously as dictator and trustee[J]. Journal of Socio-Economics, 2012, 41(2):211 - 221.

[13] Bolton G E, Ockenfels A. ERC:a theory of equity, reciprocity, and competition [J]. American Economic Review, 2000, 90(1):166 - 193.

[14] Fehr E, Schmidt K. A theory of fairness, competition and cooperation[J]. Quarterly Journal of Economics, 1999, 114(3):817 - 868.

[15] Cui T H, Raju J S, Zhang Z J. Fairness and channel coordination [J]. Management Science, 2007, 53(8):1303 - 1314.

[16] Ozgun C D, Chen Y H, Li J B. Channel coordination under fairness concerns and nonlinear demand [J]. European Journal of Operational Research, 2010, 207 (3): 1321 - 1326.

[17] Debruyn A, Bolton G E. Estimating the influence of fairness on bargaining behavior[J]. Management Science, 2008, 54(10):1774 - 1791.

[18] Loch C H, Wu Y Z. Social preferences and supply chain performance: an experimental study[J]. Management Science, 2008, 54(11):1835 - 1849.

[19] Ho T H, Zhang J J. Designing pricing contracts for bounded rational customers: does the framing of the fixed fee matter? [J]. Management Science, 2008, 54 (4): 686 - 700.

[20] 刘云志,樊治平.模糊需求下考虑供应商公平偏好的 VMI 供应链协调[J].系统工程理论与实践,2016,36(7):1661 - 1675.

[21] 张克勇,吴燕,侯世旺.具公平关切零售商的闭环供应链差别定价策略研究[J].中国管理科学,2014,22(3):51 - 58.

[22] 刘威志,李娟,张迪,等.公平感对供应链成员定价决策影响的研究[J].管理科学学报,2017,20(7):115 - 126.

[23] 杜少甫,朱贾昂,高冬,等.Nash 讨价还价公平参考下的供应链优化决策[J].管理科学学报,2013,16(3):68 - 72.

[24] 吴孝灵,周晶,王冀宁,等.基于 CAPM 的 BOT 项目"有限追索权"融资决策模型[J].管理工程学报,2012,26(2):175 - 183.

[25] Munro A, Sugden R. On the theory of reference-dependent preferences[J]. Journal of Economic Behavior & Organization,2003,50(4):407 - 428.

第十三章　工程项目邻避风险管理研究展望

第一节　未来研究面临的挑战

鉴于目前我国项目环境管理问题仍存在紧迫性、严重性和复杂性的现状，本书只对工程项目邻避风险问题做了一些初步的探索。关于项目环境管理，甚至工程管理邻避风险管理仍还有很多值得去探索的空间。这种研究挑战还需要延续一段时间，因为工程项目邻避风险的发生往往有一定的社会根源，可能伴随着明显的利益诉求（如环境补偿）和价值取向（如环境公平），可能对社会结构（特别是利益结构）、社会管理体制以及主流价值观等产生重要影响。因此，在未来的研究中，更需要把握工程项目邻避风险的重要特性，特别是参与主体可能会更加广泛，系统主体之间的关联性也会变得更强，系统演进状态更难把握与控制，进而使得工程邻避问题较强的情景风险依赖性。

一、参与主体更为广泛

参与主体包括不同职业、年龄、性别、财富、年龄的公民，甚至包括一些正式组织和非正式组织都有可能参加，一旦发生环境群体性事件，规模可能更大，参与主体成分更具多样性，系统主体结构也就更为复杂。这使得研究人员对相关主体的行为建模变得更加困难，包括主体的属性、行为以及认知。在这个过程中，参与主体的适应性可能会导致复杂性，参与主体对系统环境风险的感知可能比事项本身表现出的环境污染更为重要。前面分析到，在环境群体性事件中，公众敏感往往不完全是因为污染程度的加剧。事实上，随着环保技术的改进、环评标准的严格，不少新建项目的排污设施和水平甚至达到国内国际先进水平，可公众的反对声却比以往大得多，环境群体性事件爆发频率比以往高得多。这迫使研究者和管理者需要关注主体的价值观与群体认知对于系统演变的重要影响。

二、系统主体之间关联更强

由于环境问题的公共性，尽管参与者的成分比较混杂，但却可以形成共识，参与主体之间可能更为容易形成强关联。系统主体的这种强关联会对主体之间的信息传播、共识形成、风险认知以及行为心理等产生正反馈的网络效应影响，也就更容易使得相关主体通过自组织涌现出集群行为。但另一方面，参与主体成分的多样性又可能使得系统出现分叉、混沌等状态，使得系统呈现出多样性特性。系统主体之间的这种强关联特征使得社会系统集群行为的涌现机制建模和演进规律探索变得更加微妙，需要研究者和管理者重点关注这些细节对系统行为的影响。

三、系统演进状态更难把握与控制

随着集群行为理论研究的深入和政府执政能力的提升，世界各地政府也形成了应对一般性集群行为的政府行为指引与规范。例如，我国 2005 年国务院发布了《国家突发公共事件总体应急预案》，2009 年公安部发布了《公安机关处置群体性治安事件规定》等，逐步形成了较为完善的应急管理办法。这类应急管理理论与方法在因交通、踩踏、执法不当等原因引发的突发性集群行为管理，起到了积极有效的作用。但对于环境群体性事件而言，单纯的应急管理和人群隔离较难奏效，甚至还可能引发更大的冲突与矛盾。目前，有潜在环境污染的项目或事项一旦爆发集群行为，经常会遇到"有章难循，甚至无章可循"的情况，甚至陷入"一闹就停"的尴尬境地，即环境群体性事件的系统可逆性较弱，较难通过自组织的负反馈衰减到正常社会状态。这让研究者和政府等对系统演进规律的把握更加困难，需要关注宏观情景变化以及微观主体特征变化对集群行为演变的影响。同时，也对这类社会系统集群行为的解决提出了更高的要求。环境群体性事件的解决不仅仅考虑"应对"和"管理"，更需要关注"治理"，即需要关注多主体之间的关联，需要明确多元主体的表达与参与，明确多方主体的义务与责任，培养其主动识别与消减社会系统环境风险的能力，而非被动地对风险做出控制式的反应。

四、较强的情景风险依赖性

环境群体性事件本质上是社会系统中的环境风险到社会风险再到公共危机逐步演变的动态复杂系统过程。虽然具有偶然性，但环境群体性事件并非只是事件，更是一个过程，研究者和管理者不能单纯以"突发"的观念来认识与应对。导致环境群体性事件的直接诱因往往是与环境污染相关的一些重大决策或者事项信息被披露。参与者对其所在的社会系统中环境状况、身心健康和资产贬值等产生的恐惧与忧虑。参与主体从心理到行为的过程，一方面受到利益冲突、认知偏差与情绪感染等影响，另一方面又是对当前社会经济动态变化涌现出来的各种风险与危机的一种社会反映。具有环境污染风险的事态发展与社会经济系统风险与危机变化共同交织在一起形成了复杂的情景风险。这种强烈的情景风险决定了系统初始状态和情景状态，会极大影响主体行为以及系统涌现机制的作用效果，即这类社会系统集群行为的涌现与演进很大程度依赖与参与主体所处的情景风险。

因此，关于工程项目邻避风险管理问题还有值得研究的问题，本书最后展望一些我们认为重要的研究问题。

第二节　研究展望

一、社会个体的环境风险感知的进一步研究

公众对项目环境风险的认知已成为风险感知（Risk Perception）领域的重要研究方向之一。事实上，公众对项目环境风险的感知不仅仅会表现为早期的认知偏差或恐慌心理等非理性情绪。随着全媒体时代的到来，公众更会倾向于利用当前媒体工具（如微信、微博、客户端、社交平台等）来获得和发布有关邻避项目环境风险的相关信息，这些信息正为公众的社会学习提供了契机。个体或群体基于信息交互的社会学习已成为当前社会经济系统的重要特征，正成为社会化运作管理研究的新兴领域。因此，基于公众认知学习视角，探讨邻避风险问题自然成为未来研究的一个新趋势和新方向。然后，研究我国环境集群行为的社会心理机制，重点分析个体的群体压力、群体认同、群体认知（价值观）、群体情绪等心理状态，以及从众、去个性化、心理暗示、情绪的相互传染与强化等群体心理特点，厘清环境集群行为的影响变量和参与逻辑。

二、情景风险测度与个体行为决策的进一步

个体对环境风险的感知是诱发个体环境行为的内在动因，而个体在决策点的情景风险则是诱发个体环境行为的外在条件。如果把个体所处的实际社会系统映射到一个概念情景，并将概念情景进行结构化处理形成结构化情景；

分析结构化情景中的风险要素,借鉴风险评估方法构建情景风险的测度方法;引入行为认知的分析方法,假设参与个体是自适应的,重点阐明个体行为决策与环境风险感知和情景风险之间的内在关系,构建个体行为决策模型;研究个体行为决策的临界点条件和概率分布,分析决策参考点对个体行为决策的影响。

三、工程项邻避风险地图的构建

对于邻避项目,环境风险评估的过程不应仅包括基于科学事实的评估,更应是政府、专家、企业、居民、媒体等多个利益相关方共同认知和判别风险的过程,需要充分考虑公众认知情况。同时,对不同邻避项目环境风险进行评估、分类与排序是一项重要的基础而重要的研究工作,也是一个动态的过程。因此,环境风险评估优化模型与风险地图构建变得重要,这需要构建考虑公众认知数据、政府监管、社会稳定、项目运营等综合因素的系统评估优化模型,对公众认知数据、企业环境数据、政府监控数据以及长期慢性潜在风险数据进行定性与定量分析,基于揭示偏好法(Revealed Preference Approach,RPA)、陈述偏好法评估(Stated Preference Methods,SPM)和系统综合评价(Systematic Comprehensive Evaluation,SCE)等方法评估公众认知视角下邻避项目环境风险,筛选出高风险邻避项目和区域,描绘邻避项目环境风险地图。同时,对于给定的邻避项目,在系统评估模型基础上,考虑社会经济环境目标的优先级,构建邻避项目环境风险预警模型,将邻避项目环境风险与可持续发展目标的互动关系在动态风险地图中直观演绎出来,最后基于计算机情景模实现邻避项目环境风险的预警(公众对风险恐慌)或安全提示(公众对风险接受)。

四、工程项目适应环境管理理论的构建

关于项目环境管理的研究,主要是基于还原论的分析方法,沿用传统的环境管理模式和项目管理方法,而项目环境管理是具有情境依赖性的科学问题,如何紧密结合我国绿色发展、环境数据公开、环境意识崛起等经济文化转型背景,针对强情境化导致项目环境管理难题,探寻项目适应性环境管理理论体系将是一项艰巨的任务。因此,有必要将强情境化作为因素纳入现有理论研究框架,形成具有特色且具有一定普适价值的创新性研究成果。其次,目前对项目复杂性的研究成果较多,但缺乏对特定一类复杂性进行深入细致研究,尤其是对于项目环境管理中出现的一些系统交互与系统涌现问题(如群体认知偏差、群体共识形成和群体性邻避事件等)研究尚不充分,为此,还需研究者从项

目环境管理实践中提炼科学问题,针对目前已涌现的强情境化难题,深入研究强情境化这一类型的项目复杂性管理。再次,对适应性管理大多应用于流域水环境管理、自然资源、森林管理、海洋与渔业、湿地保护等领域,从文献检索看,我国学者对项目环境适应性管理研究尚处探索阶段,现有研究极少构建项目环境适应性管理的基本理论、方法与应用体系。结合当前呈现的项目环境管理困境与乱象,无论从理论需求还是理论匹配角度看,都有必要基于强情境化分析开展项目适应性环境管理研究,构建其基本理论、方法和应用的知识体系。